东西 主编

看见天峨

文学名家天峨行

漓江出版社

图书在版编目（C I P）数据

看见天峨：文学名家天峨行 / 东西主编 . 一 桂林 : 漓江出版社，2017.4（2022.6重印）
ISBN 978-7-5407-8061-6

Ⅰ . ①看… Ⅱ . ①东… Ⅲ . ①散文集－中国－当代Ⅳ . ① I267

中国版本图书馆 CIP 数据核字 (2017) 第 063885 号

看见天峨——文学名家天峨行
KANJIAN TIAN' E WENXUE MINGJIA TIAN' EXING

出 版 人：刘迪才
主　　编：东　西
责任编辑：何　伟　　滚碧月
装帧设计：璞　闾

出版发行：漓江出版社
社　　址：广西桂林市南环路 22 号
邮　　编：541002
发行电话：0773-2583322　0771-5825315
传　　真：0773-2582200　0771-5824817
电子信箱：ljcbs@163.com
网　　址：http://www.lijiangbooks.com

印　　刷：河北浩润印刷有限公司
开　　本：889 mm×1194 mm 1 / 24
印　　张：10.5
字　　数：300 千
版　　次：2017 年 4 月第 1 版
印　　次：2022 年 6 月第 2 次印刷
书　　号：ISBN 978-7-5407-8061-6
定　　价：48.00 元

《看见天峨——文学名家天峨行》

〈 第二章 人文

目录

第一章 美景

第三章 风物

第一章 美景

◎青山绿水，醉美峨城—王明福 摄

天峨印象

苏童

◎峡谷夕阳-王远富 摄

1

汽车沿着红水河边的山道走，车窗外是莽莽苍苍的群山与奔涌的河流，在广西的西北部，这样的风景是标准配图，流水之声是风光的旁白，每天重复，依然动听。但是，进了天峨地界，群山发生了微妙的变化，山峰与山峰之间开始若即若离，似乎因为想走，也似乎因为不舍，走不远，每座山峰便保持了独立而生动的姿态。山的容貌迥异，有着各种深绿色的丰富的表情。仔细谛听红水河的流水，那种旁白似的音量渐渐降低，变成喃喃自语，红水河流到天峨，流得谨慎起来，颇有心机的样子。这是属于河流的智慧，河水需要思考，也确实应该思考，它该以什么样的速度与姿态去到前方的龙滩？众所周知，龙滩有个著名的水电站，一座三百多米高的大坝，正在等待它们的水涌。

这个地方以天峨命名，很传神。在从前，此地叫天峩，则更加写真。人们出于某种忌讳和某种愿望，不愿意把山压在头顶上，就把山字搬下来，置于“我”的身边，天峩写成了天峨，很妙。更奇妙的是，我在天峨逗留的三天时光，每天早晨推开房间的窗子，视线越过对面的楼房，看见的是高耸的翠绿的群山，群山之巅是洁净的蔚蓝色天空。天、山、我。我觉得我确实是在山的下面，我是在天峩。当我随着友人们一起奔走在天峨的山川乡村之间，我发现很多时候，群山恰巧在我的左边，还是一样。天、山、我，但我确确实实是在天峨。

2

在天峨，还可以看见贮木场。

就在公路边，就在森林的边缘。只是森林的一根毫毛，卧躺下来，被人堆放起来，风景便一下又生动了几分。天生喜欢贮木场，回头再看几眼：贮木场不大，被栅栏草草地围着，只有一间小木屋，似乎有狗吠，没有人影，一堆堆褐色的碗口粗的原木躺在夕阳暮色里，看起来，大概是杉树。

城市的钢筋水泥丛林之间，可以见到更大规模的贮木场、更大的木料，它们袒露在城市污浊的空气里，顽强地散发坚实的木料之香，让人想象远方，想象森林。而在天峨，小小的贮木场就在森林里，无须任何想象。你会左顾右盼，你会就近寻找，被伐的是哪些树？是哪一种树？

大概是杉树，杉树很容易寻找。仔细观察路两边的森林，杉树是极其秀美的，通常站在原始森林的边缘，与那些珍贵的桫椤、金花茶、红豆杉、榉木、罗汉松相比，它们天生是要献身的，因为它们属于人工种植的经济林。

但杉树是值得观察的。处在阳光下的杉树是开朗热情的，被暮色遮蔽的杉树稍显沉郁，开朗或者沉郁，表情都接近神圣。在天峨，森林太茂密了，绿得汹涌，树木不是不够，而是嫌多了。长大的杉树就像成熟的水稻，需要收割，它们势必被挑选出来，送往需要它们的地方。天峨的杉树知道自己的身份吗？知道自己的命运吗？它们离开森林的时候，会有几分不舍，有没有怨言？

到处需要杉木，只是不知道天峨的杉木会去哪儿。在天峨的那几天，我没有见过气势汹汹的运输木材的大卡车，倒是看见过载着杉木的农用车，车斗里装着大约四个立方的杉木柱子，算起来正好可以搭一间小木屋。农用车慢吞吞地在公路上走，杉木也慢吞吞地走，看起来很安静，看起来并无多少怨言。杉木去哪儿？我知道农用车走得不会太远。按照一辆天峨的乡村公共汽车的路线，我给那些杉木设计了最远的目的地，从天峨出发，途经向阳、和平，去往一个叫燕来的村镇。

3

友人东西是从天峨的八腊乡走出来的作家。他少年时代从村子里去县城上学，要翻山越岭走二十多公里山路。家人不舍得他走那么远的路，给他八个大粽，四个大粽是为了让他搭个顺风车，给去往县城的拖拉机手作为好处的，另四个是让他带到学校充饥的，但他不舍得四个大粽给人，情愿走路。路途太远，肚子里油水太少，越走越饿，结果还没有走到学校，他便把八个大粽都吃光了。

那当然是一个山里少年的往事了。今天的八腊乡，已经没有贫困可以展示，八个大粽的故事，也只能是故事了，左耳听是幽默、逗笑，右耳听是辛酸、催泪。这恰好是东西小说的写作基调，或许，也是八腊人对于记忆的处置方式。

八腊当然是今非昔比。此地现在是天峨的果树基地，以种植出产各种水果闻名，公路的两边都是果树。汽车开往八腊，汽车的车身会不时地掠过各种果树的枝条。最让当地人骄傲的是他们的珍珠李，他们的致富梦想，也更多地凝聚在这种水果里。我们在珍珠李采摘节的前几天去了一个李子园，大批的游客还没到来，男主人守在门口，已经满脸喜色，女主人在园子深处，笑吟吟地对我们说，是我家的园子！满园的珍珠李挂满白霜，已经接近成熟，看起来也都是信誓旦旦的样子：我很甜，我很脆，我是非一般的李子！

珍珠李的成熟象征着八腊的前景。八腊就是天峨，八腊的前景就是天峨的前景。如今在这个风景绝美的地方，人们已经不再哀叹山在“我”的头顶，不一定非要走出大山了，正如珍珠李可以被印在名片上，发到山外，发到北上广，甚至发到香港与台湾。天峨的山也可以被印成名片，推销到全世界。天峨是天峨，还是天峩，谁还在乎呢？

【作者简介】苏童，中国当代著名作家，长篇小说《黄雀记》获第九届茅盾文学奖，主要作品有《妻妾成群》（被张艺谋改编成电影《大红灯笼高高挂》，获奥斯卡最佳外语片提名）、《红粉》、《河岸》、《米》、《妇女生活》等。现为北京师范大学教授。

高高的山有我的情

——电影《天上的恋人》诞生记

东 西

电影对于我来说一直是个诱惑，就是在决定自己命运最关键的中考和高考的两个前夜，我都神使鬼差地坐到电影院里看电影，分别落得班主任一顿臭骂。但是到了2000年的初冬，当某个电影节在南宁举办时，我对中国电影的兴趣已经索然无味。

在南宁铺上几百米长的红毯迎接电影嘉宾的时刻，我和《花城》杂志社的主编田瑛却乘坐潘红日派来的小车，往刘三姐的故乡——宜州市进发了，那里正准备召开桂西北作家群的研讨会。这当然不是一个奢侈的会议，却比那些正在放着的烂片更具想象力。一路上，我们都在抱怨国产片，觉得大部分片子都没什么看头，虚构的故事甚至无法超越生活，就连教科书里“创作要源于生活而且高于生活”这个基本的道理，都被那些弄电影的像抛弃配偶一样给抛到爪哇国去了。抱怨声中，田瑛突然问《没有语言的生活》到底拍没拍成电影，我说没有。他说我倒是可以推荐推荐。

田瑛一直牵挂这个小说，几年前他曾萌生过向他朋友推荐的念头，但当时小说已先被称为中国第六代导演的阿年看上。阿年邀请我和他一道编剧，并试图把它拍成电影。由于投资方的突然放弃，《没有语言的生活》在一场欢喜之后沉寂下来。这期间我和田瑛没少见面，但谈的都是牌艺，从不涉及文学。如果不是因为桂西北路途遥远，也许我们的话题还是不会绕到文学上。不过这一次，在小车绕来绕去的同时，我们再也不能把文学绕过去了。他告诉我，有一位小兄弟十年前去了日本，在今村昌平的电影学校攻读导演专业，后又拿下了一个电影硕士文凭。十年来他们至少有九年保持着联系，而那位导演也一直期待着有意思的小说，想回国拍片。

说真的，我对田瑛当时的所谓推荐并不在意，更不知道他的那位兄弟姓甚名谁。因为我晓得在中国，一个无名的导演要想弄成一部电影实在不是件易事，光是找钱就不亚于矮穷矬“脱单”。但是田瑛却信誓旦旦，认为他有可能促成此事。我抱着试一试的心理，让他把我的小说集带回广州。

没想到第二天他就从广州打电话给我，说这事真是奇巧了，仿佛连他也想不通。他回家不到两个小时，就接到了那位导演从北京打来的电话。田瑛特别强调你要知道我们已经有一年多没联系了，像是懂得我要找他似的，电话说打来就打来了。从接到电话的那一刻起，这个一直喜欢预感，而且碰巧预对过几次的田瑛，就始终坚信电影一定会弄成。

2001年1月，田瑛去北京参加书市活动，顺便带上我的小说。那位导演当时正在为央视电影频道做《走进黑泽明的世界》后期，这个长达四个多小时的纪录片正是他在日本时拍摄的。由于导演晚上要加班，田瑛到了北京两天之后的一个深夜，才跟他见上面。导演当晚就读了小说，并于第二天清晨打电话给田瑛，说读了这个小说后兴奋不已，一个晚上都没睡好。田瑛认真地把这个消息告诉我，我还是没太当一回事，但心里已为拥有新知音而隐隐感动。

春节后，田瑛约我于蛇年正月初五到广州跟导演见面。见到导演的第一眼，我的脑子立即就蹦出一念头：此人值得信赖。这时我才知道，他叫蒋钦民，生于1964年，去日本之前曾是潇湘电影制片厂的年轻编剧，写过好几个剧本。1999年，他在东北深山的一个小火车站执导了中日合拍片《葵花劫》。当时这个电影还没上映，我和田瑛都不知道他导得怎样。正好他带了一盒该片的录像带，我们找了一台放像机，在宾馆里看了起来。跟我们一起看片的还有一位在广州搞音乐的朋友，看到一半时他的手机突然响了，就跑到走廊去听电话。出去了大约十分钟，他又回到房间，然后不顾我们的情绪，强行把带子倒回去，直到接上他看过的画面。田瑛说黄兄，你怎么这样呢？黄兄发出一声感慨，说我好久没看到这么好看的国产片了。

如果不是因为这个《葵花劫》，也许我和蒋导的合作不会这么顺利。他的这个影片是当时我看过的出生于20世纪60年代的导演导得较好的一部，尽管是低成本，但还是看出了导演的努力。别的暂不表扬，仅故事一项他就说得很地道，悬念不断，节奏很快，而且有深度，把一个日本人的生命和四个中国人的生命一同放到天平上称量，让你不得不思考谁重谁轻。片中翻译官的那一句追问“难道你们没有杀他的动机吗？”尤其叫我兴奋。很可惜这样的影片和那些烂片一样，在中国同样没有好的市场。不知道是哪个环节上出了问题。

我的这个小说是写一个盲人、一个聋人和一个哑人组成一个家庭的故事，应该说这样的故事是很难拍电影的。坐在宾馆的沙发上，我清清嗓子，问蒋导你到底对作品的哪一个方面感兴趣，他说爱情，王家宽对朱灵的那种执着的爱情，一个聋人的爱情。他的回答多少让我有些惊诧，因为这只不过是小说中的一条线索，而且还不是主线。我们三人漫无边际地聊起来，聊着聊着，慢慢地有了一点儿艺术上的兴奋。但是我明确地告诉蒋导，现在的电影圈都很黑，在没拿到定金之前，我的创作激情上不来。他表示理解，并答应在理出一个眉目之后，就去找钱。

经过两天的磋商，我们初步得出一个理念，那就是聋人王家宽追求漂亮的朱灵，而朱灵的心却不在王家宽的身上，从外省来的住在王家的哑巴姑娘蔡玉珍被王家宽的执着感动，与王家宽的瞎子父亲王老炳一道，三人合力向朱灵求爱，一直爱到朱灵惭愧为止。最后朱灵反而觉得自己不配，乘着气球飘走了。这时，人们才发觉蔡玉珍和王家宽的和谐。影片到此戛然而止，避免三角恋爱。蔡玉珍到故事结束时，只是情窦初开。透过这个故事的表层，我们不得不往深里想，朱灵和王家宽分别代表了两种不同的世界，我们在朱灵的世界里看到了欺骗和疼痛，而在王家宽的那个世界里却看到了纯洁和美好。当生活在都市里的人整天抱怨没有爱情的时候，想不到却在遥远的地方，有三个看不见、听不到、说不出的人演绎了一段纯美的爱情故事。

带着这个不能当饭吃的理念，我们告别了田瑛，各自回到了工作的地方。蒋导不时给我打一个电话，说正在找投资。而我则十分平静地坐在电脑前，为一个付了我定金的投资商写电视剧提纲。

2001年3月，我交完那个电视剧的提纲，就接到了母亲病重的电话，于是跟单位请了工休假，从南宁回到我的家乡天峨县去看母亲。天峨地处桂西北，是一个不太被外界所知的县，但因为当时那里正在兴建中国的第二大水电站——龙滩水电站，慢慢地有了一点儿名气。我回到天峨的第一天，就接到了田瑛的电话，说他和蒋导都将赶到天峨来，在不影响我陪母亲的情况下一起创作剧本。他们分别从北京、广州赶到天峨，这种不把事情做成绝不罢休的精神就像小说里王家宽的那种执拗，使我大为感动。正是因为这一份感动，在没有一分投资、没有任何合同的情况下，我们三人住进了天峨县政府招待所，开始了剧本创作。

眼看就要在电脑上打第一个字了，蒋导突然提出先到下面转转，看看外景，以便在创作时根据环境写戏。我们去了天峨著名的景点川洞河（现改名为燕子洞），那里有一个几百米长的石洞，河水从洞中流过，人们进出都得划船，颇有世外桃源的味道。但看过之后，我们都觉得太江南水乡了，特点不够鲜明。于是吃了一餐那里的河鱼，我们就回到县城。第二天，我叫表哥开车到乡下去接母亲，蒋导和田瑛一定要跟我同行。一座座山从窗外晃过，当轿车爬到八腊乡丢草坳的时候，蒋导被面前壁立千仞的群峰吸引住了，忙叫停车。我的脑子一热，脱口而出：干脆把这个故事放到天上得了，也就是此曲只应天上有，人间难得几回闻。这个想法一下激动了我们。我们爬上山，放眼望去，到处都是山尖尖，一看就有天上的感觉。外景就这么定了，田瑛用总结的口吻说一切都是天意，假若今天我们不来看你妈妈，也许就把这地方和这种想法给错过了。冥冥中，我突然感到是有一种东西在保佑我们。

除了吃喝拉撒睡，以及每天用一个多小时陪母亲聊天，其余的时间我们全都贡献给了剧本。十天之后，剧本的第一稿完成，天峨县领导请我们吃了一餐饭，并叮嘱我们一定要把这个电影拿到天峨来拍。我们哼哼地应着，却还不知道钱在哪里。

趁着完成剧本后的余兴，我们在河池地区住了一晚，把剧本送给我的朋友河池电视台台长李昌宪检验。他是这个剧本的第一个读者。第二天早晨，我们即将离开河池时，他请我们喝早茶，并告诉我们昨晚他看了两遍剧本，觉得很好。他复述了一遍剧中精彩的细节，表示愿意参与这部片子的拍摄。这个意外的消息，又被田瑛归纳为天意的一部分。

蒋导回到了北京，还去了一趟日本。几经周折之后，他跟中国文联音像出版社接上头。出版社看完剧本，同意投资，但也对剧本提出了一些修改意见。7月份，我和蒋导在南宁明园饭店封闭了十天，完成剧本的第二稿。经过蒋导的牵线搭桥，文联音像出版社和河池电视台也达成协议，双方共同投资拍摄该片，后期制作费用则由日方影视公司负责。

后来，每隔几天我就接到蒋导的电话，他断断续续地告诉我一些关于电影筹拍的情况。比如音乐已经落实人选了，由叶小钢来做；男主角也定了下来，是演过《蓝宇》的刘烨；女主角也定了，董洁演蔡玉珍，陶虹演朱灵……

8月底，蒋导带着他嘴里挂着的那些演职人员全体开进天峨，开始了电影的拍摄工作。这部电影就这样诞生了，在慢慢地离开我的时候诞生，成为众人的孩子。2002年10月的一个深夜，与刘烨、董洁一道参加东京第十五届国际电影节的蒋导给我来了一个长途电话，告诉我《天上的恋人》荣获本届电影节最佳艺术贡献奖，日本观众对天峨的外景印象深刻，他们将组团到天峨旅游。

接完蒋导电话，我立马电告天峨有关人士，说该片能够获奖有天峨风景的功劳。如今，15年过去，主创们都变成了大叔，但天峨的风光还是原样，它一动不动地站在这里，不管你来或是不来。

【作者简介】东西，原名田代琳，1966年出生于广西天峨县。主要作品有：长篇小说《篡改的命》《后悔录》《耳光响亮》；中短篇小说《没有语言的生活》《救命》《我们的父亲》《东西作品系列》（8卷）等。中篇小说《没有语言的生活》获首届鲁迅文学奖。现为广西民族大学驻校作家。

◎蓝衣壮婚俗之要八字-工明福 摄

◎六美晨光-王明福 摄

天峨初见

宗仁发

我到过广西多次，围绕在天峨周边的几个县，差不多都已到过。1991年我就曾到过南丹，是随鬼子一起从桂林出发，乘了一夜的绿皮火车到达的，为的是参加佩华兄当时所在的《三月三》杂志的一个笔会。2004年到过乐业，在布柳河上漂流过，后来明白，那布柳河和天峨的布柳河是同一条河，属于红水河的支流。近几年受瑞轩兄之邀又去了大化，且去过不止一次。大化让我难忘的是，一天夜里我和田瑛、东西三个人在红水河畔的一家小酒馆里喝了个通宵，最好的下酒菜是红水河袅袅升腾的白雾，让人觉得如梦如幻。2015年又到了凌云，凌云的白毫茶让我和身边的朋友喝得上瘾，竟两次二番地厚着脸皮把东西家的珍藏都给索要个精光。

按说知道天峨是东西的家乡时间也不短了，但一直没有合适的机会到天峨看看。当然，我觉得好饭不怕晚，看风景亦如是。甚至，我有时到哪里还有意留个重要的地方先不看，让它保留在向往中。不看的好处是你尽可调动想象。我想这种偏僻、交通不便的地方都有一个共同的特征，就是生态环境被破坏得没那么厉害，山啊、水啊、树啊都还侥幸活得自在。这几年祖国处处有雾霾，于是，东西邀我们来时也颇动了些脑筋，广告词是说请我们到天峨这座好空气之城来洗洗肺，这里的森林公园负氧离子含量超过城市150倍。当然，天峨的诱人之处多得很，有闻名遐迩的龙滩天湖、龙滩大峡谷，还有燕子洞，还有龙滩珍珠李，说它好地方、好东西遍地都是，不能算夸张。于是，我就在酷暑高温的三伏天里，从大东北乘五六个小时的飞机先到南宁，然后又乘七八个小时的汽车，差不多等于是花了两天的时间终于到达天峨。

天峨最令人惊艳的当说是红水河。这条河发源于云南曲靖的马雄山，上游称为南盘江，与从贵州境内流出的北盘江相汇后始称红水河。之所以叫作红水河，是这条河在上游流经红色沙贝岩层，水色呈红褐色。红水河从贵州罗甸县进入广西境内，在广西最长的段落就在天峨，有111.5公里。就是在流过天峨时，这条河仿佛由一个咆哮的猛兽变成了一个深沉的女神，河水的称谓也要重新命名了，要改称绿水河才对。说到河水的颜色变化，若要不是亲眼所见，总是让人难以相信。谁能想到黄河上游青海境内的坎布拉是一片碧绿、清澈见底的样子呢？红水河在天峨变成绿水河的原因在于龙滩天湖的沉淀和过滤，这使我这个对在江河上修电站总有担忧的人，认可了电站给自然回报的第一个好处。红水河的温柔秀美，还有个不可或缺的原因，那就是两岸群山的俊俏巍峨，说是“郴江幸自绕郴山”，山水相依，互为映衬；说是“相看两不厌”都不错。孔子说仁者乐山，智者乐水。老子说上善若水。较之山水关系，上升到中国哲学的高度，水比之于山似乎就更多了些说道。或许在老子的启发下，孔子才有了一段君子应该怎样观察水的对话。子贡问曰：“君子见大水必观焉，何也？”孔子曰：“夫水者，启子比德焉。遍予而无私，似德；所及者生，似仁；其流卑下，句倨皆循其理，似义；浅者流行，深者不测，似智；其赴百仞之谷不疑，似勇；绵弱而微达，似察；受恶不让，似包；蒙不清以入，鲜洁以出，似善化；至量必平，似正；盈不求概，似度；其万折必东，似意。是以君子见大水必观焉尔也。”

在天峨，我还认识了这个县的当任县委书记陆祥红，这位有着文人情怀的青年才俊，他的性格在我看来就像红水河的水一样智慧而低调。一见面还未说上几句寒暄话，他就向我介绍了广西壮族自治区刚刚在天峨开过的全区现代特色农业示范区现场推进会。从龙滩珍珠李是怎样培育出来的，到这种水果的独特品位；从目前的种植面积，到将来会给天峨的老百姓带来什么样的效益，滔滔不绝地给我上了一堂普及课，也使我对这种小时候不大敢吃的水果种类改变了认识。等到去龙滩珍珠李果园采摘的时候，竟然也大快朵颐起来。除龙滩珍珠李之外，天峨还有早熟油桃、秋蜜桃、甜柿、百香果等好多好吃的水果。尤其那百香果，名副其实，吃上一口，有番石榴的味道，有菠萝的味道，有杧果的味道，还有香蕉的味道，真是神奇。这百香果不光好吃，其对人身体和精神的益处多多，它富含人体所需的十七种氨基酸、多种维生素和类胡萝卜素及各种微量元素。它可以助消化，可以提神醒脑、减压降脂，还可以排毒养颜，好处数不尽数啊。坐在天峨的六排镇纳洞村的文化广场，一边观赏村民们表演的壮族蚂蚜舞，一边品尝龙滩珍珠李和百香果，那可是快乐无比的境界。

要离开天峨的时候，下意识地反复在吟诵“天峨”这两个字，觉得这两个字包蕴万千，“道可道，非常道；名可名，非常名”。天峨，既是说出了山之雄奇，也隐含着水之奥妙；天峨，既是一种原初之谓，也是一种永恒之谓。南社的高旭有诗云：“苍天梦梦依然醉，江自长流山自峨”，很像是在说天峨啊。

【作者简介】宗仁发，中国作协全国委员、吉林省作协副主席、《作家》杂志主编。

◎天峨壮族妇女在理纱-韦红卫 摄

行吟诗人

钟红明

很多年前，“天峨”对于我，是一个遥远而陌生的地名，一个我无从想象的地方。那是1995年，我接到了一份小说来稿，附了一封简短的信，信的第一句写着：“听说过你……”也没有说究竟从哪里从谁那里听说过我。稿子寄自天峨，署名田代琳。那就是中篇小说《没有语言的生活》。《收获》在1996年第1期刊发了这部小说，田代琳变成了作家东西。这部小说获得了第一届鲁迅文学奖。前阵子看到东西出的作家影印手稿本，发现“没有语言的生活”几个字，还是我的字迹。是东西在小说发表前确定了标题，我代为书写。

东西告诉我，寄稿子的时候，他还在《河池日报》上班。寄出稿子，他就去南宁的《广西日报》上班了。

因为我的朋友东西，这些年我去过广西的几处地方，看天坑，漂流，看红叶……有一次车在山路上颠簸，东西伸手遥遥指了窗外，说，我的家乡天峨在那边。我看见的是山，山的后面还是层层叠叠的山，想象搁了一下，又飘忽而去。天峨就像一个隐秘的宝贝，藏在了不确定的某个日子里。

偶然地，我查了一下，天峨的地理坐标是东经106° 34'～107° 20'，北纬24° 36'～25° 28'，一串数字，标注出地图上的一个区域，可它还是抽象的。

终于，二十年后，“天峨”从一个词语、一串坐标，变成了具体的现实。2016年炎热的夏季，从上海到南宁，从南宁驱车五六个小时，我到了南中国——天峨。

天峨的山多。天峨县位于广西壮族自治区西北部，丘陵与云贵高原的过渡地带，属凤凰山脉和东凤岭山脉交错区。也许因为多喀斯特地形，山的形貌峻拔，又很秀丽，横看成岭侧成峰，远眺、近观，映衬着云雾浓淡，处处可以入画。随意驻足，放纵你的眼神，勾、皴、点、染，都是一幅幅国画青绿山水。

天峨的山美，是因为山是绿色的。天峨的森林覆盖率达到84.5%，有原始森林古木参天，也有各种经济果木，还有野树野草野花。龙滩大峡谷国家森林公园离县城不远，龙滩森林公园里野生植物很多，如同一座物种宝库，即使认不出兜兰、金花茶、掌叶木、任豆、喜树，即使读不懂那些古老的岩石地貌……也不妨碍我一次次举起相机，从山顶俯视龙滩大峡谷，长长的一条缎带飘过，据说峡谷长15 000米，深800至1000米，它们成为照片上一道秀美的弧线。

此刻，扑入眼帘的，都是浓浓淡淡的绿色，方才惊觉原来自然界中的绿色有这么多的层次。小时候读过朱自清的《绿》，此刻却一个好词好句也想不起来，也懒得想。谁能给大自然的曼妙下定义呢？所有的语言都变得寡淡。当微微的山风吹过，暑热遁去，酽酽的绿，酽酽的一杯茶，涤荡去尘嚣，只需要伸展开所有的感觉神经，换回一颗玲珑剔透的心，哪怕短暂。

天峨的山是有灵性的，因为水滋养了山的灵性。这是天峨的山四季郁郁葱葱美丽异常的原因。红水河是天峨的母亲河，而目光所见之处，山和水在地上相伴、相生、交融、蜿蜒，大河，湖面，溪水，瀑布飞练，一转眼，又钻入地下的某处。天峨的朋友说，这里处于巴马长寿带上，除了饮食习惯，最根本的是这里清澈的水源。据说巴马已经被那些渴望延寿的病人住满了，天峨的宁静还没有被打破。

燕子湖是一个奇妙的地方。川洞河奔流而来，到这里一个停步，便是碧绿的一大片温柔，登上一叶扁舟，缓缓穿洞而过，不禁感叹大自然的鬼斧神工，是亿万年怎样地雕琢，将这里雕刻出令人惊叹的造型。我们只能引颈朝天，拼命捕捉洞顶和岩壁的千变万化，不知多年以后，地老天荒、春暖花开的时节，那些精灵的燕子是否还在，呢喃筑巢？

天峨的山，肚子里是有大排场的。广西的山很多，到天峨的一路上，不知道穿过多少山的肚子，隧道一条连着一条，而在天峨，龙滩水电站就藏在一座山的肚子里。五层楼高的厂房，一台台发电机组，转换出的能量，让人慨叹工业的壮观是如此的不动声色。当我们漫步在大坝，不经意发现自己走在透明的玻璃上，透过玻璃可以看到几层楼下的底部，不禁哆嗦了一下。据说建设龙滩水电站的时候，创建了三个世界第一：最高的碾压混凝土大坝、规模最大的地下厂房、提升高度最高的升船机。建设用的石料，就地取材，凿石粉碎，于是，一座山的内部，变成了今天的城——明亮，冷静。

因为龙滩水电站，这里变成了平静的“天湖”，所谓“高峡出平湖”，站在大坝上，可以看见底下河面的漩流，甚至鱼群。在天湖上的游艇里闲坐，清凉的水的气息氤氲升起，浸润……可是我不知道，为什么天峨人把红水河叫作红水河？看着水不红。

还有一处山肚子里的大排场，属于酒业。溶洞内部，是庞大的天然酒窖，湿度温度都恰恰合适，巨大的酒坛一片片立着，从它们身边走过，从酒文化的长廊身边匆匆而过，就花了一个多小时，而这仅仅是开发出来的部分。

舌尖上的天峨，珍珠李果园里的天峨，少数民族风情中的天峨，蚂蜴舞中的天峨，民歌中的天峨，村民逶迤而来，观看歌舞，夜晚散去四邻八乡的灯火……每个人，故乡人，异乡人，都有心目中不同的天峨。

很多人都在讲述故乡，说起来，母亲炉灶前忙碌的身影，沉默不语的父亲一明一灭的烟头，一箪食，一瓢饮，都成了乡愁，被细细描摹，讲着讲着，变成了天堂。这让我这种没有故乡可以回忆的人情何以堪呢？其实，他们离开故乡的脚步从未减缓。

相形之下，我也喜欢独在异乡的陌生感，可以把一段时间过成了审美生活、体验之旅、好奇时光。其实，大自然、天空、水和大地，生态的天峨，所给予我们这些一直浸染在城市里的人最大的诱惑，是你可以暂时脱离日复一日的常轨，还原为分子、原子，可以什么目的也没有，就懒懒地闲着、漫步，给自己一段时间的放空，清零，修复。天峨游人不多，这是我最喜欢的。

每一个人，都会成为自由自在的行吟诗人，只要你给自己机会。

下一次，如果再去天峨，我啊，要挑一个节日里去，坐在长桌旁，坐在火塘旁，打开耳朵听故事，也打开已经储存在山肚子里的我的那坛酒……所有的记忆都会回来，温暖的记忆。

【作者简介】钟红明，1985年毕业于复旦大学中文系即进入《收获》文学杂志社工作至今，现任《收获》杂志副主编，所编辑的作品曾经五获鲁迅文学奖、一获茅盾文学奖，并多次获得"五个一工程"奖等海内外各种奖项。现主要撰写评论及访谈。

◎龙滩水电站-潘炳康 摄

天峨细节

朱山坡

我首先惊叹于这里的青山绿水。不是一般的青和绿。漫山遍野的青，从地上青到天堂。如果不被水泥硬化，道路也会青。墙壁、河岸、石头、云朵，连风，都是青的。青得晶莹剔透，密不透风，找不出一块裸露的地方。就好比一个美少女穿着厚厚的服装，无法窥视到她身上的一小块皮肤，只能看她的眼睛，只能幻想。天峨的眼睛都在山上。不同的山，都长着长睫毛的眼睛，在看，在呼吸，在默默对视。我穿行在她的身体里，闻到了她的娇喘和嗔笑，有着少女才有的青春气息。在她的身体里久了，与她有了肌肤之亲，你也变青了，变年轻了，变得仪态方方，变得娇情、煽情、暧昧。少女的白，人见人爱；天峨的青，花见花开。除了青，她的身体里还有什么？

撩开她的裙子，茂密的毛发，深邃的毛孔，湿润的嘴唇，挺拔的胸膛……什么都有，少女的所有秘密，你都能看到，但无法言说，不敢轻佻，不愿低俗。如果遇上雨天，云雾缭绕，烟雨朦胧，会“青”得更加妩媚，更加脱俗。我相信，世界上会有这样的青，既能促人情窦初开，也能使爱死灰复燃。

如果我不爱天峨的青，那我肯定爱她的绿，而且我只爱红水河的绿。她绿得没有理由，我爱得也没有理由。红水河在这里绿得奢华、苛刻，容不下其他颜色，掺不进其他的水。绿得没有杂质，没有多余的表情。她流的不是水，流的是绿，浩浩荡荡，铺天盖地。如果绿色代表爱情，她就是最纯洁的。如果绿色代表生命，她就是最长寿的。这条绿色的河，从遥远的天上来，到无际的天外去。不问来头，不问去处。安静、低调而母性十足，不愤世嫉俗，淡泊名利，所有的急流都隐藏在底下，所有的寂寞和哀伤都没有向别的河流倾诉。当然，别的河流并不知道她的绿，并不拥有她的绿。因而，她跟别的河流，寂寞不一样，哀伤也不一样。但她并不以此声称自己超凡脱俗、卓尔不群。她也要养活许多的鱼，也要经过人烟众多、喧哗嘈杂之地，也要容纳污水和粪便，她还像所有的河流一样，也需要回家。但她的绿，像承诺和爱情一样，似乎总是不变。至少，在天峨，我看到了她最初和最后的模样，看到了她的前世与今生。

然后，我同情和敬佩这里被青山绿水围困的人。青山绿水往往是贫困之地。过去是，现在可能还是。小时候，我也是一个被青山绿水围困的人，动弹不得，世界仅止于此。登高远眺，一山更比一山高，一山更比一山远，让人幻想，更让人绝望，感觉自己一出生就被软禁于弹丸之地，不知道乞求谁放一条生路。天峨的青山绿水使我跟这里的子民有了“身体认同”，看到了我的前世今生。天峨的“峨”，原来是“山”在“我”之上。崇山峻岭，层峦叠嶂，高耸入云。年少多壮志，可怜无数山。经过八腊乡时，我想到了著名作家东西。他的童年、少年，此后的许多年，都被困于此，像无数的天峨人一样。开门见山，关门也见山；脚下是山，顶上也是山。每天沿着崎岖的泥路，翻山越岭，去破烂的学校见识陌生的汉字和诡异的数字。不上学的日子，他站在谷底，手持柴刀，衣不蔽体，食不果腹，仰望天空，目光越拉越长，幻想着像篡改试卷分数一样篡改自己的命运。同情那时的他，就是同情我自己。在此人烟稀少、灯火不明之地，孤独无处倾诉，也无人倾听，过着一种没有语言的生活。如果不是为了吃饭，嘴巴也是多余的。天峨还是挑剔的，在这里生存，不仅要有坚韧的生命力，还要有丰富的想象力。彼时的东西，早已经把天峨的未来想象了十万遍：这里总有一天会变成车水马龙的都市，变成烟波浩瀚的大海，变成八方来朝的圣地。当然，他也把自己想象了十万遍。一个十岁的孩子已经孤独地想到了五十岁后要做的事情。青山绿水之间，是最容易产生孤独感的。但不必害怕孤独。孤独是最强劲的发动机和最嘹亮的冲锋号。谁彼时孤独，就永远孤独。孤独比山高比水深，比青更青，比绿更绿。孤独是青山绿水最奢侈最取之不尽的宝藏。东西用柴刀为天峨的孤独打开了一条血淋淋的出口。出口的方向，正是红水河奔流的方向。青山永驻，绿水长流。

现在，天峨不再是东西童年时代的天峨。青山绿水的力量正在改变着一切。改变气候的恶，改变大海的蓝，连孤独也被改变。要允许孤独的人发呆，用发呆送别孤独。《收获》副主编钟红明说：在美丽的风景里发呆，说的就是天峨。青山绿水，用什么形容词都显得庸俗。在这里，发呆可以是一种生活方式。在这里，你可以发呆一个下午，甚至，可以发呆一整天。这里的一切，足以使你的发呆变得色彩斑驳，落英缤纷。来天峨，就算为发呆而来，也是值得的。

此外，我还得告诉你，去往天峨，你得沿着红水河来，沿着红水河回去。不告诉你理由。自己看，自己体会。

2016年7月27日

【作者简介】朱山坡，1973年8月出生，广西北流市人。早年主要写诗，2005年开始发表小说，著有长篇小说《我的精神，病了》《懦夫传》《风暴预警期》等，出版有小说集《灵魂课》《中国银行》《喂饱两匹马》《把世界分成两半》等，曾获得首届郁达夫小说奖、《上海文学》奖等多个奖项，有小说被译介俄、美、英、日、越等国和改编为影视作品。现为广西作家协会专职副主席、江苏省作家协会合同制作家、八桂学者广西民族大学文学创作岗团队成员。

去天峨的路上

王 干

从天山出发去天峨
发现比天山多个我
苏童说我在左边
原来的山在我头上

还以为天峨是天鹅
天峨不是湖
天峨有条红水河

红水河一点儿也不红
碧蓝，蓝得像天鹅湖
天鹅湖什么样子你知道

天峨是东西的老家
东西的小说写到过

我编东西的小说还要编他的老家
从老家出发终究要回老家
这就是小说家

去天峨的路上
司机小刘原是个老板
瓷砖生意遍布黄石荆州
现在离了婚要养两个娃
问他为啥垮了
他说诈了金花

诈金花是不良嗜好
天峨不会有这样的牌局
凡一平只会“三公”
公仔的公
公仔是什么
JQK

司机点燃一支烟
看见双龙瀑布燕子洞
还有龙滩水电站
司机说天峨的路真平
没有大货车进出
河水又清真想下去游泳

◎万道霞光映峨城—王明福 摄

◎天峨大山景区-王明福 摄

去天峨的路途
东西说三个小时
开了六个小时没觉得长
有司机一路说话打岔
山高，水绿，野花

司机回程的路上
停车红水河畔
看着风景迎着晚霞
睡了一觉，小刘打来电话：
舍不得离开天峨
不再诈金花

【作者简介】王干，著名评论家，《小说选刊》副主编，其《王干随笔选》获第五届鲁迅文学奖，主要作品有《王干王蒙对话录》《世纪末的突围》《废墟之花》等。

◎天峨毛竹-王明福 摄

慢慢写意

冯文东

到天峨的头一晚，就放纵了自己一把，在晚宴上和新老师友们频频推杯换盏，把酒言欢，结果醉得一塌糊涂。半夜醒来，口渴得要命，喝干了房间里的两瓶矿泉水，昏沉沉的脑袋依然没有丝毫清醒的意思，倒头又呼呼睡去。

清晨起床，一脚踩到掉在床边的空瓶子，那突如其来的惊心动魄的裂响，把自己吓了一跳。拾起变形的瓶子正要扔掉，眼睛突然被瓶上的两个大字扎了一下。

慢泉！

现在回想起来，这事颇有些形而上的意味。从天峨回来，闲来独坐的时候，我不时还会想到这天清晨这幕情景。不知谁说的，“忙”字左边是心，右边是亡，人太忙，心就死了。慢泉的“慢”，就在这天早上，有如醍醐一般，先是被我踩在脚下，然后再反转过来，把我从头到脚浇了个透。

从南宁到天峨，说是四个半小时的车程，但实际用了五个半小时。多出的这一个小时，一是因为有一段高速公路封闭施工，车子改道绕行；二是车里乘客来自天南海北，从南丹到天峨的这段二级公路弯道多，贴心的司机有意放慢了车速。二十年前，我曾经从南宁坐班车到过天峨，上午九点出发，晚上十点抵达，路上整整花费了十三个小时。今昔一对比，可以说是翻天覆地。

但相对于诸如一小时、两小时经济圈而言，天峨还是显得偏远了。

偏远是地理距离，在多数人看来是一种硬伤、一种无奈。其实偏远有时候也可能是造物主的一种眷顾。

正像巴山蜀水之险守护天府之国，养成巴蜀子民闲适豁达的性格一样，天峨县境内高耸入云的连绵大山、亘古狂野不羁的红水河，如同天造地设的道道篱笆，为生活在这片土地上的人们，围出了一个天然大院落和一个半闭合的精神空间。他们乐天知命，敦亲睦邻，历以漫漫岁月，这些品质最终转化成遗传因子，植入到每个人的骨子里。即使二十世纪末龙滩水电站上马，天峨向外界敞开怀抱；即使大发展时代，天峨的现代化面孔日新月异，但来到天峨，你仍可以惊奇地发现，在商业文明的浮光掠影中，这里的人们依然抱持着世代相袭的生活态度：简约，知足，与人为善。

来到天峨，有几个去处是主人家必推荐的。

龙滩水电站会当仁不让居榜首。这是中国目前规模仅次于三峡的第二大水电工程，也是天峨引以为傲的名片。它有几项世界之最：最高的碾压混凝土重力坝、最大的地下厂房、提升高度最高的升船机、功率最大的风冷发电机组。

走完一遭下来，内心除了震撼，就是感叹。只是因为这些个世界之最，亲近它之前要走复杂的程序，一般的散客不知道能不能办得下来。

世界最高的碾压混凝土重力坝蓄水的那一面，就是天湖。

也就是说，天湖就是龙滩电站的淹没库区。湖面面积很大，约三百八十平方公里，最深处水深近二百米。原本一路咆哮而下的红水河，进入天湖后即被化解成碧波微澜，水面倒影天上的白云，船行湖中，不时犁开云朵，恍惚间竟有行船天上的错觉。

环绕天湖，有一个黄金旅游圈，其中包括川洞河燕子湖、大山原始森林、金花茶园、布柳河仙人桥等蜚声遐迩的景点景区，如果时间允许，值得投入心情去慢慢亲近。

集“雄、险、奇”于一身的龙滩大峡谷国家森林公园，与天峨县城毗邻。这个被誉为“浮在城市上空的原始森林”，总面积近四十二平方公里，森林覆盖率高达百分之九十六，空气负氧离子含量比城区超出上百倍，是备受当地民众推崇的空气沐浴园。园区内巍峨的峰丛如犬牙般交错，其中的龙滩大峡谷，长十五公里，高差八百至一千米，蔚为大观。

乘中巴车从山脚进入园区后，旋即沿盘山道路盘旋上山。

当天正值周末，路上时不时便见到三三两两徒步上山下山的人们。中巴顽强地向上盘旋，随着高度一点一点提升，车窗外的视野渐次开阔起来。一连拐了十二道“拐”（方言，急弯）之后，来到了半山腰的一块开阔地。那里聚集着不少人，三五成群的，有游客，也有健身养生者，空气中回荡着各种口音方言。

中巴不能再往上，只能换乘电瓶车。在起伏无序的蝉鸣鸟啼声中，电瓶车忽上忽下时左时右地在林间道路穿梭，呼吸间明显感受到了空气的异样清新。到了一处山脊，电瓶车也不能走了，大伙下车，徒步沿石阶向上。七月，下午的日头依然很毒，而且这天也很奇怪，在这么高的山上，居然没有一丝风。不一会儿，人人大汗淋漓，有的人就像是刚从水里捞上来似的。好在目的地很快就到。那是搭建在山顶尖上的一处几米见方的龙滩大峡谷观景台。倚栏俯瞰，胆战心惊。脚下的大地，像是春天的竹园，无数杂乱无章的喀斯特峰丛，如破土的竹笋突兀地长着。笋间的地表则好似布料的皱褶，大峡谷是皱褶上一道深刻的划痕，最深处淌着的那条碧绿的蜿蜒回环的河，就是红水河。尽管人们仍然这么叫它，但在二十一世纪的晨光中，从天峨县境开始，它已彻底地改变了肤色和性格。“红水河第一城”天峨县城，就蛰伏在竹园的一处大皱褶里，碧绿的河水穿城而过。从观景台所在的高度看，那是人间天峨。

从观景台下来，才发现有好些同伴放弃登顶。“太热了！”他们扇着风，摇摇头。

也是，无限风光在险峰，但也要量力而行，估量身体能否扛得住，或者是否一定必须登顶。台湾学者徐讦说，谁说生命终结于山巅才算美丽？你穷毕生之力走到山巅俯瞰下去，痴说已拥有一切，即使能够，也是隔一层的感觉。说的大体也是这个意思。但在此时听来，我却觉得仿佛在说自己从昨夜绵延至今的宿醉。情谊无价，酒量有限。细品慢饮，最有可能接近天长地久。

在林间路旁等电瓶车的时候，遇见几个中年人。他们每人手里拿着一把类似野菜的藤状植物，一路说说笑笑走过来，神情轻松写意。我好奇地问是什么野菜，答说，是金银花，不是菜，用来煮茶，清热解毒。

原来他们都是住在县城里的本地人，相约每个双休日爬山锻炼，沿途顺便采摘一些常见的野菜和草药带回家。

望着他们渐渐走远的背影，我的心里生出一丝羡慕，我甚至都能想象他们和家人坐在家里怡然喝着金银花茶的情景，他们心间洋溢的那种满足感和成就感，想着想着就让人嫉妒。

晚上，如约去夜市宵夜。朋友说，夜晚和白天，你会遇见两个截然不同的天峨。确实。

晚十点刚过，白天的溽热渐渐消退，夜市的饮食摊点跟着喧嚣起来，只觉得耳畔人声鼎沸，眼前灯火通明。二十年前和几个师友凑着昏暗灯光撩螺蛳的场景已不复见，吆喝声却似曾相识。

落座、点菜、上酒。不一会儿，一名十八九岁模样的妹子端菜上来，笑盈盈地说，菜来喽，慢慢吃。那神情语气，也似曾相识。

离开夜市大排档时，天上已多了一轮下弦月。白天热闹且略嫌拥塞的街道，这时显得有些空荡，像一个进入半睡半醒状态的幼童，既不甘心就此罢了玩耍，又苦于无力撑开沉重的眼皮，偶尔驶过一辆车，走过几个人，都可以感觉它微微加速的心跳。

和友人并肩走着，脑子里突然毫无征兆地闪现二十年的那个夜晚，那首林夕为王菲写的《约定》，依稀在耳畔回响：

还记得当天旅馆的门牌/还留住笑着离开的神态/当天整个城市/那样轻快/沿路一起走半里长街/还记得街灯照出一脸黄/还燃亮那份微温的便当/剪影的你轮廓太好看……

【作者简介】冯文东，生于1968年。广西作家协会会员、中国书法家协会会员。出版有长篇人物传记《流金岁月》和《苍山如海》等。现任广西画报社副总编辑。

去天峨吧

彭恬静

天峨是个好名字，在中国若干的县城名里，这是个会让人一听就记住的名字，一个诗意的名字，让人遐想……去天峨前，我曾禁不住地在梦中前往，即便此前我从未真正到过广西任何一个县城，仍念念不忘自己梦里构想的那有山有水的小城，那是个柔软美好的地方……

但人总是这样，当有一天你的梦境即将实现时，却是忐忑不安的……汽车从南宁出发，一路沿着红水河向大山深入，山脉连绵，几小时山路，同车的两位老师早已入睡，我却丝毫没有倦意，一路紧张激动得像个待嫁的姑娘……到天峨已近黄昏，推开车门一刹那，我不敢相信眼见的，这不是我梦里那座城，她有山，那山却是峻拔的；她有水，那水竟是奔腾的；就连那一座座房子也不是静谧闲适地环水而卧，却更像是腾水而立、拔山而起。这里是美丽的，却处处透着阳刚和坚韧之美，这样的山城气息，让人心生热火……来不及梳洗我便扔下行李“小鹿”般向那缠绕城中的红水河奔去，站立河边许久仍是对这所见词穷，要知道，一个出生在洞庭湖畔、成长在喧嚣“泥石森林”里的我即使在梦里也无法想象这样一座城。

炎炎夏日，山城本有着城市没有的清凉，随后的几日我却仍是内心火热地随车队穿行在莽莽群山之中，融化在这片独有的风光中。站上那龙滩水电站大坝顶，眺望 “山水相连，天人合一”的高峡平湖美景，钦佩智慧果敢的天峨人，他们终于“让我立在了天、山旁” ，水电站让红水河不再混浊、恣肆，有了如今的翠绿清澈，我们甚至都能在坝顶看到水底畅游的鱼儿。爬上高深险峻的聚龙峡谷顶，俯瞰整座小城，此时远处的红水河又保有了原来的气魄，气势如虹，如巨龙般穿越谷中，似乎正告诉我们，天峨不只有了“天鹅”的优雅，仍有着龙腾般的雄浑。泛舟川洞河，穿行燕子洞，我们忙不迭地仰着头想寻觅那数万燕子的踪迹，却不自觉地为那天然溶洞的神奇瑰丽所征服……

天峨的山水是美的、惊人的，也是热烈的，让人过目不忘。而我们记住一座城，留恋那座城更多的还是因为那里的人，就像我们初到的那个晚上，欢迎宴席上那些热情的县领导，频频向每位到场的来宾敬酒祝词，一句朴实的“大作家们，辛苦了啊，欢迎你们来我们天峨”让人备感亲切；就像那个可爱的小梁副县长，一路上滔滔不绝地向我们讲述天峨的各种故事，后来才得知他也是个外乡人，却如此熟知、热爱这个刚刚扎根的小城；就像那几个为我们导游的小姑娘，甜甜的笑容绽放得像朵花儿，总不时地向我们透露着天峨的小秘密；更像从这大山里走出去的人儿，正是因为他，我们来到了这里，走进了他的家乡。

谢有顺老师曾打趣说的，“喜欢一个人，你就总想去他出生的地方看看”。其实第一次听说“天峨”已是在两年前，那次在南宁第一次见到东西老师本人，也是那次相识，我知道了天峨，那是他的家乡，还知道他为它作过一首歌，写了很多文字，也带来过一部戏。正源于此，此行前我对这座城有了更多的想象和期待。其实对于我，也可以说早就认识了东西老师，因为见他前就已读过很多他的文章，一直很崇拜文章里那个睿智、犀利而又幽默的他。而那次见面让我多了一个更深的感受，就是老师的慷慨和细腻，他总是会非常敏锐地顾全到身边人的感受，无论熟识的还是初见的，朋友还是晚辈。我甚至偷偷猜想他一定和我是一个星座吧，有着双鱼座的真挚和体贴。来天峨后，我对老师又有了更多的钦佩，游览途上我总是会在内心慨叹：这山景如此秀美天然，然而出生在这大山深处的他当年是如何跋涉其中，又是如何翻越这一座座山走到城里，如何在城中立足还有了今天的成就？他一定也有过他作品里“汪长尺”的辛酸和无助，还记得他曾在一次采访中谈到写那部小说写到最后，自己也止不住失声痛哭……而他今天的成功也一定不只是因为那天生的才华，更多的还是因为他有着山里人的坚韧和乐天，就像这里顽强的一草一木，他的努力成就了他，他对朋友的真挚帮助了他，也支持了他。很早前看过胡红一老师为他写的一篇文章，笔调十分幽默，各种调侃，让人忍俊不禁，但读完全文还是深深感受到朋友们对老师的那份爱和敬佩，我想也正因为如此，他总能凝聚着他们，一声招呼，大家就来到了这里。

从天峨回广州已是两个月了，迟迟不敢写下什么，一来是陆续看到众多名家的好文，实在惭愧，不知如何下笔。二来还是因为太多美好的记忆无从取舍，我想，我还会再来的，带上我的朋友们，我会对他们说：去天峨吧，那是作家东西的家乡，那里有热情的乡邻、甜爽的果儿。去天峨吧，那是红水河上第一城，那里有望不尽的山、流不息的水、满眼的绿。

2016年9月28日于广州

【作者简介】彭恬静，评论家，现为中山大学中国现当代文学博士生。

江山诗意此中藏

何述强

那座叫向阳的古镇，淹没在水底了，但是人们的记忆是无法淹没的。黔桂边陲的向阳古镇曾经一度富庶、繁华，留下了很多时光的印记。现在，随着龙滩水电站的建成，向阳古镇那些带有岁月幽香的古街道、古榕、青石板、寻常巷陌、田野家园，都被收藏在浩渺的碧波之下。被古镇才女李世妍吟唱过的那块惟妙惟肖的岩石——石马连鞍，也沉在水底，在没有风的湖底，石马一定也像往常一样，发出低低的嘶吼，以应和着李世妍的诗句："嫩草周围难下口，钢鞭任打不回头。"江山风月，流星才女，自诩为"平生性情似麻姑，粉黛胭脂半点无"的李世妍，对人世沧桑和历史变迁有着深刻的洞悉："自古人生借屋栖，英雄能有几多时。当朝宰相三更梦，历代君王一局棋。"向阳古镇幽幽的一缕芳韵和古韵似乎凝结在这名光绪年间的天峨才女身上，她二十四岁便玉殒香消，却留给天峨人长长的忆念和叹惋。

天峨这个名字，最早出现在明代，当时叫"天峨甲"，应该是当时保甲制度的产物。"天峨甲"位于向阳镇的南岱，恰好是后来李世妍出生的地方。到了乾隆五年（1740年），出现了天峨分县，受泗城府凌云县管辖，管理者是凌云县的县丞。级别比县小，还不能算是一个独立的县。到了乾隆四十六年（1781年），第一枚来自中央王朝的木质钤记穿越崇山峻岭和云雾流岚，来到这片土地，在我的想象中有一匹飞马。那个潮湿而又寂寞的水边的黄昏，钤记如期而至，降临在天峨分县宁静的县署。获得王朝第一次授记，这是天峨历史上的重要时刻，一个崭新的起点。天峨真正立县是在民国二十四年（1935年）。当时的县署仍然在向阳镇。从天峨甲到天峨县，大山里变幻了六百多年的烟云。

到了1952年天峨县迁到当今的六排镇。任何一次迁移，都有其合理性，都是历史的选择。县城迁走后的向阳古镇，在天峨人的心目中，依然是个很重要的地方。毕竟很多记忆在这里沉淀，很多梦想在这里升腾。有关天峨的民间传说、历史掌故、逸闻趣事，似乎都与向阳古镇有关。向阳镇高耸的峨山，与遥远的凌云苍岭形成对峙，据说成就了“天峨”这个美名。南方的县城几乎都有过好几次迁移衙署的历史。仿佛一只美丽的鸟儿，在风雨中穿越峻岭、森林、河流、云雾，最后到达了一个阳光明媚的地方。

天峨有其先天独特的地理位置，它处在云贵高原和广西丘陵的过渡地带，地质结构非常复杂。东凤山脉和凤凰山脉在这里挤压、交错，互为出没，形成了很多断裂和褶皱。因此，这里呈现的景象是：青峰林立，山坡陡峭，林壑幽深，溪流纵横，河岸深切。山林冥昧失昼夜，枯松倒挂倚绝壁。水流湍急，处处有如闪电雷鸣。深山穷谷，云蒸霞蔚，雾气茫茫。尤其是这里的红水河，落差非常大，色泽红褐，尽显南方河流的狂野，仿佛云里雾里无法驾驭的一只苍龙，金灿灿的鳞甲，腾跃起伏在黔桂边境崇山峻岭林莽幽壑之间，千年万年吸收日光月光的精华，具有强大的生命力。龙滩之名应运而生。藏量巨大的水流，加上强烈的落差，蕴藏着巨大能量，龙滩水电站被称为是摘取自骊龙颌下的明珠，将大自然浩大的潜能化作造福人类的电流。

因落差而产生的冲击力，加上一路裹挟而来含有多种矿物质的泥沙，把天峨河滩里的石头冲刷出疯狂的造型和疯狂的图案。天峨最早引起世人广泛关注的恐怕是天峨石。

人们总是害怕经历挫折，其实挫折并不都是有害的。有些挫折产生的能量正好可以给生命镀上瑰丽的色彩，就像天峨的红水河奇石。从写作的角度来说，太流畅的语言注定发不了电，只有按摩的功效，甚至按摩的功效也没有。太流畅的语言无法给心灵以触动，无法冲刷出人们阅读中微妙奇崛的情感。平缓宁静的清水河，冲刷不出色彩斑斓的石头。千姿百态的天峨石中有一种石质很坚硬的墨石，没有图纹，形状也没有什么特别之处，但它的水洗度好，黑得铮亮，不失细腻、圆润。这样的墨石玩赏价值的重点是它内在的品质。我在宜州生活的时候，接触过一些当地的石友。他们把到天峨找石头当成盛大的活动，为此都做了精心的准备。每次从天峨回来，收获满满的他们都要聚在一起认真总结好几天，互相展示自己的成果，对天峨石如痴如醉的爱令我好生羡慕！宜州有龙江河，也有很多石滩，但是，清水河的石头怎么说也比不过泥沙河流的石头。其中一个朋友在天峨红水河河滩捡到一块有茶盘大小的墨石，石质光洁，造型浑圆，河水已抚平所有可能的裂痕，没留下一点儿硬伤。他如获至宝，涂上凡士林保养，一日抚石能千回。那个给他带来好运的河滩被他叙述了无数遍。他甚至谈到即将获得好石头之前那种强烈的预感。一种类似桃花运来临前的激动难耐。每次去他家吃饭他都向我们展示这块墨石，目的就是为了得到我们的溢美。我们也不全是溢美，有时候也适当指出它的一点儿瑕疵。一旦有所批评，他脸色必然大变，恼羞成怒，明显是被冒犯了。大家便不欢而散。后来有一次，一位不知趣的朋友又准备给石头提意见了，这位墨石主人老实不

◎龙滩长峡-范明建 摄

客气地打断他的话，他说：这块石头叫“不准批评”！石头被成功地命名，终于有效地终止了我们对这块石头的任何一种批评意见，只能绝对地表扬、歌颂，以确保饭局和饭局之后的饮茶活动圆满快乐。这位朋友爱天峨石爱到这个地步，真是少见。

我相信这样的地形除了产生电火，产生石头上斑斓的世界，还会产生许多奇妙的事物。作为高原文化与平原丘陵文化的过渡带和结合部，意味着许多文化因子在这里转折、裂变、融合。因为地形和水流落差大，文化上的落差也必然存在。多元共生，裂变疾速。其中呈现的风景无疑是壮观的、迷人的。天峨先天就具备产生独特文化的优势。红水河的子民们，来自二十多个民族。有些是顺流而下，有些是逆流而来，共同在千峰百嶂间开辟美丽的家园。

贵州的铜鼓沿着红水河传到河池。天峨是必经之地，也最早受益。至今，天峨民间仍然广泛使用铜鼓。天峨的蚂蜗节文化，敲打铜鼓，跳蚂蜗舞，天峨的十二生肖铜鼓舞，都包含有文化融合的痕迹。在蚂蜗节上跳蚂蜗舞，这场景分明就是左江流域的花山壁画那些神秘图案的再现。那些图案早已成为石壁上古老的图腾和历史记忆，沉睡为固态的文化。而在遥远的红水河流域天峨县境内，花山上那些神秘的图案岁岁年年出现在祭祀蚂蜗的仪式上，仿佛它们是活态的，仍然有着蓬蓬勃勃的生命气息。是谁用魔杖一点，左江东流域岩壁上的神秘图案纷纷飞出，在红水河边演绎着不曾远去的历史?

有一支独特的“高山汉”是近代从外省迁来的，汉文化与黔桂边陲少数民族文化在这里融合、生发，交相辉映。星星与星星不会相互埋没，相反，它们共同的光芒会使天空更加明亮。山高林密，为了传递信息，取得照应，天峨人的声音都比较洪亮、准确，一发音就具备提神醒脑的功能。相邻的两座山，可以看到对方的房子，但是，要到对方家中喝上一杯酒，可能要走上一整天。早上出发把露珠踢落，夜晚进门把晚霞捎上。隔山喊话，可不能模棱两可，含糊其辞。在极少量的语言中必须蕴含足够的信息和明确的目的。另外，山里云遮雾罩，光照不足，娱乐活动较少，人们在谈话中增加的故事性和戏谑的成分就比较多。这叫在语言中找乐子吧。语言的快乐部分缓解了他们在大山中生活的寂寞。个性常常源于与众不同的生长环境。从这里走出了有名的作家、学者、教授，他们在各自的领域都产生了重要影响。比如，作家东西、纽约州立大学历史学教授于仁秋、评论家张柱林、文化官员金化伦等，一个人口不多的山区县份，能够产生好几个在文学上、学术上有建树的人物，的确了不起。

我第一次知道天峨有一条布柳河是在朋友的油画中。《布柳河上的独木舟》，我的朋友画过这么一幅画。画面上两个几乎裸体的人，一个拉船，一个推船，在波光粼粼溢彩流金的布柳河上行进。这情景多年来一直留在我的记忆中，仿佛神话里的世界。

红水河从前摆渡的工具就是独木舟。徐霞客先生当年在忻城红渡渡过红水河时乘的就是独木舟，他的马浮江尾随而过，那次经历，令他胆战心惊，久久不能忘记。

每当发洪水的时候，上游的一些浮木顺流而下，在漩涡处处的红水河上时隐时现，勇敢的山民们常常利用这样的机会冲进河水中，机智地与河水、漩涡周旋，成功地打捞那些浮木，积攒够一整年的燃料。在浊浪滔天的红水河中抢夺浮木，这样一种高风险的行为，稍一闪失就会有生命危险，极具挑战性。在别人望而生畏的地方，天峨人没有停下脚步，这种进取精神是可贵的。靠山吃山，靠水吃水。然而，山是陡峭的山，水是湍急的水。山水的恩赐，丰厚无比，但是，它们绝对不奖励懒惰和懦弱。现在的红水河已非昔日的红水河，龙滩水电站建成后，红水河变得清澈，波平浪静，独木舟早已匿迹，迎战浊浪抢夺浮木的现象也早已成为历史记忆，然而，这样一种精神——勇于冒险、与天斗智的精神，是会在天峨人的性格深处传承的。

这些年，我到过天峨好几次了。走过纳州古道，寻过风草摩崖，饱览燕子洞的幽邃，两度徜徉在大见夕原始森林，赏奇花异草，置身高山峡谷，临清流万顷，看巨坝横空，我常常感到无比惊讶。最近一次进入天峨时间已近黄昏，嵯峨的群山之上，白云朵朵，云层中透射出万缕光芒。这又加深了我对天峨的了解。天峨的高远之境我远未参透。

江山的险峻易于激发作家的灵感，就像杜甫流寓夔州一样，写出了三百多首诗，其中很多长诗、名篇都诞生在这一时期。就是因为那样一个环境激发了他。“高江急峡雷霆动，古木苍藤日月昏”“峡束沧江起，岩排古树圆”“地与山根裂，江中月窟来”。只稍微引用几句，我们就约略知道夔州的地形特征。天峨也像夔州一样险峻壮丽。一个饱含江山诗性的地方，呼唤更多的大手笔在这里诞生。

【作者简介】何述强，散文家，广西作协秘书长，主要作品有《隔岸观火》等。

我的天哦

——天峨的另一种阅读

潘莹宇

对于“天峨”这个称谓，我更愿意相信作家胡红一的说法，是“天哦”的笔误；它来源于“我的天哦”的惊叹，而不是“山之巍峨入云端”的赞美；之所以把“哦”字演绎为这个“峨”字，或许是文人为了风雅，有意而为之吧！

对于文人骚客来说，“哦”只是一个常见的感叹词、语气助词，没有任何文采，更没有蕴含什么诗意；用这样一个字来做县名，有失斯文，难以登上大雅之堂！

“峨”字就不一样，释义一大串：高，巍峨；亦作“峩”。①山势高峻。②引申为卓然特立，参见“峨然”。③矗起，高耸。④峨眉山的省称。“峨”形容高，山势巍峨。用现代的词语来说，是多么“高大上”的蕴意，不选择它，还选择谁呢？

当然，天峨亦有“天鹅”之说，其考证颇为传奇。传说古代一农夫在一座山上开荒种地，见一对天鹅腾空而起，展翅高飞；那山后来被称为鹅山，后来，有人把“鹅”改为“峨”，在鹅山所在地向阳（今名）建立“天峨街”，天峨由此得名。据《凌云县志》载：“乾隆初置凌云县，苍岭天峨，雄峙南北，盘江清水，流贯中央，虽溪清幽，仍若烟瘴，平畴殊少，仰给梯田，茅屋栖岩，斯诚贫瘠，惟当滇桂黔三省之交，镇以右江总兵，为苗疆重地云。”所载的确说明天峨乃为凌云县雄踞于北的一座大山，与南方的苍岭两相对峙的情景，而且寓有天峨得名应源于“山”

◎仙人桥-王明福 摄

之一意，因而得出天峨县名来自“鹅山”是正确的结论。

天鹅之说，颇有道理。在中国，天鹅自古以来就被国人尊崇为神鸟，是圣洁高贵美好的象征、吉祥的符号；在古代，人们把天鹅称为鹄、鸿、鹤、鸿鹄、白鸿鹤、黄鹄、黄鹤等。《诗经》中有“白鸟洁白肥泽”的记载，至今日语中的“白鸟”就是指天鹅；在中国阴阳宅风水学说里，对“天鹅地”大为推崇，认为其穴力“能使满门皆兴，捷达仕途，发财旺丁，前景喜人”。天峨古人把治名同天鹅连接起来，肯定是满怀着美好的愿望，而人民群众的美好愿望就是我们的奋斗目标；可惜，明代置“天峨甲”时，满口之乎者也的官吏们，缺乏公仆意识，漠视人民群众的祈愿，放弃了“天鹅”，放弃了百姓福祉，这是天鹅之殇。

鹅山确实尚在，如今向阳镇坝子西部大山，仍被人们称为“鹅山”。天峨古代属于百越之地；秦时属象郡；汉时属益州刺史部牂柯郡；至唐代置羁縻峨州，属江南道黔州都督府；北宋时，天峨境地属广南西路观州；南宋属广南西路宜州；元代置程县，属庆远府南丹安抚司；明代，今天峨东北境属庆远府，西南境属泗城州，距州府北480里置“天峨甲”；清代至民国，东北和东南境属庆远府南丹州（南丹县），西北一部分及西南大部属泗城府凌云县。清乾隆五年（1740年），凌云县始添县丞一员，协助知县处理此境所辖政务，时称“天峨分县”；县衙署置于天峨乡南岱；乾隆四十六年（1781年），衙署移驻天峨街，仍称天峨分县；宣统三年（1911年），改设弹压公署，称"凌云县天峨弹压公署"；1927年，改弹压公署为凌云县北路民团总督队。1929年，废北路总督队，改设凌云县第十四区团务分局；1932年，设凌云县天峨特别区；1934年筹备成立天峨县；1935年正式成立天峨县，县治立于天峨乡之天峨街，第一任县长黄建中承袭历史上的避讳，为区别县、乡、街之名，把"天峨乡"改为"城治乡"，把"天峨街"改为"向阳街"；1950年1月20日，天峨县获得解放，县治立于向阳街；1952年下半年，县治迁至六排。纵观天峨历代，县治一直依傍鹅山而建，直至新中国成立后，才迁至现址。可以说，对于天峨人来说，鹅山的重要地位，不亚于黄河与长江对中华民族一样。可惜，这次"文学名家天峨行"没有安排朝圣鹅山之旅，不能不说是个遗憾。

但是，即使如此，固执的我依然固执地认为，"天峨"的原初出处，来自古人那句"我的天哦"的惊叹！

想想这样的场景：远古，泛着绿幽幽光泽的太阳当空照，层峦叠嶂的参天古树中，一群脖挂兽牙串、腰缠兽皮、手执石斧尖棒的壮族先民，呼喊着"嘿哟嘿哟"的号子，追赶着一群猛兽，穿过一棵棵擎天入地的红豆杉、榉木，跨过一丛丛翠绿的桫椤、金花茶、野兰花，踏山越岭如履平地……突然，一条奔腾咆哮的红水投入眼帘，阳光之下，犹同一条巨龙穿山而过，迎面扑来，冲向远方，那一瞬间，他们厚厚的嘴唇里，迸发的那一句，将是什么呢？

"我的天哦，龙神！"

我敢打赌，面对着滚滚奔腾的龙滩大峡谷，不管你是谁，你内心的惊叹，还能是其他的哪一句？这是属于天峨的惊叹，"如假包换，如换包假"。

还可以设想这样一个场景：一群衣衫褴褛、疲惫不堪的老弱病残的人，他们可能是苗族，可能是瑶族，因为部族的斗争，青壮年的战死沙场，他们趁夜放乘木筏，顺着红水河而下，日夜逃亡，在红水河与一道河谷交汇处，他们弃筏上岸，以青山为嶂，逐峡而逃。突然一日，一道灰色石龙横跨大河之上，如虹横空，连接两岸青山相对峙。那时刻，他们干裂的嘴唇里，迸发出的，又是什么呢？

"我的天哦，仙人桥！"

是啊，这么一座横跨于布柳河之上的天生石拱桥，能是凡人建造的吗？仙人，只有仙人的鬼斧神工，才能劈出如此的气势磅礴。

好多年以前，面对这座桥长二百八十米、桥高一百六十五米，由三座大山塌陷而成的天然石拱桥，被誉为世界上最大、最壮美的水上天生桥，心荡神驰的我，脑海里呈现出的，就是这么一幅幅情景——

那时候的天空／是一小罐的暗黑／那时候的你／是一支长戈的挺拔／幽幽的布柳河／如同邻家的小女孩／日夜围在你眼前／晃啊晃／晃啊晃／晃成一颗俏绣球

那时候的你／好想好想／伸出你骚动的情丝／把它搂进炽热的胸膛／于是 风打开你的心窝

于是／闪电照亮爱情的方向／火红的俏绣球／在三月歌潮中／变成你生命中的红灯笼

久远久远的一天／相厮相守的盟誓／被脚下隆隆翻滚撕裂／天 一下子高了／地 一下子陷了／你壮实的身躯／几留一支光秃秃的手臂／挂在风中／布柳河／你生命中恣意缠绵的最爱／香消玉殒／消失在裸露的坍塌里／把大山／把相思树／把九月／染成绵绵的悲伤／和细细的呜咽

悲愤欲绝中／你含恨挥出生命的仅存／狠狠在尘埃弥漫的天地间／划开一道朗朗乾坤／孤零零的手臂／却像十月的挽歌／被死神紧紧扼住／摁到山谷那头／绝望的你／倾尽生命最后一击／在今生今世无法跨越的／彼岸和此岸／架起一道永恒的虹

后来／再后来／一群额头鼓突的人／沿着深深的沟谷彳亍而来／当你残存的眼神／看到一根根褐黄的长毛／在破碎的脸上翻飞／淹埋地层的布柳河／挟着呼啸／喷涌而上／我的天哦／仙人桥／我的天哦／仙人桥／喜悦的呼叫／如同漫天的星辰／霎时席卷你苍凉的固守／投进清亮的河心……

仙人桥，至今依然架在我的心魂之中！

其实，走进素有“森林王国”之称的“水山天峨”，一路的惊叹让你不绝于耳——

走在龙滩电站大坝观景台上，当你迈步于高几十米、用钢网铺设的台面，透过网眼，看着脚下出水口的清幽深邃，你是否身子微微发软、脑子稍稍恍惚，心头禁不住会闪过“天哦，如果钢网负载不起，怎么办”的寒噤，举步维艰；也许，还有小腹抽搐……但是，两旁和中间三条孔武壮实的水泥横梁和走道，会让你感觉到父亲手臂的环护，心里顿生勇气，直步向前！在这里，有着冒险的刺激，更有人性的体贴，而不是张家界大峡谷全透明玻璃桥的恐怖与疯狂，让你不知不觉间体悟着生命的飞翔与飘落，又保持着人的尊严：站着，别趴下！

仰望着高达二百一十六米的龙滩大坝，建筑层层叠叠，响声如雷贯耳，那一派“一坝当关，万水莫开”的英雄气势，会让你的骄傲垂下头颅，让你宠辱化为不惊，让你的得失化为寂静……如果遇上开闸放水，那凝实如玉的冲击，那玑珠闪闪的四溅，那如烟如雾的喷洒，让你明白写下“大江东去，浪淘尽，千古风流人物。故垒西边，人道是，三国周郎赤壁。乱石穿空，惊涛拍岸，卷起千堆雪。江山如画，一时多少豪杰……”的苏轼，是何等的挥洒激扬，又是何等的寂寥如雪！

你会感叹：天哦，我的天哦！

是的，天哦，我的天哦——

穿过燕子洞，看着十万燕子衔泥翔翼、依壁筑巢，听着只只雏燕的嘤嘤呼叫，你能不惊叹一句“天哦”吗？

泛舟天湖，置身于“究竟是湖水映蓝了天空，还是天空染蓝了湖水”的高峡平湖里，你能不惊叹一句“天哦”吗？

置身龙脊李林，看着紫盈盈的李果珍珠般压低枝头，闻着成熟后泛溢的处子之香，想想不到十年间，天峨人就从天峨野生李中选育出“李族皇后”——龙滩珍珠李，在海拔五百米以上高寒山区种上成千上万亩，丝毫不忌“瓜田李下”，你能不惊叹一句“天哦”吗？

登上拉好岩，叩拜尘封的岁月，聆听红色的枪声，那七名因弹尽粮绝而赤手扑向敌人、双双跳岩牺牲的红军指战员的面孔，再一次浮出我们的脑海，你能不惊叹一句“天哦”吗？

走进八腊谷里村，翻动着一个个鲜活的汉字，那一卷卷《没有语言的生活》《目光愈拉愈长》《后悔录》《篡改的命》……从简约的泥房、从乡野的绿风、从母亲的慈祥中淌出，如丝如缕，如流如注，你能不惊叹一句“天哦”吗？

……

天哦，我的天哦！我坚信，这是属于天峨的惊叹，独一无二、独树一帜的天峨惊叹；它是天峨的源头，也是天峨的创造，更是天峨的梦想，从古到今，从现在到未来。

天哦！不管你惊叹与不惊叹；

天哦！不管你点赞与不点赞；

天哦！不管你来与不来；

天峨就在那里！

【作者简介】潘莹宇，壮族，出生于桂西北农村。著有诗集《灵魂与家园》和小说集《跨越门槛的一种姿势》，曾获首届《上海文学》文学新人大赛短篇小说新人奖佳作奖、第六届壮族文学奖。现供职于政协都安瑶族自治县委员会，系广西作家协会理事、鲁迅文学院第十四届中青年作家高级研讨班学员。

◎天峨县三堡桐花节-赵永生 摄

神祇天峨

瑶鹰

去天峨的那天清晨，骤雨初歇，柔和的阳光抹在寿乡巴马的山头，蒸腾的烟雾被染得嫣红。被大雨淹没了几天的心情，随着满天朝霞的出现，变得欢愉起来。从巴马到天峨，途经凤山，总行程有150多公里。

我是乘坐直达班车进入天峨的。中巴车沿着秀美的盘阳河逆行而上。河的南岸是丘陵，北岸为喀斯特岩溶地貌的巍峨群山。一条盘阳河，把两种不同的山体一字划开，泾渭分明。车子经过一个坡心的地方，爬上喀斯特地貌山峰的一个隘口，便一头撞入了岩溶地貌崇山峻岭的怀抱之中了。坡心是凤山县袍里乡的一个村，那里有个"三门海"景区，游客如织，络绎不绝。时不时，满载着游客的大巴与我们的中巴车擦肩而过，双方的客人一阵惊呼，倒也有些惊险刺激。一个小时之后，车子到达了凤山县城。在凤山车站稍作停留，多载几个客人之后，又以爬行的姿态，穿过一处岩洞，继续攀爬高山。值得一提的是，巴马途经凤山至天峨的这条公路十分特殊。它把巴马、凤山、东兰、天峨、凌云、乐业等长寿县紧紧地维系在一起，形成了巴马国际长寿养生文化旅游区的重要组成部分。

◎天峨向阳库区风光美-卢伊琳 摄

我此次前往天峨，是应天峨县委、县政府的邀请，去参加“文学名家天峨行”采风活动的。凤山往天峨的二级路正在施工之中，很多路段还是坑坑洼洼的。车子驶过，尾部便甩出一阵飘飞的烟尘。路边匆匆的行人或摩托车手，提起衣袖遮口，以挡住滚滚烟尘的侵袭，眼里还不忘透出一丝嫉俗的怨气。公路时而横过山巅，时而滑下深谷，时而架在半山腰间，时而穿过楼房林立的石山村寨。公路如银河，“高山汉”的汉族村寨，如簇拥银河的星点，散落于公路两边的千山万弄之间。这一带的汉族，依然保留着远古的遗风。他们倚石山建房，伴日月劳作，传承了汉族久远的民族文化，创造了大石山区汉族文明，自成“高山汉”一派。如今，汉民族远古的出嫁歌、满月歌、丧葬歌，还能在这一带石山里寻到余音。

路面不太平整，车子的速度不是太快。大概又行走了两个小时，在乔音乡一处有几株高大核桃树遮掩的候车亭子隘口，车子停了下来。几个客人下了车。之后，车子便离开了凤山，开始驶入了天峨八腊乡老鹏村地界了。从核桃树候车亭到老鹏村口的公路，竟然都是架在悬崖峭壁之上。路边的安全防护栏和水泥墩柱，只算是摆设，如果司机稍不留神或者是车子有问题，整个车子会掉下万丈深谷。看着屏息凝视的司机，扫视一下左右旁边的乘客，他们神情自若，面带惬意，对于身边的险情不以为意。我的担心，绝对是多余的。

思忖间，车子驶离了悬崖，穿过一片石山核桃林，便驶入了丘陵地带，进入了一个叫作甘洞的村庄，停了下来。走下车来，眼前的一幕，让我感到欣喜不已。甘洞公路两边，一株株低矮的珍珠李树，低垂着枝条，枝条上挂满了紫红色的李果。李树沿着山坡有序地种植，由近及远，栽满了一座又一座山头。正是丰收的季节，珍珠李果争相挤出，密集地挂在枝条之上，形成了红果绿叶相间的珍珠串。同车邻座的是天峨移动公司的一位职员，他给我介绍了天峨珍珠李的一些情况：天峨的珍珠李是从八腊乡本土野生李中选育出的新品种，被誉为“李族皇后”，只适合在天峨龙滩一带500米海拔左右的地方种植；由于该果品结果密集，颇为丰产，挂在枝条酷似串串珍珠，天峨人美其名曰“珍珠李”；天峨县委、县政府实施品牌战略，以“万亩龙滩珍珠李建设基地”为示范，以点带面，推动了全县珍珠李产业迅速发展；从2009年开始，天峨以八腊乡为核心示范区，在六排、向阳、坡结等九个乡镇发展珍珠李种植产业，依托“公司+合作社+农户”的模式，把“最具有影响力中国农产品区域公用品牌”珍珠李产品推向了全国，给当地的农民带来了福祉。

路边，卖珍珠李的摊位如竹排相连，从四面八方赶来经营珍珠李生意的商贩们，紧挨着摊子与果农讨价还价，容不得其他人挤入。卖车票的“高山汉”姑娘硬是钻入人群里，“抢”来了一小袋果子，招呼乘客一起分享。我抓了几颗，拣一颗放进嘴里，轻轻一咬，果子的肉仁自然分开，味道甜美极了。移动公司的兄弟说，现在还不是珍珠李最成熟的时日，再过一个星期，第三届龙滩珍珠李节举办的时候，果子涩味全褪了，味道还更鲜美呢!

河池是刘三姐的故乡。河池的每一个县市每一座青山每一条河流每一个村庄每一棵大树，总会附着贴切的传奇故事。天峨也不例外。“天峨”县名与“天鹅”同音，故而有了“天峨”源于“天鹅”的传说：有古代农夫在境内开荒时见天鹅盘旋于山涧得名之说；有修建首个县衙基下塘眼现石鹅得名之说；还有一说是县衙择基之时，风水先生将天鹅埋于基下而得名。我却有些不赞同。因为“天峨”作为政区名称出现时，境域内只有壮族人在此生活。史料记载，天峨境域是古百越人活动的范围，天峨的壮族是百越人的后裔，至今天峨壮族人仍习惯自称“布越”，与历史记载的百越近音。壮族人则称汉族为“布官”（意为做官的人或是讲官方话语的人）、“布黑”（意为客人或外来人）等。壮语的“e”音，与天鹅无关，倒是与蛇相关。汉族人迁入峨境的时间大致为北宋皇佑年间，而“峨”政区已在唐中期的史书上出现了。“天峨”因“鹅”而得名，这个推论是站不住脚的。

词典里，“峨”，乃山势高峻之意。天峨群山高耸，与天相齐。撇开“天鹅”，山为主题，那巍峨的气势，足以让你领略到“峨”的磅礴。如此看来，“天峨”一词由来不难理解。“峨”亦“峩”。在过去，“天峨”曾称为“天峩”。在众多描写天峨由来的文章里，作家韦启良先生的注解最为有意思：“天峨”原为“天峩”；在那漫漫长夜的旧社会里，大“山”压“我”，透不过气来；在社会主义时期，“我”把大“山”背在身后，昂首阔步……这样的解释，“天峨”一名便显得卓然特立，又不缺稳妥。

即使如此，天峨人还是喜欢把神鸟天鹅引为“天峨”得名由来。在古代，人们把天鹅称作鸿鹄。鸿鹄之志，意示了一种敢于斗争、勇于开拓的精神。因此，鸿鹄是一种吉祥的动物。神鸟鸿鹄飞临的境地，一定是人杰地灵的地方。传说一群鸿鹄抵达峨境，它们发现这个神奇美丽的地方，于是恋恋不舍，在空中盘旋数日，停了下来。要知道，鸿鹄志存高远，它们无法停留太久，它们还要飞向碧宇蓝天，去寻找更为美丽的境界。然而，神鸟要飞上蓝天之前，必须有一段足够长的水面来供其滑行加速，才能振羽飞翔。于是，天神便引来了一条浩荡的河流供神鸟滑翔，这条河流，就是上天赐予百越山川生生不息的长河——红水河。故园之恋依旧，神鸟终于飞天。红水河的美丽传说千万则，而鸿鹄振羽、天鹅眷恋的故园，唯有天峨。

红水河源于云南曲靖市的马雄山，流至贵州省望谟县蔗香村的双江口，与北盘江汇流，始称红水河。红水河流经广西河池的天峨、南丹、东兰、大化、都安，进入马山、忻城、合山、来宾等县市，至象州县石龙镇三江口为止，与柳江河汇合，流入西江。其中，红水河最为自豪的是天峨流段的天堑峡谷。滔滔之河横穿龙滩深谷，有如一条蠕动的巨龙，把两岸的高山活活地劈成两块。高天上流云，深谷间飞瀑，形成了蔚为壮观的红水河奇观——龙滩大峡谷。

龙滩大峡谷北起豪明滩头，南至县城，长约70公里。自上而下，包括号里、纳象、新开滩和龙滩四大峡谷。峡谷两岸均高山陡坡，谷深几百米至上千米。谷底最宽200米，最窄仅50多米，有大小急滩数十个，人称“一里三湾，湾湾见滩”。筑坝封河之前，滩水最凶者为向阳镇海州村的纳象滩，滩长近2公里，河道狭窄，河水落差近10米，水流湍急，行船忽升忽降，惊人心魄。滔滔激流亿万年之后，红水河似乎累了倦了。它需要稍微停歇喘息，要以一种宁静的姿态回报人间。于是，龙滩水电站的大坝便开始筑起来了。大坝截断了汹涌澎湃的红水河，催生出大河安澜、泽被八方的高峡平湖。全国政协副主席李兆焯游览碧玉湖泊之后，激情泼墨，题写了“水电明珠，龙滩天湖”的书作，天湖之名由此而得。有关数据表明，天湖的湖面面积约377平方公里，水平均深度约200米，水电站大坝则是世界上最高的混凝土碾压大坝。龙滩天湖把龙滩水电站、纳福岛、龙滩珍稀植物园、燕子湖景区、见夕原始森林、万亩红豆杉、双龙瀑布、金花茶园、布柳河仙人桥等景区连为一体，形成了一个黄金旅游圈。如今的天湖，就是传说中鸿鹄展翅蓝天滑翔的新跑道吗？心怀鸿鹄之志的天峨儿女，是否也在沿着这条跑道腾跃起飞了呢？

也许，文人的感觉力避浮躁趋于平静。作家苏童参观了龙滩水电站，饱览了天湖景区的美景之后，作了这样的描述：仔细谛听红水河的流水，那种旁白似的音量渐渐降低，变成喃喃自语，红水河流到天峨，流得谨慎起来，颇有心机的样子……钟明红女士登临见夕山国家森林公园观景台，极目远眺天湖，仿佛自己已经置身于扑朔迷离的仙境之中了。她说，她可以顶着烈日在这个地方躺着，美美地睡上一觉，醒来了再继续写作……也许，身在城市的人们，生活的节奏总是太快，工作的压力也太大了。偶尔来到这宁静的境界里，他们的心情才稍能舒缓，文字的感觉也就随之而生了。

红水河流经下老乡的豪明地段，产出一种奇异的花石，玩石者根据地域而名，称为天峨石。天峨石外形多呈卵状，花纹奇特，质地细滑光洁，色彩斑斓陆离，素洁雅致；纹理或平或凹或凸，自成天趣。有的似版画，有的如浮雕，花点呈黑白诸色相间，图纹形象奇逸古拙，意境深远，为天然图文石中的佼佼者。1984年，几个玩石者在下老乡豪明河段发现了这种花石，他们把这种奇石带到柳州石友手中，最终使天峨石走向了全国。天峨石的开发，也是红水河奇石开发发迹的起始。之后，红水河的大化彩玉石、合山彩陶石等相继开发，使得这条迂回流淌百越山川的河流，因体内蕴藏着会唱歌的石头而名扬四海。1990年，在上海举办的第一届中国奇石展上，一块名为“幽鸣”的天峨石，夺得了第一名。之后，“恐龙梦”“犀牛望月”“古林春韵”等天峨石在各种奇石展览会上屡夺奖牌，为怀有鸿鹄之志的天峨增添了新的色彩。《中国名石大典》所收录的各类名石中，仅天峨石就有50多枚（件），可见天峨石的分量之重。龙滩电站建成之后，上游形成巨大的湖泊，珍贵的天峨石沉睡于200多米深的库底，曾经蕴藏有天峨石的河段，就再也无法采集了。

红水河水穿过六排这个地方，才遇上较为宽阔的土地。天峨县城就建在六排流段的两岸。前来采风的作家，就住在河西五吉大酒店。在天峨采风的几天时间里，每天傍晚时分，我总是习惯性地走过红水河大桥，来到东岸的“正谋奇石店”里，与店主岑正谋先生探讨奇石。每次我们把藏于房间里的天峨花石拿出来，正谋兄的爱妻莫氏便用湿抹布擦去附于花石之上的灰尘，供我们品味。每一块奇石出自于何处，是哪一年收藏下来的，岑正谋和他的妻子都记得清清楚楚。偶尔稍有偏差的，妻子莫氏便作补充。岑正谋是布依族人，初中毕业的时候，家里穷得没钱供他继续上学，于是他突发奇想玩奇石。试想，在20世纪九十年代的时候，一个一穷二白、居住在山顶上的布依族小伙子，想要下山来与一帮大款们玩奇石，那可是异想天开的事情。岑正谋就不信这个邪，他整天光着膀子在豪明河段，跟着船工打捞奇石。每天收工的时候，他不与船工们分工钱，只要奇石。之后，他就用自行车，踏上黄昏，把分到的奇石拉回高高的山顶上。久而久之，奇石摆满了家里。那座矗立于高山顶上风雨飘摇的土坯屋子，承载了一个布依族小伙子成功的梦想。

有一天，岑正谋的衣袖破了，他到豪明街上一家裁缝店里找人帮缝补。这家裁缝店的莫氏姑娘，长得秀灵乖巧。她的裁缝机边，摆放着几件色泽透亮黑白分明的花石。岑正谋被几块花石迷住了。姑娘见小伙子十分喜欢她收留的花石，于是把其中一件送给了这个小伙。一段布依族穷苦人家小伙子与豪明壮族富庶人家莫氏姑娘的花石姻缘，就这样开始了……

“精诚所至，金石为开。”一个偶然的机会，奇石大王莫雨翼先生慕名来到了山上，发现岑正谋的土屋里藏着的都是精品天峨石。于是，他就把岑正谋带下了山坡。从此，岑正谋的奇石生意门路就打开了。如今，岑正谋和莫氏妻子在天峨县城拥有了两栋楼宇，每一栋楼的每一层里，都摆放着各个时期打捞上来的天峨石。凡是到天峨来寻找奇石的人，总会探路来到“正谋奇石店”坐一坐，喝上几口纯正的金花茶，一同品读天峨石的文化内涵。临走之时，还不忘捎上几件天峨花石，以作此行之记。这个时候，憨厚诚实的正谋会觉得对不住远道而来的石友，也会添上一两个小件。岑正谋告诉我，这就是奇石生意“买一送一”给添头的老规矩呢。

离开天峨的头一个晚上，我又来到了“正谋奇石店”。一番奇石话题闲聊后，我买下了一樽用沙枪喷洒打磨成型、酷似酒坛、重达五百多斤的天峨花石。正谋兄说，这样大件的天峨石，现在很难找到了，要不是他父亲刚去世家里缺少资金，他是不愿意出手的。我知道，这是生意场中卖家经常说的客套话。我喜欢这件硕大的花石，那是因为它代表了滔滔亿万年红水河冲刷出来的文明精髓：去之糟粕现光芒，藏之经年酒愈醇！

探寻长生不老的秘诀，一直是人类向往的事情。到天峨，你不去领略这一方的长寿人文，那就枉来一趟了。次日中午，我们走进了六排镇都隆长寿屯。都隆屯住着的几乎都是索氏人家。在村主任的带领下，我们来到了一户三层楼房的人家。这户人家的大厅上，摆放着一块牌匾。县志记载，这块牌匾是20世纪四十年代、时任广西省政府主席黄旭初所赠。牌匾中间刻着“德寿双全”四个遒劲有力的大字，左右两边由上至下，分别刻有“天峨县寿（民、妇）索（永发、莫氏）敬立”、“广西省政府主席黄题赠”等小字，中间上方还刻有“黄旭初印”繁体四方印。被授予牌匾的寿星索永发，于清朝嘉庆二十二年（1817年）生人，于民国三十六年（1947年）病逝，享年127岁；索永发的妻子莫氏于清朝嘉庆二十九年（1824年）出生，于1950年病逝，享年133岁。据说，索永发老人在世的时候，夫妻关系很好，从来不吵架，不跟邻里拌嘴。两位老寿星都喜欢下地干活，经常帮助比他们困难的人家。由于德泽乡里，威望有加，在索永发老人120岁寿辰的时候，时任广西省主席黄旭初特地授匾祝寿，以教化天峨子民。当年，天峨县的政府要员在警卫团的护送下，骑着大马，敲锣打鼓，沿着沟渠小道，把牌匾送到了都隆屯。除了授匾之外，政府还赏给两位老人每人一套衣服、12块光洋和3担谷子。看着这块牌匾，我的思绪沿着红水河往下游飞奔，抵达了岩滩电站的赐福湖。在巴马赐福湖畔，有着一块 “惟仁者寿”牌匾，那是清光绪帝钦命广西提督冯子才，为巴马那桃平林村敢烟屯德艺双馨的百岁寿星邓诚材题赠的寿匾。由此看来，被授意者，人品的积累是最为重要的。田瑛先生面对牌匾，双手合十，闭目鞠躬。紧接着，作家们或是伸手触摸一下牌匾的斑驳印记，或是与它合影纪念。大家都以各自不同的方式，与历经沧桑的寿匾进行心灵的交流，以求洗礼。

红水河沿线的长寿现象由来已久。历代官员一直都很关注这一流域的长寿人文，自觉地承担起保护长寿神话的担子。巴马国际长寿养生文化旅游区的创建，体现了当今党政领导对红水河长寿带劳动人民的深切关怀之情。他们把过去的个体人文关怀，转向了大圈子的有序开发，并加以保护。天峨作为红水河长寿带的源头，其人文意义之深远，是其他地域所无法替代的。

河水如帘天降，源远流长。红水河以天峨为切口，注入了广袤的八桂大地。勤劳智慧的天峨人，以他们睿智的头脑和坚韧的品格，在红水河神光泽耀的土地上，缔造了新的神话。融天地神灵于一体、集山水精气于一身的天峨，乃天人合一之圣地也。天峨以全新的面貌展现在人类面前的同时，也期待着人们用文化的理念来对它进行重新审视。于是，在天峨县委、县政府的精心策划下，在峨城骄子、作家东西的文学魅力感召之下，这片充满着神奇色彩的山川大地，终于迎来了50多位大江南北的知名作家：茅盾文学奖、鲁迅文学奖获得者苏童，《小说选刊》副主编、鲁迅文学奖获得者、评论家王干，《作家》杂志主编宗仁发，《花城》名誉主编田瑛，《收获》杂志主编钟明红，《民族文学》编辑安殿荣，中山大学博士生导师、评论家谢有顺等应邀出席；“文学桂军”代表鬼子、凡一平、黄佩华、覃瑞强、银建军、李约热、何述强、田耳、潘红日、朱山坡、温存超等也悉数出场；“河池作家群”的新生代作家寒云、剑书、羊狼等人也相继来临。作家们将以自己的随感和激情写作著书，用全新的方式来推介文友东西的故乡，给胸怀鸿鹄之志的天峨装上文学的羽翅，继而美名远播、声震八方。文学，将成为鸿鹄滑翔的镜湖载体，正静静地期待神鸟天鹅飞临振羽。

神祇天峨，将会展翅高飞！

【作者简介】瑶鹰，原名蓝振林，瑶族，1973年12月出生于广西巴马弄山瑶寨。曾在《民族文学》《广西文学》《芳草》《红豆》《南方文学》等刊物发表小说、散文多篇，著有散文集《故事像花瓣一样飘满故乡》（广西人民出版社出版）。广西作协会员、中国少数民族作家学会会员、鲁迅文学院第九期少数民族作家班学员。现供职于巴马瑶族自治县文学艺术界联合会。

缘归天峨

向红星

虽然从未谋面，但是，我年少时，就一直知道，我的家乡天等，有一个远在他方的兄弟。

我之所以知道，是缘于母亲一次偶然的闲聊。一个姨妈或者她的好姐妹远嫁他乡了，这个他乡甚至比我的以石山林立而扬名立万的家乡，还要多山偏远，还要寸土难觅。要去那里，需翻重山越重岭，那山路直上云巅，九曲十八弯盘折回环极尽险阻，谁若是晕车，这一路一定会被折腾个天旋地转生不如死，如此云云。母亲的语气感伤、慨叹，极尽渲染，仿佛她的这个姐妹这一去便天各一方，这辈子将永无可能再见一面。让旁听的我强烈觉得，这个他乡与我们并不在同一个星球，而是地球与冥王星海王星的距离。他由此被我暗存于心，直至今日。

◎金色夕阳，龙滩天湖—李锋 摄

家乡的这个兄弟便是：天峨。

我所以认定他是我家乡的兄弟，是因为，在广西一众县份当中，唯有他的名字与天等共取一个“天”字。“天等”在土话里乃是乱石遍地、嶙峋高耸之意。而他，“天峨”两字已分明彰显险峰参差、嵯峨参天的地理，看来是比“天等”要过之而无不及。

同样多山寡地，同样老少边穷，若非一母所生的同胞，怎会同命如斯！

我虽然如此认定这份亲缘，却从未觉得有必要与他见上一面。并非我嫌贫爱富，但是，既穷且远，这样的难兄难弟，见与不见？

还是俟诸异日，随缘罢了。

这一随缘，便是三十数年过去。这几年，工作关系，广西大大小小诸县市，我已大多访过，甚至到过与他毗邻的东兰、乐业、凤山，但说来也怪，唯独他，一直游离在我的访问名单之外，仿佛他也感应到我的若即若离，对我不是那么待见。

随缘了这么多年之后，突然有机会受邀，要去会会他，这倒让我有点始料未及了。

大概，这是血缘中注定的缘分，或迟或早，终归要来。

出发伊始，心内微微地激动，这么多年过去，沧桑巨变，世界已经大不相同。老早也知道，他和我的家乡一样旧貌换新颜天堑变通途，虽未刻意关注，近些年来却也断断续续略有耳闻一些与他相关的消息，比如龙滩电站、天峨奇石、东西的《天上的恋人》在彼地开拍，都让我的好奇与日俱增，庐山真容究竟会是如何？

拭目以待！

途经都安、河池、南丹，沿途喀斯特岩溶地貌，风光无限，自南丹下高速，转县道至天峨，路面虽相对狭小多弯，并不难走，据说是当年龙滩电站开工时，为运送大型设备而修筑的，相较于从前，已大为改善。

大约一个小时的县道，尽在森林中穿行，夏季的丛林蓊郁葱茏，满目清凉。路左侧，红水河绿幽幽，蜿蜒着，一直将我们迎送到县城。

初识红水河，是在中学时候学习地理，获知它是广西的大河之一，蕴藏丰富水力资源。从上游至下游，这些年来先后建成大化、天生桥一级、天生桥二级、岩滩、百龙滩等大大小小好几个梯级电站，天峨更是占据上游的地理优势，建成了仅次于三峡电站的龙滩电站。

我想，不必再赘述这宏伟工程给人的视觉冲击，以及它建设过程如何艰巨，如何攻克种种技术难关，如何改写人类工程史上的记录，我只是庆幸，若不是这次特别的邀请与安排，我恐怕不会有别的机会进入这样的工程禁地。

深藏于山腹中的电站厂房，长近400米，宽近30米，高70余米，据说是目前世界上最大的地下厂房。置身于这旷阔高远、灯火通明的空间，仿佛进入一个秘密神殿，并非人力，而是一个隐形巨神，正在悄然将能量转换于指掌间，并在无声无息间，将数百万亿的能量源源不断挪移到千里万里之外。

踏上200余米高的坝上观景台远眺俯瞰，薄雾笼纱，湖光山色，水秀山青，全然不是我少年时对红水河这个名字的想象那样恶浪汹涌，浊浪滔天。据说，它的确曾经是个桀骜不驯的枭龙，只不过现在被收服，改头换面披上了这默默含羞的仙女容妆。这反差实在过于巨大，让我的想象一时之间竟然短了路。

我的家乡水网稀疏，河溪细瘦，我因此很羡慕那些拥有宽广水域的城镇。山，宽厚稳重，如同父亲，而水，阴柔滋润，仿佛母亲，有山无水或者有水无山，就像缺父或少母的单亲孩子，再怎么幸福，都是不完美的。天峨，何其幸运，他深陷在大山的褶皱里，像一个被细心呵护的、重重包裹的襁褓中的婴儿，依偎着母亲的丰满乳房，尽情吮吸，从不担心乳汁哪一天会枯竭。

站在红水河谷底，举目环顾，但见群山四壁，目光左冲右突，都被坚硬地阻挡。沿着河谷的方向，稍稍可以去得远些，但最终还是被拦截。突破重围的唯一办法，只能是仰头，将目光垂直向上，高天之上，天蓝、云白，但疆域依然是那么的狭窄。

旁人看来，这层峦叠嶂的山群，也许给人更多的是绝望，因为他们像墨守成规的死板父亲，阻碍了理想的突破。但我觉得，他们同时不也抵御了欲望的入侵、扩张与伤害吗？这里的山得以免遭爆破，水得以免遭生化荼毒，他们的儿女们的身体得以免遭外来病毒的感染而健康长寿，这里的原生态文明免遭同化，这里的理想与信念免遭放逐不至于流离失所，这里的灵魂与精神免遭物化不至于跌落尘埃，所有这些，难道不都应该归功于他们的壁垒森严吗？若非如此，我们这些远道而来的访客也不可能在此地获得喘息歇脚的机会。

夜色里，隐隐望见，远处一条明灭的光影，迂回盘曲着往黑黢黢的山巅延伸，仿佛天路通向天庭。事实上，天路的尽头是龙滩大峡谷国家森林公园。事实上，这个悬浮于半空的森林公园的确可以被看作天庭。这是一方被封存之地，所有的山体水体、植被生灵，都被封存在它们原生的样貌，禁止添加过分的人为因素。这无疑是极有远见的，人类的原始本性无论圈养多久，都不可能与钢筋水泥丛林水乳交融，它们时时伺机寻找突破口，要回归那天蓝水净、树绿风轻、无拘无束的天与地。从这个角度来看，这些封存之地的建立，与其说是为了保护生态，毋宁说是为人类自己留一条生路，当某一天洪水滔天，我们至少还可以凭借这一艘小小的诺亚方舟苟延族种。

盛夏的溽热被环列的山体围堵，囤积于河谷地带，使这个云贵高原边缘的小城的气温并不比

◎春的气息–岑升权摄于红水河

省城低多少，多亏了劈头盖脸的丰茂植被的绿，心内的浮躁得以慢慢滤清。当暮色四合，天边的霞彩一点点黯淡，我便像一尾鱼，慢慢下潜，当头顶那与红水河平行的星河，如同倒影一样近在眼前，我便完全沉静下来，潜伏在时光河流幽深而静谧的最底部，看着时光缓缓从身旁流过，不动声色。

我很喜欢这种感觉：全身心卸下重装，柔弱无骨，舒坦、安逸。

当然，这得感谢小城，若不是他将我深深藏庇于这高山大河的隐蔽之地，我将无法逃脱那些喧嚣扰攘的追杀，将不能偷取这片刻的惬意！

虽然不能确定本土居民的感受是否同我一样，但直觉告诉我：是。所有经过我身边的人无不神情恬淡，脚步悠缓，恬淡如山，悠缓似水。我想，这是因为他们是山与水的儿女，大山与大水，赋予了他们这共同的品性，他们只不过是习以为常而不自知罢了。

所谓一方水土一方人，是不是因为这样深沉的地理条件，所以孕育出这样深沉的人们？也许，这并不是绝对的因果关系，但这里的确盛产深沉的人群——一大批文学爱好者和作家。我一直觉得，一个人，如果思想不够深沉，他不会愿意成为一个作家，而一个作家，思想如果不够深沉，他也很难成为一个优秀的作家。

生长于斯的东西曾经写过一部叫《目光愈拉愈长》的小说，可以想见，当时，他应该就是伫立在他的家乡——八腊乡谷里屯的山巅，运极目力，长长地伸延，企图突破重叠山群的围剿，抵达时间或思想的深处，然而，时间深不可及，思想亦深不可及，目光拉得愈长，思想愈是深沉。

这的确是他真实的生活写照。

无疑，这也是天峨作家群的真实写照。这个红水河畔的作家群落，本真、踏实、执着，活跃且丰产，像他们的母亲河，喷薄着浑厚的能量。

这山育水哺的小城，溺在山丛的暖怀里，恬适安然，因为这纵贯全城的汤汤大河，又比我的家乡天等更多了许多母性的柔情，将其称之为姐妹也许更为合适。

兄弟也好，姐妹也罢，两天的逗留，虽来去匆匆，也总算认下了这离散多年的亲戚的门，了却数十年来的夙愿。

临别，受赠一大盒天峨名优特产——珍珠李。这肥硕饱满，脆甜多汁，沉甸甸密集于枝头，像一串串乌紫珍珠的水果，让人一见便口颊生津，乃本地果农耗时十数年从野生李树中精心选育而来，囿于地理气候的制约，目前唯天峨所独有。

甚好，也算是将天峨小小地打包，留待我在往后数日里慢慢细品。

临行上车，心里竟然暗暗有了些许期待。

后会何期？

随缘也罢，不随缘最好！

希望是在来年，春桐烂漫的时节。三堡乡十万亩油桐如樱似雪、泛滥成海的景象，早就令我心驰神往。

【作者简介】向红星，毕业于广西民族学院中文系。有散文随笔发表在《民族文学》《散文百家》《作品》《钟山》《中国国家地理》《广西文学》《红豆》等国内多家报刊。现供职于广西作家协会。

田湘诗四首

田 湘

天 峨

我依山而居
山路弯弯
像一架架天梯
在这里，天空离我最近
白云与我最亲

我傍水而眠
水流潺潺
像一首首情歌
在这里，树木漫山遍野
花果四季飘香

打开一扇窗
就是一片蓝天
揉碎一朵云
就是满天星光

这里是梦的故乡
这里有飞翔的翅膀

◎雨后的龙滩峡谷－王明福　摄

红水河

没有人探究过我的前世
也许我就是深山里的小妖，野性十足
我含着血泪走来，红水河是我忧伤的名字

我曾一度迷失在群山之间
从峭崖上跌落，却意外地开出浪花
巨大的落差让我明白爱恨的决绝
我撕裂山峦，又聚合山峦
在它们之间我已游刃有余

我匍匐思索歌唱
不断地催生梦想
我用碧水呼唤蓝天
呼唤山青青草绿绿
我让山与山对话，树与树牵手
让所有细微的生命找到存在的意义

我创造自己的美学
孕育精美绝世的石头

◎溪之梦—李毅 摄

我让千万只燕子在这里筑巢
又一次次将它们放飞
我放逐所有的鱼群
让它们穿梭在梦幻的世界
生命是永远的流动
我奔跑，就不畏惧死亡

我用清泉般的声音呼唤爱情呼唤你
（没有你的世界我将是个盲者）
你始终在我灵魂深处挥之不去
我静候你时，我是美丽的
我呼唤你时，我是欢乐的
我奔向你时，我的血液早已沸腾
我喜欢听你吹起长号跳起蚂蚓舞
我喜欢你口中含着珍珠李情意绵绵
一起眺望月亮眺望远方

当你再次见到我
我已脱离了名字上的含义
成为你手中一条碧蓝纯净的绸带
在天峨，我用梦想托起了群山
我与天空连在了一起，你看到了吗
在龙滩大峡谷，我的爱放射出野性的光芒
我的河流是通向天堂的

珍 珠 李

在八腊
我听见语言在阳光下裂变
命运被一次次篡改
写后悔录的人坐在李子树下
绝口不提往事

而他的爱情是感性的
就像口中含着的珍珠李

突然有了一点点忧伤

来到天峨这个小地方
只有山，只有山
把自己包围，走着走着
每座山都变成了风景
那么好的景致才被我发现
突然有了一点点忧伤

红水河静静地流淌
绕过山，绕过山
流到了碧蓝的天上
化作了白云朵朵

白云看着我，看着我
可我只是个过客
突然有了一点点忧伤

白云引我到了八腊
还是山，还是山
这是东西的家乡
我嘴里含着甜甜的珍珠李
开始读没有语言的生活
命运早已被他自己篡改
我又读后悔录，后悔录
后悔没有见到你
后悔错过了太多太多
如今我们都老了
时间过得多么快多么快
突然有了一点点忧伤

【作者简介】田湘，南宁铁路公安局政治部主任、全国铁路公安文联副主席兼作协主席、诗人。主要诗集有《遇见》《雪人》《城边》《虚掩的门》《放不下》等。

看见天峨

黄格

前四次邂逅天峨，每次几杯酒穿肠过肚后，便被时间的爪子毫不客气地把我从醉醺醺里甩了出去，回头，朦胧的小山城，远了。别人问起，只能回一句到过了，真是羞愧难当。

这一次，尾随文学名家的脚步，我小心翼翼地，少说话，少动作，多是默默地观望、搜寻，以及感受。我与自然的交流似乎向来迟钝，也缺少敏锐的眼光、活跃的思维，奈何？美国作家怀特说：“我一直认为，假如你看得够仔细，就可以看见风——那淡淡的、几乎看不见的、细微的碎片高高在空中奔去。”我看见了吗？好像那一丝天鹅之羽，飞在雾中、枝头、花间、水畔，飞进了梦里，而我依然在青山秀水的仙境，酝酿诗的语汇。幸好多一点儿时间，两三天，几处风情，我看到了，轻描在脑海，足可恬不知耻写几段文字了。

在山之巅，我看见了天峨。

丙申大暑之夜，因不胜酒力，我躲开众人，歪在床上阅读，聊以打发时间，突然想起影友建强，便在QQ群给他私发一个微笑，想让他明天凌晨带我上某高处一睹天峨尊容。不久我们勾搭上，约好时间，不想我却失眠了，在寂静和宿友的鼾声里。迷糊中醒来，正是凌晨四时不到三四分钟，建强来电，说天象难料。我小声应道那就先观察观察吧。可我刚洗漱完，他的车已到楼下了。

车从五吉酒店大门出，一左一右地拐，约两百米后，便从对面一窄口直上，我心里明白是爬坡登顶的路。朦胧夜色和晨曦交汇中，烟雾弥漫，眼前依稀晃出字牌第1拐、第2拐……似乎过了第11拐，往右驶上窄只可容轿车直行的小道，到达小隘口，再步行沿台阶陡折攀上小山头，上建有六角亭。我发现，后面见不到“拐”字牌子了，而我们的车子和步子不知又拐了几次。不过，“拐”只是人们简单强加于大自然的词，而山不会拐，也不能用拐来计算；山是屹立，是高傲地雄起，藐视人类无奈的绕弯，绕多了，说明什么？说明山海拔的高度和身板的姿态。

我以为就在亭上拍照了，这个县城西边的制高点，将迎来对面的日出，摄影人把这种追求视为莫大的荣幸。然而，建强继续带我穿过树底，艰难爬行几十米远，来到一处悬崖边，跟前豁然开朗，天峨县城尽收眼底。氤氲叆叇，光影闪烁，它如此安详地躺在伟峻和翠岭合围的怀抱，呼吸匀称，神情泰然，无比美好地享受天灵与地神赐予的福祉。

在仅可驻足之犬牙乱石，俯瞰巧致山城，犹如天鹅，身躯为河，双翼为峦，飞向无极之南，风起云涌，气势如虹，殊堪娱目。据资料，穿过城中之河，为红水河、曹渡河、白龙河、布柳河、川洞河汇聚；立于两岸的，为见识山、垄麻坡、大山聚首。山水交融，柔美与峻拔碰撞，云蒸霞蔚，龙腾凤翔，钟灵毓秀。有福的人生活在这里，聆水声如琴，听林涛似歌，自会身心舒畅，延年康寿。

及至第二天随众人乘车，又一次在林间树荫曲折穿行，山肩处反向西南，到龙滩大峡谷国家地质公园的腹地高处，更看见了山的峻奇和水的特异。这里，山沐金辉，起伏跌宕，有虎踞龙盘之势、挺拔豪迈之威，千军万马般纵横天地间，斗志昂扬，坚不可摧。这般高耸强大，护卫的是四千多公顷的茂密林木，兜兰、金花茶、任豆等六百多种高贵的植物，在这里摇曳生姿，与锦鸡、飞猫、猕猴等珍稀动物日夜耳鬓厮磨，拥抱蜜语，多么温暖，多少恩爱。而磅礴恢宏的大山，以及葳蕤蓊郁的森林，更护卫着汹涌流淌的河水。在离山顶近千米之下的碧流，如用力抛出去的绸带，清幽蜿蜒游动于谷底。温柔从来是一把刀，那么尖利，一刀剪下去，切得如此深。岩石固执坚硬，所以历经上亿年，割得心痛心疼、割得情意绵绵，就这样相互绞缠纠结，恩爱折磨，你情我愿，生死相依。我突然意识到，其实我们的每一次到来，都是一次惊扰，有一天可能会变成伤害。或者，我可以变成林中一只精明的蜥蜴，生活在山水融合的家园，从地面敏捷爬上树，从一个枝条跃到另一个枝条，在临河的叶子上无聊戏水，也可以试图去解开一条条脉络的秘密。

你可以看见蜥蜴，但看不见秘密，就如我站在高处看见了天峨，却看不见幸福的秘密，它藏得越深，幸福越浓茂。

在水之上，我看见了天峨。

天鹅是一种冬候鸟，喜欢群栖在湖泊和沼泽地带，主要以水生植物为食。如此看来，天峨多秀水，不足为怪。

水养天鹅，所以其羽色洁白，体态优美，雅致娇媚，成为纯真与善良的化身。水润天峨，环山而绕，溢石而出，轻盈腾跃，袅袅娜娜，碧绿晶透，为河，为溪，为湖，为池。

滚滚卷来的红水河，巨大的能量成就了国内第二大水电站——龙滩水电站，也成就了水的另一种奇观，比如泄洪时的惊艳飞瀑、大坝上下涟漪波动的绿水以及倒映的秀峰彩云、巨大的人工湖以及舟影网箱、游弋的鱼群……“千金之珠，必在九重之渊而骊龙颔下。”人类总主动或被动地，以各种独特的方式改变自己生活的环境和状态，待一觉醒来，很多次不敢相信眼前的事实，美丽而有点儿刺痛，惋惜而有点儿幸运。

我生活的下游与这里如出一辙，然而每次站立船头，内心都有新的冲动、新的欲望，似乎就要发现什么，又若即若离、若有若无。我相信，这里有天鹅从水面上掠过，滑出漂亮的曲线，抛下婉转的乐曲，流连于山水间，像流浪诗人，写了很多优美作品。水面是一本本装帧精致的刊物、一份份散发油墨清香的报纸，它从来不缺读者。这些优哉游哉的读者，浮游在柔软温存的怀抱，或抖动淡雅的翅膀，在草丛花海里消遣时光。我假如同样拥有它们，我的潋滟碧波，我的忠实拥趸，那么生命的篇章该多么灿烂。

龙滩天湖连着川洞河燕子湖，同样的韵味，不一样的面貌。天湖倚着电站大坝，枕着柔坡秀峰，烟波浩渺，生态渔业发达，面积比西印度群岛中格林纳达这样的小国还要大。燕子湖狭长小巧，远离喧嚣，天坑、溶洞、森林、峡谷、沙滩点缀，天然造化，情趣盎然。

我们去到燕子湖，只搭乘竹排游览了洞穿大山。洞在前，幽暗神秘，不知何方神仙下此赌注，凿出金、凿出银，还是凿出一方天地？巨大的凿子打下去，30多米宽，120多米高，近400米长，让古朴的川洞河水流过去，带去莽莽原始森林的香甜气息，给山那边更多的生物植物去享受。至洞中，巨凿錾出坑坑坎坎的岩壁沟痕可见，春天的数十万只燕子飞走了，而呢喃声依稀还在，从石缝像细小的野花冒出来，随着叮咚水滴，有天籁之美。徐徐凉风，贴着肌肤，拂过我细细的汗毛，那么亲密细腻的吻，恍若初恋中。可来不及陶醉，我急着让随之而来的筏影，走进身上的镜头，不但要留下记忆，也要留住画面。我喜欢这样的场景，光影变幻，每前行一步是一个画面，黑白为主调，辅以隐隐约约色斑。洞之后，险崖绝壁，古木参天，穹窿缩为一方镜，镜中一定能窥视前面更隐秘的奇异。

不是还有一条布柳河吗？河上有仙人桥，我真想有机会从桥上走过去，阅尽“水山天峨”之魅。水把一个女人养出妖娆，也可以把一个县城养出妩媚。

在夜之怀，我看见了天峨。

入住宾馆第一夜，好奇和期待在心，一时难以入眠，那盘新鲜的珍珠李便闪入眼帘。之前天峨朋友说，果子未到最佳成熟期，味道、口感不尽如人意。我把它送进齿间，来不及用力，已分为两半，果核自觉蹦出来，如此连嚼五六颗，反觉得酸甜恰到好处。我喜欢。正所谓，青菜萝卜，各有所爱。

隔夜，在六美休闲农业旅游区的操场上，我却对珍珠李视而不见，它摆在那里，黑里透红，光色诱人，像一颗颗美人的眼球，在夜的掩护下，迫不及待地扣动我的心弦。可我被另一个画面所吸引，不但是我没有做好应对的准备，众人也是，没有防备地沉迷其中。民间的清纯文化是可以牵走魂魄的，比食物神秘而有力量，如一根藤蔓伸了过来，然后你看不见它，如饥渴的人闻到食物的味道一样。

我看见天峨人的舞蹈，村野的舞者，摇动欢乐的翅膀，笨拙而轻盈，随意而专注。他们穿着朴素的服饰，用心制作的道具似乎出自远古，我闻到染料的天然芳香、木头散发的原始气味，还有身上粗野的图腾，寄托美好的愿望或一种纯粹的心情。我们的生活需要快乐，如鸟需要一片森林，阳光投射进来，有温暖有色彩，空气被过滤了，养心养肺。在夜晚，天峨人都带着梦想快乐舞蹈，或演绎那古老的传说，或展示多姿多彩的风土人情，或敲锣打鼓颂扬万物之美，或兴高采烈作“筒噔乐”。

流传于红水河上游流域的壮族蚂蜗舞，来源于东林孝敬蚂蜗的行为和侍奉母亲的道义。后人祭祀蚂蜗，表达向善的人性追求，祈求风调雨顺、五谷丰登。在蚂蜗节，流传有找蚂蜗、祭蚂蜗、孝蚂蜗和葬蚂蜗这些程序。然而在今夜，天峨民间舞者用他们的记忆和理解去讲述、表演，娓娓道来，舞之蹈之，我看到那份虔诚，对于文明，对于内心。

从节目单的文字里，从舞者愉快的动作里，我是这样简单地解读他们的蚂蜗舞——

莽莽大山里，流淌着一股仙水，能孕育万物。有一年，大地风雨无常，田间听不到了蛙声蝉鸣，壮族先人种植的粮食颗粒无收，生活面临绝境。他们知道，必须历经千难万苦，攀高峰战虎狼，到峻岭绝壁去取来仙水，育养蚂蜗，拯救生灵。终于，充满智慧而勇敢善战的先人拿回仙水，在将要干枯的河沟里育出了蚂蜗，村庄又有了生气。然而，不知来自何方的“毛人”，又侵犯了这片土地，并且带来了可怕的瘟疫。面对强悍的敌人，先人无计可施，再一次站在生命的边缘祈祷。这时，蚂蜗擂响震天动地的鼓声，以无畏的勇气与毛人做斗争，获得了胜利。先人重新回到了农耕播种、纺纱织布、打鱼捞虾的幸福生活。于是，每年四季佳节，庄稼人都聚集在一起，跳蚂蜗舞、赛铜鼓、对唱山歌，祭拜蚂蜗，庆贺富足安康。

舞蹈与人类生活息息相关，舞即生命的“仙水”。陶醉在生命的舞蹈中，我看到天峨夜的美。这种美，就是一颗颗珍珠李的甘甜，来自于原始野生，又融入现代人索求的简洁醇香。

恰好，今晚这场表演是我的同学承淦负责组织的。到了县城，我等他回来。“大暑前后，晒死泥鳅。”夜深了，凌晨将近，我们坐在红水河畔的宵夜摊点，喝冰冻的啤酒，乘着河沟吹过来的凉风。灯光映照水面，浮动着斑斓闪烁的绚丽，一幅无法描绘复制的画。画里，是山城的影子，是天鹅的影子。我们聆听水舒缓流动的声音，像酒流过血管的声音。

我住的房间，还有一盘新鲜的珍珠李等我，酸甜可口的味道，是小情人的味道，始终诱惑我，在深夜里。

在我几岁时，隔壁的一位叔叔说他一年有半载到天峨工作挣钱。记忆中，他讲述的天峨人居稀少，野兽出没，神秘莫测。如今，我见到的天峨，森林茂密，碧波荡漾，大坝屹立，楼宇辉煌，果蔬飘香……

俗话说：“拿别人的手短，吃别人的嘴软。”这次，我在天峨，得到与名家一样的优待，游历和名家一样的山水，可我看到的只是让我心慌心疼的一片叶子、一滴水，如此而已，我无法读懂更多，也由此更为羞愧难当。

一次看见，一次爱过，深入骨髓。

【作者简介】黄格，生于二十世纪七十年代初，广西大化人，现为大化县文联主席。系广西作家协会会员、广西书法家协会会员。著有纪实文学集《大山见证》、散文集《聆壶散记》、新闻作品选集《时光印痕》。

天峨夜色

宋先周

◎红水河上第一城——天峨县夜景-黄甫康 摄

1

已经记不清楚是第几次来到天峨了，这座小城离南丹那么近，只要有空闲，我便像遛弯一般，到天峨逛上一圈。我不敢说自己对天峨很熟识，但至少那里的山水草木已经深深地印在我的心上。很多时候，我会不自觉地把天峨与南丹融为一体，我以为天峨与南丹应该是一个完整的不可切割的整体，她们互为依托，一个也不能少。个中缘由自然有南丹和天峨山水相连、血脉相通的因素，但更重要的是，天峨是出产作家的地方，是一片文学的沃土。我把天峨当故土，就是想沾沾天峨的文学气息，让我少一些俗世的浅薄，多一点文人雅士的厚重。因此，我每次来到天峨，就像回自己的家一样随意。每次回去，我都被幸福和快乐围绕着。而天峨，也像迎接自己归来的儿子一般，敞开胸怀，让我感觉到纵然在外漂泊多年，偶尔回来，天峨亦将是我栖身的港湾，是我心中那座可以洗净心灵尘埃的文学城堡。我承认，对于天峨，我是充满愧疚的，就像我生长在南丹，却很少以我喜欢的方式，让南丹存活在我的文字里一样，我对天峨少有只言片语。有时候我也扪心自问：是不是最熟悉的，却最容易被忽视？

我尽管熟悉天峨，但所知道的多为其表象，其内涵与深度我却知之甚少，就像我吮吸母乳长大，却很少注意母亲的喜怒哀乐一般。我知道天峨很美，你要问我天峨究竟美在哪里，我却无法说出具象。现在，静下心来之后，我不得不认真思索这个问题。

我想，对于天峨来说，除了草木繁茂、河水葱绿、群山雄奇巍峨、物产丰富之外，要说最能吸引我的，恐怕就是天峨的夜色了。

我以为，观一座城和看一个人是一样的，只有在夜里，等待她卸下伪装之后，才能看清她的本来面目。天峨和大多数喧嚣的城市一样，白天不自觉地会被蒙上一张面纱，只有到了夜晚，她才以真实的面目见人。夜色里的天峨会洗尽铅华，展现出自己最真实最原色的样子。

2

为探寻天峨的本真，我专程选择在盛夏的傍晚，踏着黄昏上路，再次从南丹赶去看天峨的夜色。沿途那些曲转生硬的水泥路上，被我熟悉的车轮踬出一圈圈美丽的烟尘。在天边的最后一缕夕阳即将隐退的时候，我来到天峨入口处，我站在刻着“广西龙滩大峡谷国家森林公园”字迹的大石头下抬起头来，送别了天边最后一抹光亮，我的目光跟随红水河逆流而上，我看到前方的天峨县城，已经完成了一整天的演出，现在正被一张大大的幕布遮挡起来。

驱车转入天峨二桥的一刹那，天峨的路灯仿佛听到号令一般，从四面八方齐刷刷地亮了起来，像是列队欢迎我这个归来的游子。

请原谅我往日的疏忽。在此之前，我阅读天峨夜色的时间实在太少。很多时候，我来到天峨，注意力都被天峨白天的美景吸引着。我曾经在清晨，爬上龙滩大峡谷的顶端迎接朝霞。那时候，我看到了峡谷里缭绕升腾的雾气，看到了从天边缓缓跳出山坳的红红的太阳，看到了流淌在峡谷深处河面上飘忽的晨光……我想，我已经站在峡谷的高处，脚下踩着晨雾，我一定是站上了云端，正在向着一条天堂之路迈进吧！否则，我为什么有一种飘飘欲仙超越凡尘的错觉？

我也曾经在正午，站在龙滩水电站的大坝左侧，看到灼热的太阳撕开天峨上空厚厚的云层，让无数根光柱如无数支利箭射穿云朵，跨过龙滩水电站大坝的阻隔，直直地射在奔流的红水河上。而红水河河面泛起的微波把钢硬的阳光一点点折断，让阳光一小段一小段地漂在水面上，那段正午的时光，一定被红水河玩弄着、践踏着、静止着……那些光柱射进水里，再反弹到水面，变成河面上一串串跳动的音符。此时，我仿佛听到奔腾的红水河正在吟唱《梦里家乡》。

我还曾经在日头偏西的下午，撑着竹筏荡漾在燕子湖上。我像一个天真的顽童，屁股耷拉在竹筏上，双脚伸到湖水里，让湖水的清凉从足底一点点传递到我的心头，让我燥热的身体得到了夏日难能可贵的清凉慰藉。在穿过燕子洞的短暂黑暗里，洞顶上几滴“福分”（蝙蝠粪便）洒落下来，飞溅到我身上，几尾小鱼一直追随我的双脚来到岸边，我顿时感受到自己被燕子湖偏爱着，那些湖水、燕子和小鱼似乎对我恋恋不舍，又或是我的自作多情，缠磨着燕子湖，不愿离开……

也许白天不懂夜的黑。天峨的清晨、正午和黄昏都已经美到极致，她们占据了我太多想象的空间，直到我在夜色中慢慢审视和描摹天峨夜色的时候，天峨白天的美景才慢慢淡了下去。

我觉得天峨的夜色，要远比她的白天更具魅力。也许是因为白天太过明亮了吧！人和事都被赤裸裸地暴露在蓝天白云之下，人们不得不有所收敛，天峨的白天有时会刻意或者无意地伪装起来。

3

现在，我在黑夜抵达的时候，天峨夜色中的美景正一点点舒展开来，我的思绪也慢慢从白天的回忆里收了回来。我在红水河边的步道上漫步，我把眼睛睁得大大的，我甚至都不敢眨眼，害怕错过夜色中瞬间的美景。

说实话，当灯光突然亮起的刹那，我弃车走上桥来的时候，望着闪闪烁烁星星点点的灯盏，我竟无所适从，我的视线有些迷乱，我的思维有些飘忽。

我抬头仰望，白天被太阳烤得瓦蓝瓦蓝的天空，现在像被水洗过一般干净，几颗赶早的星辰挂在天际，一只孤鹰从头顶滑过，盘旋着向高深莫测漆黑无比的国家森林公园飞去。河两岸繁茂的红豆杉的枝头上，夏蝉叫得正欢，打树下走过的孩童们，追逐着几只叫声最响的知了，捕捉后装进瓶子里，逗着笑着在河岸上撒欢。大叔大妈们晚练的场地铺开，他们在河边结成五六个人群，各种音乐声此起彼伏，交谊舞的华尔兹、广场舞的“小苹果”、自编自弹自唱的青年男女……甚至一群“老男人”自发组成的乐队，也让他们的风琴、笛子、二胡的响声交织在夜里……

天峨的夜，在天刚暗下去的时候，只停留了片刻的安宁，现在，又被摇曳的灯光、曼妙的音乐唤醒。

天峨夜晚的声音与白天不一样，这些声音是清新的，是柔缓的，是松弛的。谁说城市的夜色都是永不停歇的喧闹？天峨就不是，它与我断断续续地在外漂泊看到的城市大不一样，天峨的夜色是温柔的，是多情的……

天峨夜色的美丽不是张扬的美丽，是那种简约的内敛的美丽。这里没有太多耀眼的霓虹，却写满只属于她自己的节奏。天峨的夜色不够繁华，没有繁华闹市那般紧张，她没有蓝调的悠扬，却有着闲适的安稳。天峨扎根在桂西北的角落里，它似乎从不在意自己是否被人遗忘，它只静静地享受着属于自己的那片天地，享受那种难求的淡雅闲情、那种紧绷后的舒缓。

夜色里的红水河，被两岸的霓虹照亮，映入河里的灯光跟随水波跳动，像是与天上眨眼的星星对话。此时，如果能借来一叶小舟该多好啊！我可以在河里荡舟。我想，我一定会有畅游天上银河的那份惬意，那些映照在水里的灯光，一定会跟随小舟游荡，如一朵朵盛开的桐花撒在河水里，动荡的流水会将多情的桐花反射到我的身上，我的身上一定会流光溢彩，那时，我会不会美丽得如同天上的仙人一样？如果不是河水太湍急、河道太弯曲，我们还可以在河上赛龙舟，我们在龙舟上点上无数支火把，我们把红水河舞成一条长长的火龙，让整条河流比白天更明亮，比白天更动人。

站在河边的小广场上，回望身后的国家森林公园，此时，她显得更高更远更险。盘山而上的道路，那十一道拐也被路灯点亮了。夜色中点亮的这十一道拐，虽然不及贵州地理坐标性的二十四道拐那样名头响亮誉满神州，但它也与那二十四道拐一样，集雄、奇、险、峻于一身。但是，细细观看起来，这两处拐又有明显不同，享誉天下的二十四道弯是“S”形回转，没有攀爬的险峻与艰难，而天峨的十一道拐更像是一根竖起的钢筋斜靠在坡边，供人爬竿一样一直向上，也许攀爬太过艰难，这根钢筋又被人为地折断成长短不一的十二节，然后再让它们首尾连在一起，它们连接的地方没有“S”形的回转，而是一个个尖尖的锐角。这些尖尖的锐角终究让上山的路平缓了一点儿，让人们看风景的心情平静了一点。现在，从夜晚点亮的路灯看出，这十一道拐的转折处的那一个尖尖的角，犹如一把把锋利的剑，直指四面八方。夜色里，也许，正是这十一道拐的十一把利剑用它们的凶险和霸气，护卫了天峨永久的安宁。

4

对于繁华的闹市来说，也许，天峨的夜色真的不足为奇，她显得那么朴素。她没有北京夜色那样的京味儿十足，没有后海酒吧里的歌声嘹亮，没有南锣鼓巷里的靡靡之音，当然，天峨的夜色也没有夜上海的摇曳多姿，没有香港夜色中写字楼里的灯光忙碌，更没有重庆夜晚铺天盖地的麻辣飘香、宝岛台湾的嗲声嗲气……但是，天峨的夜色却弥漫着别样的气息，那是一缕缕行走在高山上的勤劳的蓝衣壮身上流淌的清香。蓝衣壮头上的白帕子挂在天峨的夜空上，图案多变的围腰拴在半山腰，围在宝塔上，绣花的蓝布鞋把天峨的大街小巷踩得健壮而厚实。那些街道上亮起的一串串路灯，恰似蓝衣壮沉稳质朴的双脚，为天峨这座小城犁出的一排排美丽的诗行。

朴素的天峨夜色也是多变的，有时候她是温暖的淡黄色，有时候她又变换成诗意十足、让人充满臆想的蓝紫色，当然更多的时候，天峨的夜色是清纯明亮的白色。天峨夜色的美凝聚了太多天峨人民的智慧。走在天峨夜色的街头，大街小巷都飘满了金花茶的芳香，那是智慧的天峨人，把金花茶从险峻的高山上、深邃的峡谷里请了出来。他们把金花茶高高地安置在道路两旁的路灯顶端，让金花茶在天峨的黑夜里，也能保持白天耀眼夺目的金黄，让涂着一层蜡一般的花瓣上，那晶莹而油润的亮光，把天峨的夜晚照得透亮。金花茶的灯影投射到红水河里，使得整条河像一杯煮好的大大的金花茶，翻腾的河水在夜里流香四溢。而红水河也带着金花茶的娇艳多姿、秀丽雅致一起流向远方。

红水河的岸边，一排排露天的摊桌上，各式美食堆起一张张笑脸，清凉的啤酒驱散了一天的疲倦。人们手中杯盏交错，啤酒、红酒、白酒、饮料把天峨的夜晚弄得妩媚动人。酒过三巡之后，划拳猜码嬉闹清骂之声不绝于耳，这些吵闹之声，成为天峨夜色中另一道有声的风景。天峨的夜色在低调的喧闹中一点点演绎着，这些声音使天峨的夜晚有点晃荡、有点摇曳，让整座城变得灵动鲜活起来。

5

几位文友乘着夜色，也扎堆到红水河边，我们把天峨的夜色炖成一煲色香味美的田螺，我们就着天峨的夜色，把“1927”酒吧里的红啤喝了一扎一扎又一扎。山坡老师明显有所保留，每次碰杯都浅尝辄止，田耳老师好像真的喝了不少，脑袋一边晃荡，嘴里一边念叨“太快了，喝得实在太快了……”，田湘老师举着酒杯游走在周边不停碰杯，他的微笑就像一排排沉香诗句，述强老师的故事总比酒还多，小孟没怎么举杯，只顾一次接一次地把酒盛满别人的酒杯，只有羊狼醉眼迷茫，手舞足蹈，话语叨叨……

而我，总得保持几分清醒，我不敢喝醉，我要看天峨的夜色，我一喝醉，天峨的夜色就消失了。来日，我一睁开眼，又是一个白天，那样，我无法对自己交代。我想，我就是醉了，也应该迷醉在天峨这美丽的夜色之中。至少今夜，我不该酒醉。

当人们从街头巷尾和夜宵摊上渐渐散去的时候，清醒着的我和醉了的半醉的友人们也相互搀扶着回到宾馆。但是，躺在床上的我却辗转难眠。天峨夜色中的那些晃动的灯盏、河面上飘荡的音符、那一排排被蓝衣壮双脚犁出的诗行，一阵接一阵地在我脑海里翻腾着、吼叫着。

我只好再次披上衣服，再次静静地走在天峨午夜的河岸上。我来到熟悉的桥上，让夜风吹醒我混沌的头脑。我看到喧闹一整天的天峨彻底累了，她在夜幕下哈欠连连、睡眼惺忪，仿佛劳作归来困倦不堪的女人等待爱人一次有力的拥抱。岸边的夏蝉叫声稀疏了，只有河水流动的光影、明亮的路灯和夜空中的星月构筑的画面，还是那般美妙。

此时，我真的感觉到，深夜里的天峨是柔美的，柔美到害怕打扰别人的梦乡。

我终于明白，为什么我习惯在夜里品读名篇名作，书写自己的心情文字，那是因为夜晚的柔美柔软了我白天的愁苦，收拢了我散乱的心。

6

都说，将睡未睡的样子是最迷人的。此时我有几分庆幸，庆幸自己在深夜里依然是醒着的，醒着的我，荣幸地看到了天峨在夜色里将睡未睡的模样，我甚至可以想象她迷醉的双眼正半睁半开着，慵懒困倦的身姿正斜躺在龙滩大峡谷的边上。

请原谅我的武断吧。对于我来说，也许应该在天峨的白日里睡着了更好。天峨的夜，应该是醒着，夜晚醒着，文学就不会沉睡。或许明天，另一个几个甚至一批文学青年又将从天峨起步，他们用一个个不眠的夜晚，把天峨的山山水水草草木木写成一部部不朽的篇章，他们又将一个接一个地挣脱没有语言的生活的束缚，在文坛上升起一颗又一颗耀眼的星星。

在我没看够天峨的夜色的时候，天边又泛起了鱼肚白。只有龙珠公园的那颗不眠的“龙珠”依旧吐出亮光。那是一盏指路明灯，为在夜里摸索爬行的我指引着正确的方向。灯在那里，前进的目标就在前方，只要朝着“龙珠”灯指引的方向奔跑，我们就能抵达梦里家乡。

此时，晨起的鸟雀把叫醒的歌谣唱了出来，树木醒来了，河水醒来了，新的一天又将到来，我披着晨雾回到床上。我知道，天峨的下一个夜色又在新的时光里等我。

2016年8月2日

【作者简介】宋先周，广西南丹人。业余研习散文写作，文学作品多见于《广西文学》《红豆》《河池日报》《贵港日报》《河池文学》《广西工运》等报刊。有作品入选《2012年中国精短美文精选》。系广西作协会员、河池作协理事、鲁迅文学院西南六省(区市)第四届青年作家班学员。

畅游龙滩天湖

王进

1

己丑年立秋过后，我们几个游山玩水爱好者一起租了快艇，同游仰慕已久的龙滩天湖。

快艇遨游在浩渺的湖面上，好奇心驱使我们凭栏环顾，摄入我们的视野的龙滩天湖，近水碧蓝，深邃含蓄；远水苍茫，朦朦胧胧。湖之两岸，峰峦叠嶂，绿树蓊郁；后靠的库区移民新村，楼舍依山而建，鳞次栉比，酷似布达拉宫，不同的是，这些建筑物都掩映在绿树丛中。视野中的美景让我羡慕，也让我妒忌，因为蜗居城里的我，住所陈旧得难以形容。

2006年底，龙滩水电站关闸蓄水，水位陡然上升至375米高程，大坝以上的河流形成了“天湖”。严格地说，这不算湖，也并非人们想象中的“高原千岛湖”，而是4条沿着山势迤逦而下的河流——羊里河、布柳河、白龙河和曹渡河。

羊里河是主干河，即红水河，河面开阔，快艇驰之河面，任意东西，游刃有余。上午9时，快艇犁着绿波疾速前行，白色的浪花飞溅开来，细微的水沫和氤氲的雾气复又融合在纯净的水面上，随着圈圈涟漪向远处扩散，仿佛要把你的万端思绪和无限的柔情淡淡地融入这透亮、醇厚的水波里，带向悠悠而遥远的地方。

正午，突然有4艘快艇相向开来，湖面旋即波浪翻卷，滚滚而来。这时，我们乘坐的快艇仿佛一片飘零的落叶，在浪尖上跌宕起伏。快艇忽而腾起，又倏然跌落，重重地摔出“啪啪”的响声，仿佛不是落在柔软的水面，而是砸在坚硬的水泥地板上。同行的韦小姐凄厉尖叫，脸色煞白，全身哆嗦；我也胆战心惊，一句话也说不出。不知道过了多久，湖面才又趋于平缓，快艇也回到先前的平稳状态，我高高悬起的心也踏实了下来。

相对而言，在宽阔的湖面上，那些小小的篷船，一摇一摆地行驶着，像有着满腹的心事；而独木舟，船夫一伸一屈地划着，把平静的湖面裁开了，又缝合了；推皱了，又熨平了……此时，抬头望着天幕，几片流云，自由自在地涂抹着、勾画着，像天边无际的山水画。湖面上，几条互相追逐的飞鱼“腾”起，画面瞬间活了，平添了浓墨重彩的一笔。

在牛河岔出的白龙河与曹渡河，河面越往上越窄，山势左拐右弯，有道是：眼前似“山重水复疑无路”，但峰回路转，忽又驶出山弯，便又现出柳暗花明又一“湖”，令人惊喜不已，畅快至极。

而在布柳河，快艇到处，原本镜子一样平静的湖面顷刻被撕开，白浪翻滚，如飞珠溅玉，然后又化作涟漪幽波，一帘帘荡漾开去，一痕一痕归复平静。此刻，我们的心情清澈而透明，开朗而欣然。

傍晚归程，想起快艇被抛到浪尖又被摔到水面上“啪啪”响，便不寒而栗；又一想，快艇因为在湖面上乘风破浪而多了一份刺激，少了一份温馨；多了一份坚定，少了一份惬意；多了一份粗犷，少了一份谦和。这不就是生活情趣吗?

在浩渺的湖面上行驶，即便快艇的速度再快，只要掌好舵，就不该有什么惊险可言，现实生活中何尝不是这样。

2

如碧绿玉带，似游龙走蛇，潺缓逦迤在苍莽的高楼山脉下的布柳河，全长200多公里，曲曲弯弯，湾湾风光，处处奇景，景景生动。可谓山雄奇，水清秀，竹翠绿，木古苍，洞奇石美，鸟语花香，神话与奇景融为一体，堪称龙滩电站旅游风景区之一绝。

◎天峨布柳河仙人桥-佚名 摄

布柳河两岸，千山万壑，七沟八梁，那横亘的山岭，如轻燕，若雄鹰，又似伏虎卧龙，形神逼真，令人叹为观止。那些溪水，随着山势飞泻而下，如条条白练凌空高挂，珠飞玉洒，青白相间，蔚为壮观！

布柳河水因几乎无落差，河面舒展平缓，犹如静湖明镜，湛蓝、透亮，洁净如滤，可与漓水竞秀。遇晴日，遥空如洗，水天一色，泛舟河中，慢悠悠，乐悠悠，似与游鱼同戏蓝天，又像与飞鸟共翔水底。荡至奇峰林立的倒影处，轻舟如梭穿于群峰之间，峰巅似乎随手可触，山在水里，水在山中，别有一种自然的情趣。雨日，河面烟雾浩渺，如丝如绸，缥缈，神秘，仿佛蓬莱仙境，那又是另一番景致了。

荡罢舟楫，回到岸上，又被沿河上下一片绿意吸引。那齐整如人工剪辑过的翠竹如网如织，层层叠叠，疏密有致，微风吹拂，泛起一阵阵浅浅的涟漪，远远看去，宛如一匹翠绿的绸缎被轻轻揉皱……

步入岸边的原始森林，但见古木参天，苍劲挺拔，虬枝互攀，绿荫如盖，飞禽穿梭于林间。尤其逗人的是那无赖顽猴，成群成串衔尾攀枝，跳跃泉涧，嬉戏丛林，见游人也不畏惧，或抓耳挠腮，或挤眉弄眼，卖尽风骚。此时，你便体会出“山中无甲子，寒尽不知年”的意趣来。

布柳河沿岸有千奇百怪的众多洞穴，如虎口洞、白龙洞、燕子洞、蝙蝠洞、“凤玉楼”洞等，最著名的是距平腊村两里水路的石马连鞍洞。洞中那悬崖峭壁，远望近看，左观右瞧，酷似一匹配鞍骏马俯首饮涧。传说玉帝下凡南巡至此，被这如诗似画的山光水色迷住，便把乘坐的龙驹置放南山，枕高楼山而卧。醒来，不见龙驹，寻下山来，但见那龙驹正饮涧泉；玉帝收住缰绳，而龙驹不肯回首，引颈长鸣后又饮。玉帝大怒，狠抽数鞭，遂使龙驹化为岩石，永驻人间。

传说归传说，而洞内绝壁上字体遒劲的《石马连鞍》《答岑公子》《拒婚诗》等几首七律古诗却真真实实地出自一个18岁少女李世妍的手笔（《凌云县志》记载），那是清朝咸丰十年（1860年）镌刻的。吟罢诗韵，忽又似听到一种轻音乐从洞内深处传来，借手电之光仰视，但见洞顶滴水如玉珠坠落，砸地似金属音韵，“如鸣佩环”，韵味无穷。

布柳河不但山清水秀洞奇，而且连石头也是香的。距石马洞一箭之遥的八南金矿路上，有形态如牛的巨石卧于路旁，这就是闻名遐迩的“香石”。游客游玩疲倦，满身大汗，到此用手摩挲“香石”，抹抹自身，汗气顿消，精神振奋，人莫不称奇。

摩挲罢“香石”，溯源而上至新林河段，一山悬空拱立，高80多米，宽69米，形似一道悬天长虹，曰：“仙人桥”。此“桥”气势磅礴，雄伟壮观，给布柳河平添几分英姿。

高楼山脉，山之毓秀；布柳河，水之精灵，大自然的神功，造化了这一片旖旎风光，令你心旷神怡，让你心中的尘埃得到洗涤净化，让你忘掉尘世的纷扰烦忧而步入心灵的“净”界！

【作者简介】王进，曾用名王静，天峨县三堡乡顶换人。三堡蓝衣壮文化挖掘研究会创始人之一。当过教师、秘书、记者、编辑，副高职称，任过县委办副主任、政研室主任、报社主任编辑。先后在区内外刊物发表报告文学、散文、散文诗、小小说、杂文、随笔等文学作品。出版有散文集《我的村庄我的人》、杂文集《多看几眼又何妨》，主编《在三堡等你》。

立体的故乡（组诗）

——我的故乡是一个叫鲁应的小山村

罗平文

故乡的山

鲁应的山　很陡峭
像已故父亲的脾气

土坡多弯而缓折
恰似一把残扇
折合不了母亲辛劳的命运

山脉游走得很远
村民们的梦想却搁浅在半山腰上
弯曲的小山路来往不了财神

直到十多年前
那条曾经破坏龙脉风水的公路
像一条捆山的腰带
勒紧老辈看不见的神经
年轻人却高兴地跳了起来
他们说——村村通这条路
解放了多少人疲倦的双脚

现在 很多城里人经常驱车来玩
拍山尖上的日落日出
我也偶尔回来
看看魂牵梦绕的海拔
在山顶大呼一声
四周的山都一一回应
像极儿时父亲唤我的梵音

故乡的土地

大集体的时候
鲁应的土地荒凉 沉默 无奈
那些荆棘异常活跃 不肯让路
队长出工慵懒而缓慢的吆喝
耕种出半饥半饿的日子

八二年包产包干到户
多种经营激活了创造的热情
旱田变成了水田　有了水稻
引水沟比寨老的耐心还细长
旱地里不光是木薯和洋芋的身影
还有黄豆　南瓜　冬瓜　棉花　红薯　西瓜……

到所谓的“灭荒造林”
砍掉一坡坡原始的苍翠
灭绝的野生动物带走茂盛的记忆
种出了小经济
也种出了不少的灾难
水田又变成了旱田

现在封山育林育生态
桐果不值钱
村民砍掉桐果树
种上珍珠李或者柑橘
小日子越来越甜
鲁应的土地又换了一件新的衣裳

故乡的土茅台

家家都留一块地种上玉米
用来酿制一坛坛的芬芳
即便五叔家的老弟喝醉
跌楼而死　也改变不了现状
路边的草长得歪歪斜斜

像是被酒的香气熏醉

好客的心从没有荒废
脸面是最大的呼吸器官
土茅台历来是寨子特别的原始商标
没了酒就等于树剥了皮
朋友来了　得喝
亲戚来了　得醉
没客人来的时候　就自己把辛劳灌醉

土茅台是鲁应男人的命根子
梓里流传这样的顺口溜——
“鲁应人喝酒，火烧头不拍”（壮语音）

2016年9月整理

【作者简介】罗平文，壮族，生于二十世纪七十年代，在天峨法院供职。广西作家协会会员。诗歌作品散见于《广西文学》《诗歌周刊》《新诗》《绿风》《诗潮》《草地》《河池文学》《河池日报》《星光文学》等刊物，入选十余本诗选集；出版个人合集《中国诗歌第一卷》（线装书局出版）；任《诗路之旅——2014年中国网络诗歌精选作品大展》《中国当代实力诗人诗歌大展》《华夏现代微型诗歌方阵》《诗潮流——中国西部2015年度诗选》（团结出版社出版）等书编委；《秋天的诗章》（组诗）获广西第一届群众文化大赛诗歌一等奖；作品《竹子》获河池市“树清风、倡廉洁”反腐倡廉征文比赛诗歌一等奖。

第二章　人文

◎天峨龙滩珍珠李收获的季节-牙刚 摄

如果下次再来天峨

鬼　子

天峨当然是一个好地方，但天峨确实有点儿远。因此我来天峨的次数也就不多。这次一到，有朋友开口就问，来过天峨吧？我点点头，来过。上次来是什么时候？二十年前。这是在来的路上就数好的，好像早就知道有人会问。想想真是有点不好意思。一个人远远地去一个地方，往往是有事而来，或者是慕名而去。我自然都是前者，而且都是有人掏钱请的。这样一想，便是真的有点儿不好意思了。

上一次确实是二十年前了，那时有一位兄弟正好在天峨当县委书记，因为是兄弟，所以大家都不叫他书记，而几乎都称他朱哥。朱哥厚道，而且好玩儿，说起故事来，总是一套一套的，嘴里的山歌也特别多，也不知是他自己编的，还是他在地里捡到的，反正动不动就能扔出几句来，扔得满地都是，兴奋得大家也都纷纷乱捡，捡到之后又一个一个地塞进嘴里，然后胡乱地嚼，嚼完了都哈哈大笑，好像嚼的就是天峨如今那异常有名的珍珠李。

计划生育好处多，
结扎同样得欢乐；
好比汽车换油管，
加油启动照爬坡。

这四句就是那次在天峨捡到的。

那时龙滩还没有建坝，我们乘着机动船，在红水河里逆流而上，真是一派风光。我们去的是一片长长的河滩，河滩上全都是大大小小的鹅卵石。记得还有广西电视台跟着一起采访，被采访的都拼了命地对着汹涌的红水河谈着自己的文学，谈着自己对文学的种种向往，恨不得把肠子都翻出来让记者看一看，看看里边都装有多少热气腾腾的大好文章；不被采访或者还没有轮到采访的，就都低着头，一边走一边看着眼前的那些石头，看看能不能捡到一两个好看的，然后拿回去摆在家中。但有运气的人好像总是不多，而我，偏偏是其中一个。我那天真的捡到了一块不错的鹅卵石。那是一块和人头一般大小的石头，有眼睛有眉毛，有鼻子有嘴巴，关键是整个石头的外观就是一个人的侧脸，准确地说，那石头像个外国人，所以很多人都说我捡到了一个毕加索，也有人说我捡到的就是我自己，其实说什么都可以，反正我是真的捡到了一块让我高兴的石头，而且一直高兴到现在。顺便说一句，古人有句话叫作“石来运转”，不知道你们信不信？反正我信。再说了，我不信也不行。我就是在捡到那块石头之后生命出现了转机的。就是那一年，我关起门来，好好地阅读了好多好多小说，第二年，我开始了我生命中真正意义上的小说创作，随后的收获自然是不用再说了，免得会叫人在暗中偷偷地恨起那块石头。

我是真的谢谢那块石头！

真的，谢谢！

可惜，那个长长的河滩却再也没有了，再也看不到了，如果还有，那也是被深深地埋在了河水之下，如果没有什么意外，怕是永远永远地不再被人看到了。

这一次来，对我而言是一个意外，我已经很久不喜欢出门了，尤其是要去一个在我的脑子里被认定为远的地方，可听说是余华要来，就有点儿动摇了。余华是我十分敬佩的作家，何况我们还曾经是同学。我有一张在托尔斯泰庄园前的照片，就是请他帮我照的。我知道一个作家出门在外，是不应该在那些地方留影的，我也不知道为什么，但我确实没有看到别人在那里留影。可我站在那里的时候，突然就忘了我是一个作家，我那时分明只是一个小孩儿，一个幼儿园的小孩儿。当时余华正好从边上走过，我便让他帮我留影一张，但那张照片我从来没有拿来使用，我只是一直默默地留在电脑里，留在我的心中。

可惜余华最后没有来。

但来了苏童，来了宗仁发，来了钟红明，来了田瑛，来了谢有顺，来了王干，他们都是老朋友了，因为很少出门，也是很久没有见到他们了，握一个手，说两句话，然后一起吃饭，一起爬山，一起看水，这也挺好的。最大的感受是，大家都老了，真的老了，还不算老的也看得出开始老了，唯独看不出老的，只有天峨的那些山山水水，我们的往来对那些山山水水来说，远不如那些飞来飞去的鸟影。这次来的人不少，统共可能有四五十人，都是弄文字的，相信都是要交文章的，山的好、水的美，就由他们去写吧，我在这里就不做重复的事情了。

我心里忽然想到的是，如果我下一次再来天峨，我应该自己掏钱，那样，我就可以想住多久就住多久，想住哪里就住哪里，而且，我已经想好了三个地方。

一个是县城边有一个塔的那个山头上；一个是那个有塔的山的对面，就是那个银光闪闪的被称之为明珠的那个地方。这两个地方，住哪里都行，但我住的时候，那个塔已经没有了，那个明珠也没有了，因为那里本来就不是它们的地方，后来是谁把它们弄上去的我不知道，我也不想知道，我知道他们把它们弄在那里应该是有他们的想法的，但我确实有点儿难受，尤其是那个明珠，银光闪闪的，刺眼得很，和天峨的山山水水一点儿都不搭。如果在到处都是金属和玻璃闪闪发亮的南宁，或者是比南宁更大的哪个地方，你怎么闪闪发亮，那都是可以的，唯独在天峨，在天峨这样的一个地方，我总觉得应该让她古朴一点儿，再古朴一点儿。要不你闭上眼睛想一想，如果把那个明珠送给丽江，送给湘西的凤凰城，或者送给山西的平遥，会是什么模样？我倒宁愿那里是一栋民宿，那民宿看上去是民宿，里边却是宾馆。对面的那个塔也是一样。它们的外貌都是天峨人祖上留下来的房子的模样，它们一点儿都不需要张扬，它们只给人一种神秘而又想亲近的向往，哪怕只是抬头看一看，哪怕它们只是两栋遥遥相望的爬满青藤的木屋。当然，我也知道这是不可能的。所以，我备份了第三个地方，那就是完全地离开县城，住到龙滩大峡谷的原始森林里。我要在那里好好地住上几夜，我要在那里好好喝茶，好好睡觉，我要把在南宁弄脏的肺，用那里的自然风和氧气好好地洗一洗，洗好了再慢慢下山，慢慢回家。而那个时候，天峨已经全程通高速了，回去，十分方便；再来，也十分方便。

2016年7月28日

【作者简介】鬼子，罗城作家。主要作品有瓦城悲悯三部曲：《瓦城上空的麦田》《上午打瞌睡的女孩》《被雨淋湿的河》。中篇小说《被雨淋湿的河》获第二届鲁迅文学奖。

◎蓝衣壮婚俗之接亲-王明福 摄

“东西”的由来

田 瑛

辞典曰：东西，东边或西边；又：泛指各种具体或抽象的事物……

我说的东西，并非方向，也非具体或抽象的事物，而是一个人，一个朋友加同门兄弟。他本姓田，祖籍在湖南麻阳，那儿至今还保留着他的家族祠堂，祖上的一次变故，举家迁徙或逃难到了广西天峨。这是一个与我湘西北老家无异的深山。地名很特别，最初的先民举目望天，只见群峰压顶，于是取名为天峩，即山在上人在下之意。也许人类并不甘于被压迫，至少也要和大山平起平坐，才又改成了山人并列的峨字。但是大自然并没有顺从人的意志有丝毫改变，山势依然高耸而威严，天峨人仍旧祖祖辈辈匍匐在山的脚下直到如今。走出大山几乎是历代天峨人的梦想，这户外来的田家人也不例外。

若干年以后，命运给了田氏家族一次契机，让其后人考上了地区师专。这一步至关重要，意味着整个家族的成功出走。入学的这一天清晨，他就收拾好了一应行装。因为要步行20多公里山路，必须趁早出发。全家人都来送行，这个必然的仪式永久地铭刻在了他的心头。临别时，身材瘦小的母亲抓住了他的手，这绝非一般意义上的握手，母亲是要把家族的全部希望和重托通过手传达给儿子。那一刻，他想哭，想下跪，但是他没有，而是紧紧咬住嘴唇，用一个只有母亲才能看懂的眼神回答了母亲。大哥一样的大姐夫负责送他，途中彼此并无多话，都只顾默默地赶路。翻山、越岭、过河，河是红水河，对于游人而言，沿途当是不错的风景，但在生存者眼里，它只能算作穷山恶水。一整天的行程即将结束，天峨的大山也远在了身后，他突然停住了脚步，转身凝望来路久久地出神。姐夫是唯一的见证人，他看出了内弟心里在想什么。其实他的想法极其简单，那便是，总有那么一天，他会以另一种方式回归，因为在他单薄的身躯里，已经有一颗叫作野心的东西在悄然生长。从这时候起，他就懂得痛下狠心跟自己较劲，所以到了学校，他显得比任何人都刻苦，而且私下里开始了文学写作。这是一个天生具有文字感觉的人，天峨的山水同时给予了他文字的坚硬与柔韧，使之使用起来能够得心应手。毕业后，他凭借才华，分配到地区党报做编辑。于是，这棵来自大山石缝中的小苗，移栽到了一尺见方的报纸版面上，后来渐渐地长成了广西文坛的一棵大树，他的名字叫田代琳。

20世纪90年代初，我收到了一篇叫《幻想村庄》的小说，作者就是这个叫田代琳的人。阅读过程中，我的眼睛为之一亮，知道遇到我喜欢的作品了。小说的形式感很强，延续了当时兴起的先锋小说风格，它居然出自一个边远地区年轻人之手，这不能不让我刮目相看了。印象中，《花城》杂志此前鲜有广西作家亮相，田代琳的出现，标志着一个新的作家群开始进入我们的视野。不久，田代琳为改笔名的事，专门从河池打来电话征求我的意见，说想改成东西。直觉告诉我，这是一个好名字，于是明确地说：看你图什么，一生想从事文学，就改吧，如果要走仕途，改名显然不合时宜。或许有飞黄腾达的一天，我们不敢想象将来某个领导人名叫东西，这算什么东西？官方和民间都难以接受，外交事务中连翻译都会带来歧义。广西的另一个作家廖润柏，笔名鬼子，这也是个一心想吃文学饭的人，倘若从政恐更无前途，充其量只适合去中日友好协会谋个职。田代琳正式改名为东西，始于《幻想村庄》的发表，其实他完全是听从了自己内心的选择，我只是成全了他的愿望而已。从此，他的写作一发而不可收，此乃后话。

因为东西，注定了我跟天峨的缘分。先后四次到达天峨，这里是我去过的作家老家中次数最多的地方。15年前，为了将东西的获奖小说《没有语言的生活》改编成电影，我和刚刚留日归来的年轻导演蒋钦民初访天峨。当时的天峨，路途艰难而遥远，仿佛远在天边，凡去过的人无不视为畏途。一旦住上几天，就又会喜欢上天峨。山的峻拔、水的清秀、人的淳朴与热情，还有可口无比的珍珠李，都足以构成你乐不思归的理由。但是天峨实在太偏僻太贫穷了，这块土壤只适合生长文学，文学作为天峨特产的事实现在已经得到了充分证明。在天峨历时半月，我们除了编写剧本，还到处寻访外景，用挑剔的目光搜索了一番谷里、川洞，以及龙滩电站附近的山湾，结果都没有找到理想的景点。

一天，一只飞翔的老鹰引起了我们的注意，它在头顶上空盘旋良久，一下子把我们的视线拉长，直至遥不可及的天边。这简直就是神的启示，它引导我们驱车两个多小时，一路颠簸盘山而上，直抵山的尽头抑或天的尽头。接着，一个叫高简的村落出现在我们面前，这是个离天近离地远的地方，总共十几户人家，我们的到达，有如天外来客，惊动了一寨人，他们做梦也没有想到这里会被搬上银幕，每个人都上了镜头。高简就像是为我们的电影量身打造般等待我们的到来。于是，《天上的恋人》如期开机、上映，参加当年日本东京电影节并且获得艺术大奖。这也是天峨的荣耀，东西结缘影视并且后来成为著名编剧，应该说与这次经历不无关系。东西的名字是和天峨紧密联系在一起的，他就是天峨的一处人文坐标，后来者都在向他看齐。几年前我们一同去天峨中学讲课的情景至今记忆犹新，学生们几乎全是他的粉丝。他们的阅读和提问使我大为吃惊，我面对的仿佛不是一群在校就读的中学生，而更像是文学讲习班的学员。那是怎样一种文学环境熏陶出来的学生啊，道理很简单，这里是东西的母校，东西就在他们中间，他们每个人都渴望成为未来的东西。

不久前，正值珍珠李成熟的季节，天峨聚集了40多位区内外作家，可谓一次空前的文学聚会。他们不是纯粹来游山玩水兼吃珍珠李的，而是来书写天峨的。这次集体大书写注定会载入天峨的史册。作家们的文字即将汇编成书，书的厚度和重量好比砖头，性质也一如砖头，这是一块块文学之砖，要为天峨的历史文化堆砌一座不朽的高塔。笔会期间，作家们忍不住纷纷出手，一篇篇妙笔生花的文章一时间充斥了朋友圈。连苏童也不甘人后，争头彩似的抢在了前面。所有的文字几乎无一例外聚焦了同一个人——东西，这不奇怪，大家明白，这次笔会缘起于他，天峨又是他的家乡，我们无论如何绕不开他，绕开他等于绕开天峨。我大概是最后一个交稿的，至此我才发现很失策，我应该笨鸟先飞才是，结果看多了别人的，自己反倒无从下笔了。若论天峨的风光，几乎已经被他们占尽，我还能写什么，无奈只得另辟蹊径，那么干脆就写“东西”的由来吧。

【作者简介】田瑛，著名作家，生于湘西，当过兵，任过主编，居广州，现为《花城》杂志名誉主编，主要作品有《大太阳》《风声》《未来的祖先》等。

天峨十八变

凡一平

我第一次去天峨是三十四年前，1982年，我十八岁。

一辆或是两辆班车，载着河池师专中文80级实习生，在一个深秋的上午从宜山出发。所有的同学都兴高采烈，像是去旅行。几乎所有的同学都不清楚天峨在哪，到底有多远。对于血气方刚、少年壮志的我们来说，其实是希望天峨越远越好的，尤其我身边挨着一个长相可以的女同学。我们一路前行，经老河池，到达南丹的时候，已是下午

◎天峨多彩的壮族刺绣-黄耀 摄

◎天峨蓝衣壮婚礼背媳妇表演-王明福 摄

三点。然后听说距天峨只剩八十公里了。我多次抬起手腕的表来看，一是为了显示我终于也有表了，二是确实为了预算到达天峨的时间。按照先前的行驶速度，应该两个小时后就到达目的地了。稍事休息后，我们向天峨进发。一出南丹，汽车开始爬坡。这坡有个威武的名字：龙王坡。我们像伏在龙的背上。龙好像不喜欢我们，不断剧烈地颠簸和抖动。车上的同学们陆续地吐，还有哭的。路蜿蜒而陡峭，坡还远远望不到头。飞扬的尘土灌进车里，把男女师生变成“白毛女”和“杨白劳”。当车终于爬上坡顶的时候，我抹掉手表玻璃上的尘埃，见时针指向六点。就是说，光龙王坡，我们就爬了三个小时。接下来还有下坡呢？还要往前走呢？

汽车在黑夜里停止不走了，我们知道到了天峨。我能看懂，我们是在县教育局的院子里。先吃后洗，再铺床睡觉。这夜睡眠质量极高，无梦。

但第二天，我一早就起了。我拉同学黄勇一起晨练，抖擞精神，因为我们马上就是天峨中学的实习老师了。

我们沐着熹微的晨光跑步，从山脚直线往外跑，不到两分钟，没路了。一条大河拦住了我们。我们往左边跑，不到两分钟，又没路了。一座山横亘在我们面前。天峨县城就这么小？是的。我们的疑问在天亮后得到证实。但那时，我们并不在乎天峨的大小，我们只想看谁在天峨的教学实习，夺得优秀。

我记得我在峨中上的第一堂课，是魏巍的《谁是最可爱的人》。那时魏巍的《东方》刚获得茅盾文学奖，我把这教材没有的信息传递给了学生们。就是这新鲜的信息，获得了前来听课的后任河池师专校长的韦启良先生的赞赏。作为进一步的奖赏，几天后，他独带我一个学生，拜访了天峨当时响当当的作家李昌宪和颜新云。我在李昌宪家饱餐了一顿美食。因此，从那时起，对我而言，天峨是美好的。

三十四年来，我多次去往天峨，不管路途遥远或已经缩短，想去就去。当然后面的天峨之行，大多因为东西的缘故。作为著名作家东西的家乡，天峨已经值得一去。我作为东西的文友、同事和副手，不去八腊乡谷里屯访问和观摩，是不够虚心的。何况天峨有美丽的山水、清新的空气和生态的美食。于是，我去天峨写作，去天峨休养。光我去还不够，还带朋友去，带导演去。三十多年来，我熟悉天峨的草木虫鱼，相当于熟悉我的家乡都安。我认识和结交的天峨人与都安人一样多。我和东西的姐夫喝酒拼酒的干劲，超过与我姐夫。

我每一次去天峨，天峨都有变化。我20世纪八十年代去的时候，向阳乡还是人丁兴旺、稻谷飘香的旧县城所在地，我在那里住过一晚。但现在已经在一百米深的水底，因为龙滩电站崛起的缘故。又因为龙滩电站的缘故，天峨在红水河建起了桥梁。因为有桥，县城拓宽到了河的对岸。现在，红水河两岸的高楼鳞次栉比，与春夏盛开的木棉交相辉映，煞是美观。除了电站和东西，金花茶、珍珠李异军突起，像文坛的后起之秀，成为天峨亮丽的名片。

我数了一下，目前天峨有十八变——路变平了，车变快了，街变宽了，山变绿了，水变清了，人变多了，污染变少了，男人变聪明了，女人变漂亮了，楼变高了，文人变更文明了，野生动物变更野性了，地变肥了，农民变富了，官变廉了，峨中变大了，高考状元变有了，文盲变没了。

那么，真的只是十八变而已吗？或者说十八变够了吗？我想那是不止也不够的。我期待的天峨，是七十二变。但那又是多年以后的事情了。

【作者简介】凡一平，本名樊一平，壮族。1964年生，广西都安人。现为广西民族大学硕士研究生导师、第十二届全国人大代表、广西作家协会副主席。出版长篇小说《跪下》《顺口溜》《上岭村的谋杀》《天等山》等六部，小说集《撒谎的村庄》等八部。获过的文学奖有：铜鼓奖、独秀奖、百花文学奖、小说选刊双年奖等。长篇小说《上岭村的谋杀》翻译成瑞典文在瑞典出版。根据小说改编的影视作品有：《寻枪》《理发师》《跪下》《最后的子弹》《宝贵的秘密》《惊弓之鸟》等。

天峨有东西

黄佩华

【上篇】

东西是天峨的，这个文坛上很多人都晓得。作家东西是天峨人，这个很多人未必都晓得。天峨县出了个作家叫作东西，这个你不能不晓得。千真万确，东西来自天峨，来自天峨的谷里。

然而，东西他不仅是属于天峨的，更是属于河池的，属于广西的，抑或属于更广大的读者。因为，东西的出现，让更多的人知晓了天峨，认识了天峨，了解了天峨。

红水天上来，这条源自云贵高原的红水，在滇黔桂的边缘地带蜿蜒而行，所向披靡，进入天峨县境后更加汹涌磅礴，势不可挡。在河的右岸，山峦层叠而上，在接近山顶处，有一个叫作谷里的小村子。大约一百多年前，来自湘西的田家先祖几经辗转到此落脚，图的是一个安身立命之所，不曾奢求安逸享福。这样，田家祖祖辈辈蛰伏在深山老林中的谷里，日出而作，日落而休，过着相对低调安稳的日子。田家人从来都不曾想过，会有一天有个后人能够走出谷里，在别人的地方能够出人头地。若是哪天老天真的有眼，有这个造化，那真是田字倒着写的大事情了。直到1966年春天，一个田姓男婴呱呱落地，宣告了中国南方谷里村老田家幺子的诞生。他就是肩负老田家光荣与梦想使命的田代琳，后来的作家东西。

◎山乡柿红—周青 摄

少小时候的田代琳，并不像个正宗山里人的后代。由于家境窘迫，所有老母鸡下的蛋都换了钱供他成长，但是他仍然长期营养不良，不仅肤白脸青，身板羸弱，而且个子矮小，四肢瘦削，根本就不是个爬山坡干活路的身胚。或许是这一副天生的书生模样，使得老田家对这个幺子有了另外的期待。长辈们似乎晓得，这个长得不像农家孩子的孩子有另外一种命，那就是读书的命。于是，一条从谷里通往山外的林中小道便在这个六岁田家孩子的脚下一步步地延伸，先是到邻村洞里，然后是乡场八腊，再到县镇六排，到几百里外的宜山师专，最终抵达省城南宁。

或许，这个山村少年当初并不知晓自己将来会吃什么样的饭，但似乎有一双无形巨手的牵引，他天生爱上了语文，走向了文学之路。河池是民间文学繁茂之地，田代琳目睹了一个又一个河池乡下人因为文学改变了命运，一些街坊中的“大炮佬”成了作家。于是，文学之梦便在这颗年轻的心中渐渐滋长，生根开花。在他就读的河池师专，每一棵树、每一间教室、每一个班级都弥漫着浓郁的文学空气。田代琳在那里结识了一拨又一拨良师益友，文学的信念像春天里游荡的阳气正蓄势待发。

因为天生有一副好口才，又能写一手好字和一手好文章，1985年7月，毕业于河池师专中文系的田代琳被分配到家乡天峨县中学执教。1987年1月，县委宣传部缺少写手，他又被召到机关当上了干部，但过不了多久，10个月后他便破例调到河池地区行署办公室做文字工作。在这里，本来他可以此为跳板，开始许多人都梦寐以求的青云之路。然而，胸怀更远大抱负的田代琳却来了个人生大转弯，于1990年调入《河池日报》副刊部做一个编辑，五年后又调到《广西日报》副刊部。因为热爱文学创作，立志要献身文学，当一个有些作为的作家，此间，田代琳终于有了属于自己的笔名：东西。从此，东西横空出世。

是文学改变了这个谷里村老田家孩子的命，文学能够让人化蛹为蝶，也使田代琳变成了东西。如今的东西文学的头衔不少，中国作家协会会员、中国作家协会全国委员会委员、广西作家协会主席。在他就业的广西民族大学，他是文学影视创作中心主任、二级教授、八桂学者。而在创作方面，他的著作近于等身，作品影响力享誉国内外文坛，因而也撷取了首届鲁迅文学奖。

天峨有东西。一个山娃，怀揣梦想，走出大山，笔耕不辍，行云流水，我自巍峨。

【下篇】

毫无疑问，作家东西已然成为天峨一个闪亮的文化符号。这是上天的赐予，而上天给予天峨的东西还有很多很多。不过，对于天峨人而言，上天赐予他们最大最重要最有价值的东西当非红水河莫属。

传说，自从壮族始祖布洛陀在高原上凿通了一条大河，把漫天的洪水排走，人们就开始从岩洞住到山地河边，开始开垦荒山，开始养殖牛马、种五谷、造田种稻……如今，在红水河边的村寨里，老人们每天都在重复着同样的故事。

在云贵高原南麓，不管有多少条江河，也不管有多少座高山，红水河的位置是不可取代的。一条红水河，由西到东，几乎横贯整个桂西北，它发源于云南东部沾益的马雄山后，开始了漫长的旅程。

红水河，桂西北人尊称为红色河。说起红水河的称谓，它最能引起人们好奇的是那一河川流不息的红水。由于发源地滇东高原地区是我国著名的红壤区，地表土壤的颜色呈红褐色，因此河水就自然染成了红色。红水河从源头流出来后，并不叫红水河，而是称南盘江，向南流经曲靖、陆良、宜良、路南、澄江、华宁，到了开远后突然拐向东北，过弥勒、泸西、师宗、罗平、丘北，进入广西后遂成黔桂两省（区）的界河，沿途流经西林、兴义、隆林、安龙、田林、册亨、乐业，在广西乐业县的雅长乡和贵州望谟县的蔗香乡与北盘江汇合后，被换上了个红水河的名称，继续朝东北走。经天峨和罗甸交界处，便开始踅往南方，进入广西腹地。

进入广西天峨境内后的红水河，也开始了它的喀斯特山地之旅。其流经南丹、东兰、巴马、大化、都安、马山、忻城、合山，到来宾与柳江汇流后称为黔江。经象州、武宣于桂平市区和西来的郁江合流，成为西江。从梧州进入广东后经肇庆至三水，与南下的北江汇流，南向大海。

由西向东倾斜的地貌，为水量丰富的红水河提供了巨大的落差。仅南盘江全长936公里河段，总落差就达1854米。而南盘江从流入广西西林境内，至桂平与郁江汇合处，这全长1056公里的河段，其天然落差也达760余米，平均坡降每公里0.676公里。其中隆林天生桥纳贡河段和天峨的龙滩河段落差最大，从而造就了红水河大型水利梯级开发系列工程的出炉。按1981年国务院批准的规划，在近1000公里的河段上，将兴建天生桥一级、天生桥二级、平班、龙滩、岩滩、大化、百龙滩、恶滩、桥恐和大藤峡等十个梯级电站，总装机容量达1300万千瓦。其中，被誉为红水河水电开发龙头的龙滩电站规划总装机容量达630万千瓦，总库容162亿立方米，仅次于长江三峡工程。2009年9月，龙滩电站竣工发电。高峡出平湖，天峨自此不仅有了天湖美景，还带来了巨大的物质和精神财富。

历经亿万年的冲击，在桂西北山地红水河段，不仅岸陡、滩险、潭深，而且河床变化莫测，丰水期可宽达二三百米，水瘦的时候只有几十米，有的地方仅有十多米，只剩下两岸嶙峋突兀的河滩和深幽幽的河槽。在一些喀斯特山地，河水似一把利剑，劈山削岭，左冲右突，硬生生地在石头上切割出一条蜿蜒曲折的狭长通道，使水流变得更加肆意磅礴，更加激情澎湃，形成了地貌独特的河谷风光。当河水流到了天峨六排镇上游河段，龙滩大峡谷便应势而生。在长达15公里的狭小河谷里，宽不足百米的河面，水深达数十米，两岸陡峭的山峰高耸入云，形态万千的喀斯特山体植被葱郁，古树婆娑。落日时分，站在森林公园的山顶上，你会被眼前的绝美的峡谷风光震撼陶醉。龙滩大峡谷，这是上天赐给天峨的又一个好东西，它构成了红水河自然风光中最恢宏的天然画面和最美的景致。

天峨有东西，一条红水，源自千古，长在高原，无惧无畏，风情万种，蔚为壮观。

2016年7月30日于南宁凤岭

【作者简介】黄佩华，壮族，桂西北西林县人。广西民族大学驻校作家。主要作品有长篇小说《生生长流》《公务员》《杀牛坪》《河之上》；小说集《南方女族》《远风俗》《逃匿》《广西当代作家丛书·黄佩华卷》；长篇传记《瓦氏夫人》；长篇民族文化散文《壮族》《彝风异俗》。作品曾获第一届广西独秀文学奖，第二届、第四届、第五届壮族文学奖，获第三届、第四届广西少数民族文学花山奖，获第四届、第五届广西壮族自治区政府文艺创作铜鼓奖，获全国第四届、第七届少数民族文学骏马奖。

天峨的心事

安殿荣

◎龙滩电站-范明建 摄

天峨。初听到这个名字，联想到的是天之高渺、地之僻远、山之巍峨。且莫名地给人一种飘然尘外的隐逸之感。它更像是一个武侠小说中的地名，是一个擅藏之地：有着盖世武功的侠客、已沦为江湖传说的武林秘籍，以及种种未了的情缘，似都可藏于此。

初到天峨，已近傍晚。满目的翠色，滤去了夏日的喧闹和浮躁，只使人感受到小城的宁静。我最迫切要看的，是穿城而过的红水河。在我出生的北方小城，也是有一条河的。河水蜿蜒绕城而过，是我童年的乐园。可等我长大之后，那条护城河也随着我的童年一起消失了，只留下干涸的河道，满溢着无处诉说的忧愁。因此我每到一个地方，总要先去看它的河。我要用别处的河水，来慰藉自己的乡愁。

出宾馆，沿着临街的店铺，只消转两个弯，便到了红水河的桥头。一座城的气息随着河水的荡漾扑面而来。这不是一座被改造得簇新的城。从桥头铺就的有了岁月痕迹的石板上看，从沿桥而下的被野草装点得毛茸茸的石级上看，从河岸步行道与河水的自然亲和上看，天峨，是一座朴素又惬意的古城。然而它并不苍老，四处蓬勃着动人的生机。这生机，在于河岸边茂密的树木，在于树上此起彼伏的蝉鸣，更在于河水两岸的半干栏式的建筑。天峨人，傍河而居。

红水河流经多地，在每个地方都有它独特的形状和韵味。到了天峨，河水绿得正酽，似一匹明亮又细腻的绿色丝绸，以坦荡、沉静的面貌蝉联在山脚。因其穿城而过，这河水便成了小城生活中最明亮的那部分。无论是漫步街头，还是登上龙滩大峡谷的顶峰俯瞰小城，红水河都是绝对的主角。我在岸边的树木和蝉鸣声中穿行，只见河水碧汪汪地泛着微波，偶见一两艘小船，静静地泊在河边，却并不见人。这等的休闲和怡然，是在那些有着相似风光的旅游城市再难觅到的。

然而红水河的名字终究要暴露这一江清流的心事。传说中的红褐色的湍流已然无从寻觅，龙滩水电站的修建，使这河水更加驯服了，它藏起了河底嶙峋的石，或是某个被迁徙的村庄，以翠代红，以静代动。但在河底，却仍藏着最难得的野味——芝麻剑鱼。芝麻剑鱼生活在地下暗河与地上明河交接的水域，是红水河流域特有的珍稀品种，而天峨县的芝麻剑鱼又堪称红水河流域之最，光是听其名头，便可让人垂涎三尺。除这名贵的鱼种之外，河水里还藏着各色的鱼。当我们一行人站在观望龙滩水电站的高台之上向下俯瞰的时候，竟可以望到一簇簇的鱼儿正逆流而上，不停地摆动尾巴奋力游动。在百米之上的高空尚可望到成群的鱼儿，如果是站在河岸，那景观就更让人感叹了吧。

说到水电站，一座山的满腹心事是绕不过去的。龙滩水电站的引水发电系统工程，就完完整整地布置在一座山的山体之内，形成一个庞大而复杂的地下洞室群。它的主厂房是目前世界上最大的地下厂房。有多大呢？据说，除了宽度不及，其他皆可与辽宁舰相媲美。天峨的山，满藏了天峨人发展的心事啊！除此之外，山的心事还是清凉的。喀斯特地貌使天峨的山多现天然的溶洞。假若你行走在逶迤的山路上，正被炎炎的夏日炙烤得无可奈何，这时若能遇到一个山洞，那便是有福气了。这样的洞口我就遇到过一个。好像是在拉好岩村，或是相邻的某个村落，我们用过午餐，便被旁边的一处洞口吸引了。那洞口看起来是很简陋的，却被开辟出一个平台，上面用红漆书写了“清凉洞”三个大字。登上平台，果然如入空调房一般，凉气袭人，顿觉清爽。

在天峨逗留的几日，多是坐着车子，行走在苍莽的大山之间。其山峦之密，恰可用宋代诗人杨万里的一句“正入万山圈子里，一山放过一山拦”来形容。山的心事层层叠叠。山，寄托了天峨人的希望。在八腊乡，我们在海拔500米以上的地方，参观了龙滩珍珠李特色农业示范区。天峨擅藏，天峨的山更是如此。远望这山的时候，只看到清一色的绿色植被，并没有什么不同，直到走近了，抵达它的面前，才发现一个又一个的采摘园隐藏其中。园子里靠近路边的那些果树，早就忍耐不住寂寞，将枝条伸展出来，上面满缀了一串串紫色的果实。这就是颇有名气的龙滩珍珠李了。我们到的时候并不是珍珠李最佳的采摘季节，但那些紫透了的果子已有甘甜之味。后来知道，这珍珠李背后，还藏着天峨人的智慧和创造。如此美味的珍珠李，是天峨一位农民技术员自主选育的新品种。大约十八年前，技术员在山林中发现了一株品质好的野生李树，对其进行了连续三年的观察记录，将其与自家的毛桃树进行高接换种栽培试验，才有了今日丰产质优的珍珠李。而当年唯一的那棵野生李树早已被山洪冲走，连根拔起。所幸这品种保留了下来，现已成为天峨一张甜美的名片。

天峨的名片有很多，无论抽出哪一张都是响当当的。天峨的民俗文化更是让人惊艳。在天峨的最后一站，我们去六美观看了当地的民俗表演。当夕阳渐渐沉入山峦，小广场上橘色的灯光亮起，天峨人的心事也在民俗表演中渐次展开。无论是苗族的猴鼓舞，还是壮族的蚂蜗舞，都在以最为直观淳朴的舞蹈表现着一个民族发展的历史文化。当一双双绣有精美图案的鞋垫、一幅幅有着美丽花纹的壮锦由村民们带上舞台，展现在我们面前的时候，我好像又读懂了一点天峨的心事。我看到的是天峨人对民族文化的热爱和骄傲，我还感受到了淳朴的天峨人想欣欣然向这个世界打开自己的羞涩。

这般充满了心事的山水和文化，孕育的是天峨人内敛低调的性格。天峨的好，我说不尽。它还隐藏了很多关于“源头”的心事。你若不去走近它，怎会知道它也位于北纬25度地球长寿带？怎会知道天峨是广西红水河上第一城，是巴马盘阳河的源头？站在八腊瑶族乡的高地上远眺苍莽的群山，我知道我也只能展开这样一个细小的切口，仅仅是让你知道，在桂西北，有天峨这样一个美丽淳朴又极富诗意的地方。

【作者简介】安殿荣，《民族文学》杂志编辑，青年作家。

◎三堡蓝衣壮婚俗-王明福 摄

情暖家乡

李约热

生在广西，我跟很多人一样，从来不把山水当风景看。不错，每一个山里面的小孩，他的身心，其实就是山水“提纯”出来的，他就是山水的一部分。面对山水，他是“脱敏”的。在他们看来，再美的风景，也美不过梦中的前程。所以，在人生的某个阶段，他们都要摆脱一方山水的束缚，去城里完成生命中一次最重要的洗礼。

东西、鬼子如此，一平、佩华也是如此。这四位老师，他们的家乡我都先后拜访过。说老实话，去了之后，我的第一反应是，环境太糟了。比如东西他们村，我第一次去的时候刚刚通机耕路；鬼子他们村，路也好不到哪里去，因为种甘蔗，收获季节，大车进不来，农用车、马车是最好的运输工具，鬼子他们家养马，我们在厨房吃饭，旁边就是马厩，一根灯绳裹满苍蝇……太艰难了。广西四位作家，他们自己充当自己的“长征二号火箭”，分别从谷里、金城、上岭、平用四个小村成功“发射”，安全抵达。

我到南宁十二年，参加不少文学活动，百色、河池两地的笔会，多是由东西、佩华两位老师组织，如果他们没有极好的人缘和影响力，这种活动是搞不起来的。他们对家乡的感情由此可见一斑。

有一句词，问世间情为何物？这是天问。一个人对家乡的感情其实是可以量化或者“物”化的，写一篇文章或者几句赞美的话当然也很好，但能用“物”来体现的，为什么要用“诗”。

前不久的一次聚会上，一个手机在东西、鬼子、凡一平三个人之间来回传递，他们三个人分别和电话那头的人说话，目的只有一个，就是请求对方尽快给自己的小村装上太阳能路灯。后来凡一平老家的村主任反应神速，马上就拟好报告发过来，这份报告立刻成了其他两个村庄的范本……这些年来，这三位老兄没少为自己的家乡、自己的亲人争取好处，以至于朋友们开玩笑说，根据你们的名气以及为家乡做出的贡献，天峨、都安、罗城三个地方，应该有这样的三个地名，分别是东西大道、凡一平组、润柏巷（鬼子姓廖名润柏，他的笔名印在纸上很震撼，但作为路牌会很吓人）。他们在亲人们的眼里，大概很能呼风唤雨，但是，他们的苦衷又有谁知道？

十二年前，我第一次到天峨，去参加东西母亲的葬礼。那时的路太难走了，河池的二十几个文友从各地赶到谷里屯，在大雨中，我们每人手捧一块石头，前往老人家的墓地——给新坟添一块石头作墓基，是东西他们村的风俗。这次去天峨，文友们手捧石头，在雨里行走的情景又浮现在眼前，那是到目前为止我参加的最肃穆、最庄重的一个葬礼。母亲的墓志铭是东西起草的，大意是一个勤劳善良的女性，早年和贫困做斗争，晚年和疾病做斗争，现在终于回归土地……东西对家乡的感情是最具象的。

家乡的样子，其实就是母亲或者亲人的样子。

那一年，我们到河池学院跟学生们见面交流，我和鬼子抽空去了他的家乡：罗城县金城村。事先知道儿子要回来，他妈妈坐在门口等，见到鬼子，她说，我可能不行了。鬼子不说话，捧起妈妈的双手细细端详，最后大大咧咧地说，没事的没事的，你指甲盖还这么红。他的安慰让老人家笑得像个孩子。

这些年来，河池的作家们只要谁家中有重要的事情，文友们都会赶到。最近一次是今年六月，作家红日的父亲过世，南宁的朋友们得知后都相继前往吊唁。红日的老家在都安县龙湾乡偏远的小村，村名叫玉纳。东西因为要参加一个会议，叫我等他，我们晚上八点才从南宁驱车赶往都安县，十点到都安，好友莹宇找了一部越野车带我们赶往玉纳。在广西知名的作家当中，红日他们村的路现在是最差的，很陡很窄，我们到达时已是晚上12点。这么晚还有客人赶来给老人家上香，红日家中的亲友都觉得意外和感动……

天峨的朋友们，请原谅我没有在这里赞美天峨的山水。不知为什么，在写这篇文章的时候，我脑子老是出现“情义”两个字，情义值千金，我拉拉杂杂写下这些，想要表达的是，天峨、都安这样的地方，人情大过天，只要你来过，你就会收获浓得化不开的兄弟情、朋友情。

兄弟情、朋友情其实也就是山水情。

请珍藏这一片山水，即使不能天天亲近，抽空想一想，也会觉得神清气爽。

这里不仅有你眼中的好风景，更有重情重义的朋友和兄弟。

2016年8月13日

【作者简介】李约热，本名吴小刚，《广西文学》副主编、八桂学者文学创作岗团队成员。短篇小说《青牛》获《小说选刊》2003—2006全国优秀小说奖，中篇小说《涂满油漆的村庄》获第二届《北京文学·中篇小说月报》奖，短篇小说《你要长寿，你要还钱》获《民族文学》2015年度小说奖，中篇小说《戈达尔活在我们中间》获第五届广西文艺创作铜鼓奖，小说集《涂满油漆的村庄》获第六届广西文艺创作铜鼓奖，中篇小说《一团金子》入选中国小说学会“2008中国小说排行榜”；出版长篇小说《我是恶人》。

天峨，天哦……

胡红一

20年前从河南驻马店来到广西南宁，认识的第一个女性朋友，成了我的老婆。认识的第一个男性朋友，就是东西。

从那时起，东西带我多次去他的家乡——天峨。

他带我去他朋友家混饭吃，他带我探望生病的母亲，他带我跟他姐夫斗酒，他带我去出生地八腊乡谷里屯杀猪，他甚至还带我去指认过初恋时的"作案现场"……他所有来自天峨的男性朋友，只要到南宁走亲戚或办事情，基本上都叫我去陪客。那时候我酒量真好，喝一斤56度的二锅头，还能骑着除了铃不响哪儿都响的自行车，外出采访并成功回到报社写稿。我还有个让东西放心的美德，就算喝两斤二锅头，也只是来个哼哼唧唧"婴儿睡"，从没调戏过他带来的天仙一般的女性朋友。

跟东西的分享姿态相比，我反倒有点儿不够意思。因为，我曾经不经过他的允许，偷偷带一位大学刚毕业的美女记者，去正在建设中的龙滩电站采访。不过请东西放心，那时我作为一个"外来户"，胆子比老鼠大不了多少，因为担心会发生"事故"，所以没敢发展"故事"。

当然了，我也想方设法帮过东西的天峨。比如有一年，东西想让南宁一家大单位的扶贫领导，给他老家的屯子修条路。就带我去跟对方拼大酒，喝高兴了，他竟然令我冒充另外一位朋友——著名扶贫歌曲《老王》的作者张仁胜，还得当场破喉咙哑嗓地吼唱："老王进山那天没出太阳，乡亲们都很高兴拍起巴掌……"这些都能勉强接受，最不能容忍的是——他居然还为天峨写歌词。这叫我心里很不爽，要知道，写歌词可是我的强项啊，他怎么能不推荐最擅长的好朋友去赚钱，反倒自己去私捞呢？后来才知道，他是在给家乡免费写作，不好意思麻烦朋友白白奉献。为了弥补自己的小肚鸡肠，我把他写的那首情深意浓节奏铿锵的《梦里家乡》，推荐给南宁国际民歌艺术节开幕式晚会《大地飞歌》的总导演，县领导看了高大上的晚会非常高兴，我也跟着混了顿好酒。

印象最深刻的，是八年前的深秋去天峨。我正为评不上高级职称而郁闷，一路上老娘们儿般牢骚不断，把东西当成了垃圾桶："老子得过的全国大奖，能让七八个最平庸的人评上高级……"那是在龙滩大峡谷的森林公园，东西同志只爬山不说话，到了高处观景台，他领袖般手指横亘天地的红水河，开始了语重心长的谆谆教导：“你总是四处拿钱给别人做策划，为什么不花几分钟时间，为自己也策划一下人生呢……”犹如醍醐灌顶，我瞬间脑洞大开。下山的时候，我做彻悟状对东西说：“我的人生很简单，不够半分钟就策划完毕。你的人生太复杂了，现在留给你半个小时，也顺便策划一下吧。”周围所有人哈哈大笑，树上枯叶雪片般纷纷惊落。

儿不嫌母丑，狗不嫌家贫。这句中原老话，像一件衣裳，套在东西身上非常合适。他身在南宁吃香喝辣，著作等身名头显赫，却每天都为家乡天峨操碎了心。大到常委级别的人事变迁职务更迭，小到谷里屯路面硬化母猪生仔，常常令他辗转反侧唉声叹气。更重要的是，他每一次为家乡张罗事情，最终一盘点，总是投时间赔金钱搭人情，他总是发誓一般唱着歌“叼杠”自己：“再也不能这样活，再也不能这样过！”可每一次，当家乡人找上门来，他便再投入一次再叼杠一回。每当这时候，我便用一句河南话笑他：“哎呀呀，小寡妇顶不住老媒婆劝呐。”

天峨去多了，我便命名“她”是广西离天最近的地方。这里云是那么白，风是那么柔，水是那么纯，人是那么亲。于是乎，我对“天峨”的名字来历，产生了重新考究的愿望。无论繁体字的“山”在“我”上头，还是简体字的“山”在“我”旁边，所有这些解释，都无法让我信服。

天峨的由来，一定跟文字无关，而是源自口语方言。在我的想象中，那些天峨的先民们，一定是在一个月黑风高的夜晚，迷迷糊糊“摸”进来的，一夜酣睡天光大亮，人们睁开眼睛恍若隔世，居然置身于如此匪夷所思的良辰美景，一个个眼含热泪奔走相告，捶胸顿足庆幸惊呼：“天哦，天哦……”于是，他们定居下来繁衍子孙。从此，因为口口相传，才有了文人笔下的“天峨”。

这么多年过去了，吃天峨的喝天峨的玩天峨的乐天峨的，我总琢磨着也像东西那样，实实在在地帮一帮天峨。就算拿不出钱，也出点有用的主意，最好是吹糠见米那种。

想疼了脑壳，思绪终于破茧成蝶。于是，我向东西建议，让他拿出一本书或一部电影的版税，在天峨离天最近的山上，修建一座寺庙，对面山头再造一个道观。寺庙呢，让凡一平老师去当住持，因为他不用剃头，直接换装即可。道观呢，让鬼子老师去做道长，因为他无须蓄发，手拿拂尘便成……相信假以时日，那里一定香火旺盛，成为著名景观。对了，本着方方面面的考虑，旁边最好再搭建一座尼姑庵，估计会有不少美女作家争相前来，做清心寡欲状焚香唱作。

作为朋友，只能帮到这里了。待我闭目一想，天哦……

【作者简介】胡红一，一级编剧，现为广西大学驻校作家，著名词作家、剧作家，主要作品有报告文学《中国式山水狂想》、戏剧作品《壮壮快跑》、电影作品《真情三人行》、歌曲作品《山歌牵出月亮来》等，多次荣获中宣部“五个一工程”奖及铜鼓奖。

天峨行记

陶丽群

天峨这个地方，在广西的文学圈犹如一块带着神性的圣地，谁都无法漠视她的存在。绕开她来谈文学，文学的分量便显得轻了，犹如空有皮囊。因此任何一个广西的文学人，都有身临其境一睹芳容的强烈愿望。因为广西作协主席、著名作家东西就从这个地方走出来的。

一个地方但凡有名声，要么人杰地灵，要么有惊世风景。天峨显然属于前者。

八月的广西正值酷暑，高温火爆。我们从首府南宁出发，一车的人情绪高亢，不是因为天气，而是此行去往之地便是那块因为东西而出名的文学圣地——天峨县。

车在路上奔波将近六个小时，临近傍晚，终于从挂在半山腰上的公路看见一座坐落在狭长山谷里的县城。山路弯曲，车随着公路蜿蜒爬行，那座县城若隐若现。拐了一个大弯之后，终于向我们展露了她的全貌。不能说有多美，但小巧玲珑是足够的。在半山腰俯瞰山脚下的她，林立的楼房掩映在绿树中，足见绿化搞得很好，并不显得拥挤。一条宽敞的河流绕城而过，水缓慢流动，碧绿的，河面上没有船舶。一个村庄抑或一座城市，只要有了流动的水源，凭空便多了三分灵气与秀气。我闭上眼睛，想到在电视的动物世界频道里看到的天鹅，总是极为安静而优雅地待在有流水有草摇的地方，没有喧嚣嘈杂，天然的风声和水流相伴。眼前的天峨县，给我的印象亦是如此，恬淡，安静。

东西的车在前面给我们带路。和他接触并不多，人很谦和，对后辈写作者多鼓励，也会及时打击年轻人冒出来的骄傲感，其实他也还年轻，但在文学成就上，足够我们敬仰了。他常说写作不要整天喊着不被重视不被关心，关心和重视并不能帮你写出作品，到底还是要靠你埋下头来写。感觉他是个在写作上极为严谨和自律的人。我把眼前的天峨和他联系起来，竟然觉得两者之间有种难以描述的相似气质，天峨和东西，似乎浑然一体。

这是我第一次到天峨县。

每到一个新地方，我都不怎么喜欢中规中矩去吃地主安排的饭局。除去在饮食上有些戒律外，主要还是想品尝当地风味小吃。民以食为天，我觉得要快速了解一个地方或者一个人的品性，看吃就可以了解个四五分了。来天峨，不就是想了解嘛。住进安排的天峨宾馆后，翻看一下活动指南手册，还好，是自助餐。我高兴坏了，像往常外出参加活动那样，打算自行外出觅点儿新鲜的吃食，顺便快速了解一下周边地理环境。洗漱去一路风尘后，煮了一壶茶慢慢喝起来。夜幕降临窗外时，我拿了钱包抽了房卡，便出去了。

街上人多，但并不拥挤，人们的神态和脚步轻松自如，是个讲究休闲的县城，小县城的闲散生活，我喜欢这样的氛围。想起大城市的拥堵和匆忙，容易使人对生活产生怀疑。活得轻不轻松，和自身所处环境真有极大关系。小县城的人很容易让那些大城市人对其产生坐井观天的印象，但后者好像忽视了前者的匆忙和拼了命的努力，最终也只不过是为了换来相对轻松休闲的生活，和眼下趿着拖鞋散步的小城人真不知道能有多大区别。

珍珠李果是天峨的特产。这种个头儿和鹌鹑蛋一样大小的圆润果子，和东西一样在广西名气很大，据说远销国外了，遂在街边买了半斤。倒也不贵，三块五块一斤都有。我其实不怎么喜欢吃酸的东西，但既然是特产，就很有必要尝一尝其味道了。也没有洗，过了秤后，捏起一颗在手掌擦了擦，嘎嘣便咬了一口。卖果的大姐说：能吃，放心吧，我们只在开花时喷药，雨水早就把农药冲刷干净了。我点点头。酸，不酸就不叫李果了，但酸过后便是甜，极像喝早春的绿茶，舌根一阵微微苦涩过后，甜润便袅袅滋出来了。一把李果下去，便感觉搜肠刮肚般地饿起来，酸味刮肚子。街头的宵夜摊子随处可见，倒是有几样特色吃食。比如一种合着猪血蒸煮出来的糯米团，撒上胡椒和碎炒芝麻粉，捏成圆团，装在白色食品袋里，一个三块五毛钱。真是喷香，还热乎乎的。尽管戒了荤，我还是买了 个，一个就饱了。又喝一大碗鸡蛋甜酒，人已经撑得不行，不知比在宾馆里吃的要好多少。任何地方的特色小吃，你永远只能在嘈杂的街头才能品尝得到。暗地里便有些可怜那些吃自助餐的同行……

回到宾馆已将近十一点，进到宾馆大堂时，我便一下子傻掉了。我的手里只提着一个红色的塑料袋子，里面是吃剩的李果和四个大苹果，钱包不知何在……

我站在大堂里，明显感觉到后背出了冷汗。不会是被偷的，所到之处人并不多，印象中也没和谁擦碰过。肯定是买东西时，只拿了东西，忘掉钱包了。可是在哪里忘掉的？李果摊？糯米团摊？水果摊？鸡蛋甜酒摊？我还逛超市买了一支防晒霜，因为发现忘记带来了。鞋子也修了一下，凉鞋的搭扣总是磨我的脚。另外还进了一家小书店、一家音像制品店、一家两元店……钱包里现金倒不多，千把块，但银行卡、身份证都在里面。这些东西挂失和补办的手续相当麻烦。但

◎龙滩大峡谷日落-王明福 摄

到底遗落在了哪里？我怔怔站在大堂里苦想，然后转身出了大堂。站在宾馆外，我就丧气了，上哪儿找？根本不能找回来了。只好又回了宾馆，请求总台服务员帮我开了房门。房卡也是在钱包里，真是个噩梦般的遭遇。手机还在充电，幸好没随身带出去。可是我居然傻到留着手机在房间充电，抽走了房卡，房间的电其实也跟着断了，倒是傻得便宜了……喏，天峨之行，对我意味着什么呢？

一夜无眠。

第二天一早参加这些活动时必不可少的介绍会也无心听了，短信给家里人帮忙办了银行卡和身份证挂失。会到途中，有个同行的文友告知我，宾馆总台叫我去一趟。我还没告知总台遗失了房卡，一整晚插了张硬纸来取电……

下到宾馆大堂总台，服务员仔细询问我的身份后，微笑着从台下拿出我遗失整夜的粉红色钱包。告诉我说刚才有个大姐送来的，她在我的钱包里发现了印有宾馆名称的房卡，于是送来了。服务员在电脑上刷了房卡，查到了房号，以及房号上登记的住宿证件。和钱包里的钱和物件对证上后，服务员便把钱包归还给我了。

人呢？我问服务员。

送来人就走了。服务员说。

长什么样的？我不甘心地问。

一个大姐，比我们年长，样子挺普通的。服务员说。她很忙，前台电话不断响。谢了她，我拿着失而复得的钱包离开了。会场也没心思再去，回到房间拿房卡开了门，打开钱包细细地看，戒指和项链也一并在钱包里层，和身份证以及银行卡放在一起，我根本就忘了这两件首饰也是放在里面的……

天峨此行的活动还没真正开始，据说有几处能体现天峨特色的民俗风情之地正等着我们饱览。然而天峨已经深刻烙印在我的记忆里了，什么样的风景和风情，天峨都该配得上有，这个地方产生东西这样的作家，也就不足为奇了。

在天峨，遭遇了久违的暖意，铭记这个地方！

【作者简介】陶丽群，中国作协会员，自由写作者。中篇小说《母亲的岛》获第十一届全国少数民族文学骏马奖。

陌生的天峨，熟悉的天峨

张柱林

说实话，今天我看到的天峨，完全是陌生的天峨，街上碰到的人没有一个是认识的，或者是认得出的。曾经，我几乎辨认得出生活在街上的每一个人的面孔，当然那时只有两条短短的街道。不算不知道，一算吓一跳，我离开天峨已经整整三十四年了，从那时起，我每年只回天峨若干次，不知不觉间，天峨就变得我不认识了。

好些年里，回天峨都可算是畏途，从外地一到邻县南丹，骤然就感觉不妙。一出南丹县城，就是著名的凤凰山，我们一般叫龙王坡的，看到这座大山，不说泪落，眼黑是有的。山高坡陡弯多，汽车颠簸得厉害，常常是刚爬到这高坡的一半，我就已经把七荤八素吐完了。如果碰到下雨天，泥泞的道路非常危险，汽车随时有抛锚搁浅甚至坠落深谷的可能。有一次，我和当时还不著名的作家东西一起回天峨，桂西北已经连续下了好几天大雨，道路上的黄泥十分黏滑，汽车走走停停，在轮胎上绑几条铁链也不济事，上坡时乘客常须下来推车，鞋子一不小心就粘在泥地里拔不出来。在险要的山道上，汽车一惊一乍，随时像要翻下身后山谷的样子，我和东西紧张万分，不时在座位上站起身，想做好万一要翻车就跳车的准备，现在想来，其实我们是没有反应过来的时间的。现在好了，这痛苦的一页翻过去了，公路不再翻山越岭，平坦的水泥路面，缩短了的路程，让人心情大好，沿途的崇山峻岭，还有曾经让人望而生畏的山谷，都摇身一变，成了陪伴你的风景。

红水河，我们习惯称它为红河，也变了。原先只有冬天的时候，它的水量变小，颜色才是青的，其他时候，它的红色、它的奔腾咆哮，曾经让多少靠近它的人心惊胆战，许多著名的险滩，更是渔民和船家的噩梦。可是现在，红水河除了偶尔有极大的山洪暴发的时候颜色变红，全年都是绿幽幽的。原先的狂暴和一往无前无坚不摧的气势，被几座大坝拦腰斩断，它现在一点脾气都没有，温驯得像沉睡的少女，想亲近她，也不用担心她的气急败坏和怒吼了。也许这条河应该改名为清水河，曾经的记忆也要删除。它不再是我记忆和想象中的那条河了，甚至不知道还能不能称为一条河，在天峨境内，它就被龙滩电站的大坝截为两段，上一段被重新命名为天湖（这名字有意思，不知道谁起的，充满多重含义吧。天峨的湖，天上的湖，天然的湖？读者自己想象一下）。

水的颜色变了，山的颜色也变了。十多年前，只要有人居住的地方，山基本上是焦黄色的，秋冬季节更是刺眼。人们砍伐树林，为了耕种作物养活更多的人口，支援城市建设，日常烧火煮饭等，都极耗木材，屋旁村边，已经没有成片的自然林，有的地方，只有村头的神树侥幸逃过了刀斧，孤零零站在那里黯然神伤。在当时的公社（现在改为乡政府了）和生产大队（现在改为村公所）所在地八腊上初中的时候，需要自己打柴煮饭，得翻过好几个山头才能看见一些成样子的树，而八腊附近，草都很少。到20世纪90年代的时候，连老山山顶最后的一片翠绿也消失了，真正可说是童山秃岭，片木不留。可现在，即使是在公路两旁，也是郁郁葱葱，绿得让人想醉。县城周围也是绿树青草环绕，空气比十多年前清新得多了。楼房增加了不少，草木增加得更多，还从上游的电站淹没区里移植来许多古树巨木，晚上漫步在河边，树影婆娑，还以为进了植物园呢。

县城新区，就是塘英这一片，更是改天换地，变了模样，怎么也认不出来了。这里原先基本上是农地，中间有一个水泥厂和糖厂。糖厂早没了，水泥厂也搬走了，农地上都建楼房了。这里曾留下我许多脚印，也洒下过不少汗水，种甘蔗，收甘蔗，榨甘蔗，还把甘蔗渣装进池子里踩实，发酵酿酒。我也呼吸过水泥厂的粉尘。这些都非常遥远，甚至很不真实。整个县城城区扩大了好几倍，人口增加得更多，晚上灯火通明，熙熙攘攘，再也不复小城往日的宁静。住在宾馆里，深夜都还能听见各处的三马（三个轮胎的电动车，可载客，相当于出租车）发动机发出的噗噗声、河边吃夜宵的人们划拳猜码的喧哗、不知什么地方传出的声嘶力竭的歌唱，一开始觉得不习惯，扰人清梦，听久了，感受到小城的生机勃勃，各种声音呈现出旺盛的生命力，也就安然入睡了。

天峨有些东西还是熟悉的，比如腊肉，比如火麻菜，比如土鸡，比如蜂蛹（俗称蜂子仔）。天峨的腊肉是靠火灶或火塘上的烟熏干和保存的，带着一种特别的烟火味，习惯了会上瘾。也许对许多人来说，最难忘的是米粉。广西最有名的米粉有柳州的螺蛳粉、南宁的老友粉和桂林的马肉粉，可对天峨人来说，最好吃的还是天峨米粉。以前农村里的人上街，有人请你吃一碗米粉是很大的享受和荣耀，相当于请了一次客。我们在学校里读书，口袋里碰巧有几毛钱，也是和同学一起去吃米粉。现在想来，当时的米粉未必真的好吃，我们没钱，吃的常常是素粉，不加肉的，就是一点油和盐加水煮米粉，能好吃到哪里去呢？可就是喜欢吃。现在每次回天峨，有机会是一定要吃一碗米粉的，否则相当于白来一趟。外地来的朋友，吃了也说好。甚至有人说，什么过桥米线之类，和天峨米粉比，弱爆了！深以天峨米粉没有推广开为憾。我想，真的推广开来，未必好吃，好些东西，只宜生存于小范围内。当地的水、当地的材料，甚至当地的空气，多种条件加在一起，才促成了那美好的味道。

【作者简介】张柱林，评论家，广西民族大学文学院教授、博士生导师。出版专著两部，多篇作品在国内外报刊发表，其中一些曾获奖。

岩 颂

——献给拉好岩九勇士

李昌宪

诚既勇兮又以武，终刚强兮不可凌。
身既死兮神以灵，魂魄毅兮为鬼雄。
——屈原《国殇》

题记：1932年秋，趁红军主力北上之机，桂系军阀第七军军长廖磊坐镇东兰，纠集河池、南丹、东兰、凤山、凌云等县民团5000余众，叫嚣“茅草要过火，人头要过刀”，对右江苞暮苏区发起疯狂围剿。红军63团营长蓝志仁奉命率400多名红军战士在拉好岩顽强阻击。四天四夜浴血鏖战，红军弹尽粮断损伤重大，为掩护部队转移，蓝营长带领16名战士将匪军诱上拉好岩顶，一场惨烈的白刃战后,幸存的9名勇士，每人扭住一个匪军，跳下拉好岩千丈悬崖，上演了“惊天地，泣鬼神”的悲壮一幕。让我们永远铭记他们的英名：蓝志仁、黄桂德、陈升汉、黄文明、李葵、韦明甫、蓝彩娥、颜老三、宁美姣。

云幔低垂，
天色灰暗。
拉好岩板着铁青色的脸，

不可遏止的愤懑，
使它心潮起伏，
如狂风翻卷。
坚守阵地的战士，
也感觉到它强烈的震颤。

枪声再次响起，
战火重新点燃。
连遭挫败的廖匪恼羞成怒，
组织两千余人“敢死团”，
兵分多路四面合围，
疯狂扑向红军防线。
雨点般的子弹飞向阵地，
击在石壁冒出股股青烟，
猛烈无情的炮火，
把四周林木撕成碎片。

怒火中烧的红军战士，
把家怨国恨推进枪膛，
化成颗颗仇恨的子弹。
霎时间，巨石飞滚，烟尘弥漫，
枪炮齐鸣，火光冲天。
一场生死搏杀，
搅起血腥的狂澜。

愁云惨淡。
四天四夜残酷厮杀，
红军损伤重大，
弹尽粮断。

为掩护主力转移，
营长蓝志仁带领十六名战士，
将敌人诱上拉好岩顶，
不幸落入白匪埋伏圈。

四面楚歌，命悬一线。
勇士们面不改色横眉冷对，
居高临下冲入敌阵，
与群匪展开白刃战——
刺刀报家仇，寒光闪闪，
枪托雪国恨，怒发冲冠。
“壮志饥餐胡虏肉，
笑谈渴饮匈奴血”。
这是岳飞麾下的将士在呐喊！

寡不敌众。混战中，
一棵棵年轻的生命树，
被残暴毁损腰折，
青春定格在拉好山巅。
杀红双眼的幸存者，
遍体鳞伤血迹斑斑。
“为死去的战友报仇”，
石破天惊一声呼喊，
九位勇士扭住九个白匪，
纵身跳下拉好绝壁千丈深渊……

空气凝固，时钟停摆，
苍然暮色压着莽莽群山，
唯有“纵身一跳”的揪心画面，

在拉好岩上空的天幕上，
不断重播映现。

青峰垂首，
秋风呜咽。
枫树叶摇荡蜡黄的哀思，
栀子花开成白色墓园。
苍山翠岭蔚蓝的旗帜，
覆盖住英雄支离的躯干。
没有任何一场葬礼，
这样简朴清淡，
这样肃穆庄严。
没有任何一面旗帜，
如此宽大厚重，
如此连绵无边。

残酷，惨烈，悲壮，
被硝烟拷贝成传奇经典。
山鹰把英魂卷上云霄，
让故事在天国唱响流传。

赤胆，忠心，热血，
被战火烧铸成旗帜上的锤和镰。
断碎的筋骨，
复活成一座壁立千仞的岩——
拉好岩，高高耸立天地间。

拉好岩，大写的“岩”——
地理中国喀斯特地貌版图上，

最坚挺，最雄奇的岩；
八桂大地革命战争史册里，
惊天地，泣鬼神的岩；
堪比“狼牙山五壮士”，
更为英勇壮烈的岩；
见证革命先烈精忠报国的岩；
“愿以我血献后土，
换得神州永平安”。

拉好岩——
一座陶冶灵魂的精神丰碑，
一部英雄壮举的光辉典范，
一本薪火相传的教科大书，
一笔流芳百世的珍贵遗产。

【作者简介】李昌宪，男，广西天峨县人，国家二级文学编辑。担任报社记者编辑期间，创作和编发的诗歌、散文、小说、报告文学及文学评论等，有多篇荣获广西、全国报纸文艺副刊好作品奖。任河池市电视台台长和市广电局局长后，组织拍摄的电视专题片、电影和连续剧等，屡获广西和全国各类电视文艺节目奖。2004年荣获“广西先进工作者”和“广西十佳电视艺术工作者”称号。

一面湖水（外一章）

蓝晶莹

在童年的教科书里，我最初读到的是山川湖泊。故乡是由大山和河流构成的，于是，山川便是我最早的同伴，湖泊却离我十分遥远，一直到我走出故乡，一切类似洞庭湖的波涌，以及西子湖的宁静，仅成为我的一种想象而已。但是，在我客居异乡的桂西北天峨之后，生长在那里的峨里湖竟与我不期而遇。你想，这等好事是不是缘分？

◎日落天湖霞满天-韦汉国 摄

我现在居住于县城，地名叫作六排，楼房纵横和人声鼎沸证明这里相当繁华和热闹。但是，峨里湖却避开闹市，远居城西几公里的郊外，寄身于幽静的崇山峻岭中间。我初次见到它的模样是于一个雾气弥漫的早晨。那是我在乡下教书回老家过年时偶然路过，坐在车上一晃而过，峨里湖留给我的仅是一团染了绿色的轻烟。那种轻烟虚无缥缈，如梦如幻，似乎于朦胧里掩藏着好多说也说不清楚的神秘。我生性好奇，在以后的日子我一直都想去拨开蒙在水面上的烟与雾，寻找峨里湖的真实。这种机会我等到了从乡下调入城里之后，算是上苍还了我的愿。但是，峨里湖像是与我捉迷藏，我又见到她时是于无月的午夜。这种时候，您能看清她的真实么？

那天晚上，我于酒后有几分兴奋，便邀两个友人乘坐“桑塔纳”一路颠簸，去观我日思夜想的峨里湖。你想，那是怎样的一种情趣？夜里的峨里湖如一个熟睡的美人在我的醉眼里迷蒙而生动。我看不清水面，看不清湖边，峨里湖似乎已幻化为无垠的天与地，完全缝合在夜色里，没有一点儿的别扭。可以看见的只有灯火，一盏盏亮在水面，亮在湖边，但是，你猜不透那是渔家点的灯呢，或是天上的星。此时，你的意念里湖面消失，仿佛这里就是天上，怀疑自己是不是已经羽化为天人，误入郭沫若制作的“天上街市”，正在星星的世界里遨游。当黑暗中有声响惊动，你才意识到自己原来是置身于人世的土地上。于是，在湖边你会听到有梦人于屋舍中的细长呼吸，有情人在草丛里的绵绵絮语，有鱼跃出水面的“啵刺”声，有风拨弄树枝的沙沙响。这些格调不同的声音，如音乐中的七个音阶，变化配合，温柔如水，流动在峨里湖的上空，呼唤着夜游人的灵与魂。面对静夜里的大自然音响，我想这是不是峨里湖在用音乐作符号暗示我以后再来造访？

1998年8月，我终于有了一次于白天去峨里湖观光的机会。那日，一名叫作樊蓉的女士同时出现在这里，她忙着玩弄租来的鱼竿与其他友人去码头钓鱼，我却立在岸边，贪婪地扫描湖面正在构思的活动图案。你看清么？峨里湖的水是清的，飞鸟划出一道弧，掠过上面，影儿忽闪即逝，只向后丢下串串的叫唤留给倒垂在湖心的山影、树影、云影，只有闲舟悠然地走动，拖出一条细长的波纹，但绝对没有破坏湖面的宁静，沉在湖底的圆太阳依旧是金光闪闪，与我头顶的圆太阳遥相呼应，灿烂天空与湖面。这样的画面在半个时辰之后，蓦地又变换了花招。有农夫喊：“要下雨啰，收豆子进家。”声音落定，圆太阳已藏进云屋里去，明净的天空骤然变成暗色，雨水真的来光顾了。你猜，峨里湖此时该是何种模样呢？雨脚万点，湖面整个动了，水中的山影模糊，树影模糊，云影模糊。但它们各自的物象还是能分清的，山依然像山，树依然像树，云依然像云，略有不同的只是它们另具一种类似中国水墨画的神韵，勾引你的心。现在，唯一清晰的只有为我撑伞的樊蓉女士。她站在我的身边，说：“这湖水为什么这样清？下雨也还留有倒影，虽然图像不太明朗。”我也解释不清楚。我只是想，这湖是不是传说的清朝年间天峨才女李世妍路过此地忘记带走的镜子呢？要不，在偏僻之处你能想到怎么会有这么一个可在白天黑夜照见天地晴阴万物明暗的湖？

我要回我所居住的闹市去了，但是，我的心今生今世却永恒地化作一棵水草，留在柔柔的峨里湖水里。

穿越唐朝的大山

大山是唐朝的。

我知道大山是在1981年的秋季，那时我于一个叫作坡结的地方教书。2016年的6月25日，画家韦红卫在网上告诉我，坡结是唐朝羁縻峨州的州府所在地，府址就设在学校后面一棵古榕的位置。是吗？我疑惑。他说他兼考古，《凌云县志》史记有录。哦！大山在坡结的北边，仰首就能依稀可见。按他的说法，我想这大山属于唐朝是无疑的了。

唐朝的大山藏有什么呢？2013年8月6日我做了一次穿越，飘飞的影子像一只鸟掠过它的上面。

近距离目睹是从一座尚未装扮的小沟桥开始，两条交汇的清溪同时从桥下浅浅淌过，无论怎样拉长目光你是见不到它们各自上方几米之外的曲折来路。源头应该是在不太远的密林里吧？但细而小的它们被覆盖在茂盛的各形树叶中，你只能凭想象猜其一定是盘树根绕怪石缘沟苔做成藤状伏沟爬行。此处何名？那隐约的溪声似乎告诉我了，只是我无法听懂它说的古语。叫双溪汇吗？我姑且这样推测。

经过无名双溪汇，迎接我的是葱茏的万木。

我依然是一只鸟，但不是翔动在空中，而是跳跃在林里。沿着歪斜的小道向上，是十里一路弯拐的林荫，日烤被阻挡在几丈高的树冠之顶，无法穿透密叶筑成的厚墙，清凉因此无偿地随我舞动。我是要谢谢这里的林荫了！要不，在这火烧的夏日我怎能轻松自由地涉足大山？同路的南柯突然想起了清华大学林金明教授所创造的环境健康与负氧离子理论，用诗人声音惊呼：浴氧园！浴氧园！

是吗？诗人说的浴氧园指的是这座山？但唐朝的大山今人是不能改名的，浴氧园只能是这座大山的“别号”。南柯你说呢？

“浴氧园”的各色树不是寻常的今日木种。看，稀有的几棵红豆杉倚着悬崖立身肯定是在唐朝之前的陈年旧事了，那老皮包干连带生出的粗枝和简叶朝朝暮暮向空中舒展，问风问雨问雪谁能读懂其在万树丛中的千年顽强。后来，是不是因为“红豆生南国，春来发几枝。愿君多采撷，此物最相思”的名句，也在唐朝出生就被当今一些傻人把红豆当作是它的果实？如果是，那一定是王维不经意留下的美丽误会。大山没有仅为观赏的缠绵红豆树，它结下的红豆颗粒是男女情长的夜夜相思物，应该生长在明月之下或闺阁之前。大山只有长满无限风骨的高高红豆杉，遇见它你会不能不逆向走进蛮荒的恐龙时代，看一看远古物种晃荡的不屈不挠是如何在那个时候表演。跟着红豆杉一并出现在大山的还有令人垂涎的紫檀木，只是它的真形我在这一日无缘相见，尽管我的目光像鹰眼拼命在林中搜索。朋友说紫檀木为树中金刚，贪宝的商贾手有点残忍，它只好隐蔽到云深不知处呢。哦，这紫檩木成了有意避开人类的“隐者”？我遥想它历经岁月的久远和慢慢成长的百载影像不再企望求见了。但险些灭迹的矮子金花茶树据说也是在此地竖身过的，那它于画中的仙姿是否从这里复制？朋友问说你找它？那就往密林深处进去，再进去。在哪里？我顺着他的指向极力张目，金花茶树绽放的黄花幻觉似乎在黑暗的什么地方摇曳，幽香温柔如梦在轻盈飘来。它为什么也是“隐士”？我想……

红豆杉、紫檀木和金花茶树绝对是匿身在大山里的“三君子”了，它们静而不喧，但普通的树木在我的眼里却随处招摇呐喊，不过模样还挺可爱。比如：唐代杜牧在中原别处的山麓看见就请入《山行》句中的那些枫林在这里也成片疯狂地生长，其状要么直冲云霄欲与天公试比高，要么直身之后伸出胳膊撒野变为硕大的阳伞盖住一方的荒草，只是那些在眼帘里呈现深绿的片片叶子待到秋季会不会“红于二月花”我就不知道了。应该会吧？杜牧到那时能否越过千年到曾经的南蛮之地来赏枫呢？现在，身边的南柯先生已经为枫林所在的地段起好雅名等待杜牧来斧正。栖枫谷行么？一起行走的散文作家陈福国先生未等杜牧的到来就脱口称道：好。哦！绿枫，你占据的地域千百年来第一次有了诗意的居所之名，该满意了吧？普通之树还有硬椿刚、马林光、铁夜好、火朗木以及叫不出名字的，一并默默地插足和混杂在枫林的另一边凑热闹，但它们缺乏人类所需的实用价值而暂时无法扬名。不过大山是不能没有这些庞杂的异类树群，否则这大森林中的风景会少了许多陪衬的生动。大山是知道容纳的，所以它才能美得多色争辉是不是？

问一问居住在大山的那些飞鸟。

有杜鹃的声音从远处断断续续地传过来，在蝉鸣与其他鸟儿的和声里，调儿不知为何含带三分的凄清，那是古老蜀国啼血的典故飘零到南国来演绎么？不应该的，毕竟那个杜宇已经远走几千年，人世变迁了。既然如此，那是不是因为大山可以聚合万类，望帝化作杜鹃后才私下告别蜀地的百姓到此安营散心吧？但当初的声音无法改变，依然是旧时的“够苦……够苦……”，但意义却不一定依旧。

一定是吧！这里一定是可以聚合万类。要不，你怎么理解密林深处的大山在多少年前居然会有人与先期到此的杜鹃同住。不是吗？元、明、清的青花瓷碗碎片就躺在密林下的黑土里，与几堆荒坟一同为我作证呢。大山里的先人，你是唐民么？或者是唐民的后人？怎么也会到这里来？不会是被今人说的负氧离子所招引？不会的，它一定有另外的原因……

我不敢再去惊扰这片参天的树林了，它不只是收藏自身履历的神秘和鸟族、古人苍黄的过去，也一定收藏有我所不知晓的其他故事。那些无法出土的故事到底还要埋葬多少代多少世？或者封存永远？

从古代滑翔过来的杜鹃能用鸟语告诉我吗？请和我对话。我也是一只鸟，有朋友说我和你私语的这里是“鸟鸣岭”。你说是不是？我途经听泉崖的险处，翻过春秋交替的山口，步入禅林道的路径，与你相会在鸟鸣岭后，再过凉风坡的前边林下青竹就要完成这一次穿越了。你听，隔树的流泉在为我吟风咏月呢。

你呢？还在为你数千里之外的蜀地那情恨国亡叫“够苦……够苦……”是吗？虽然时过境迁，我却仍旧为你的往事感动。大山同样是我可以寄身的地方！我走了，把我的灵魂留下陪你，陪树，陪泉，陪唐朝的大山。

【作者简介】蓝晶莹，笔名单岛、黑客，广西作家协会会员、河池市作家协会理事、大峨县作家协会主席、《天峨文艺》副主编。有小说、散文、诗歌刊于区内外文学期刊、报纸文艺副刊和收入国家出版社出版的文集。

都安一家人的天峨情结

周 龙

1. 天鹅

其实，2000年底，我就有个去天峨县任职的机会，自己却以身体不适坐不了车为由婉拒了。那时，南丹到天峨的二级路已经施工，龙滩电站也将在半年后上马，但我却忍受不了二级路修通之前的折腾。二级路修通后，我从巴马调到市民政局做副手。民政事多，这个检查那个救助的，没有一天能安稳。有时陪同市领导去，有时自己下去。特别是救灾，必须要到现场。天峨是电站库区，移民的，受灾的，都得政府安排生活。那几年，天峨县领导特别不容易，库区移民都得他们去动员、去安置、去服务，时不时还得跑南宁、北京劝访，领人，麻烦事从未间断，周末经常加班，节假日也没怎么能过。有阵子，南宁某些人物竟然张口发话：龙滩电站应该到南宁交税。天峨领导回答很干脆、硬气："好啊，把龙滩移民带到南宁市去安置吧，我们没意见！"那些人物再也不敢吱声了。因为民政求救，我几乎每个月都得去天峨，很辛苦，但好处也是大大的，能吃上天峨的好东西嘛。河鱼野猪山鸡竹鼠什么的，虽然不一定是野生，但味道跟野生没多大差别。经常会出现这样的情况，在河边吃烤鱼喝啤酒的时候，我会突然想起当年那八个"巴师"同学中的一两个人来，一打听，人家都当局长主任了，于是一个电话又把他们叫了过来。老同学相见，少不了推杯换盏，喝多总是难免的。

当然，最勾人馋虫的，还是偶尔吃到的天鹅肉。烧烤的那种，皮脆、肉嫩、骨香，比烧鸭强了不止一倍两倍呢。天鹅价高，只有接待贵客才上的，而且餐桌上就一碟鹅肉，每人两三块，感觉味道好了，想敞开吃的时候，盘子光了，让你馋着，回去之后，总想去天峨！天峨原本也没养有天鹅的，是飞机把它们从澳大利亚空运到广州，天峨再用县领导坐的小车把它们拉回县里。这些天鹅不断繁殖、增多，成了县里的大产业。据说全世界共有28个天鹅品种，有阵子天峨就养成了21种，天峨县差不多就成了“天鹅”县，这或许是县里做这件事的初衷吧。我原以为，养天鹅是为了吃肉。因为世界上想吃天鹅肉的人实在太多了，连癞蛤蟆都想吃呢。后来听县领导介绍，我才知道，天鹅身上的宝贝是肝，营养丰富并且有特效，是补血养生的佳品。鹅肝的出名是因为法国著名的料理鹅肝(法文:Foie gras，直译为:肥肝)，欧洲人将鹅肝与鱼子酱、松露并列为"世界三大珍馐"。鹅肝其实并不是法国的专利。古埃及人早就发现，野鹅在迁徙之前会吃大量的食物，把能量储存在肝脏里，以适应长途飞行的需要。这段时间捕获到的野鹅，味道是最鲜美的，尤其鹅肝。后来，人们根据这个原理，研制出专门让肝脏吸收的“特殊饲料”，把鹅喂肥，让鹅肉鹅肝变得更加鲜美。天峨人把天鹅养到五六斤，就被外地老板收购了。被收购回去的天鹅不是马上被杀掉供吃客享用，而是添加“特殊饲料”继续饲养。在“特殊饲料”猛攻之下，天鹅爆炸式疯长，很快便长到八斤以上，但重出来的部分多半都是肝脏。说白了，就是养出一个巨大肥嫩的脂肪肝。这个时候，天鹅被巨大的肝脏撑着，生不如死啊，所以，很快便被杀掉，取肝吃肉。如此残忍的事情当然不是心地善良的天峨人所为。这是不是这个产业后来被放弃的原因，我不敢妄议，也不是我这篇文章应该去考究的。

好东西吃上瘾了，嘴巴是容易腐败的。有次在谷里，东西老家，香喷喷的鹅肉鸡肉鼠肉入嘴之后，我便油嘴滑舌地表态：安排些民政资金给谷里架设钢管引自来水，也就是二三十万元吧。东西和谷里村的人感到特别意外，不停地给我夹肉、敬酒。后来东西和谷里村的人又特别失望。因为，民政经费中根本就没有可以用来给没受灾的谷里村架设钢管的，就算有，我这个副手也没资格弄出来！所以，我的表态等于脱裤子放屁，我一直很愧疚。后来，东西用文学的方式批评了我。他说周龙啊，我发现你可以写出好小说了。我说为什么？他说你的虚构能力提高了，而且很大胆呀，比如那天在谷里——他没说下去了。开始我还愣头愣脑的，后来想起水管的事，才恍然大悟。2016年7月，跟作家们再次踏进八腊的地盘，潘莹宇突然问我，那晚你在东西老家表态弄自来水管的事，后来落实了吗？我双手捂住后脑勺，呵呵呵傻笑。

2. 小妹的第二故乡

北京奥运会那年，在东莞徐福记做食品专员的小妹突然萌生回广西当公务员的念想。她问我报哪个县好呢？我说真想考上？她说一定的，必须的！我说那你报天峨吧。她说为什么是天峨？我说远啊，报考人少，门槛低，容易考上。她纠结了好久，最后还是报了。那年报考天峨的人还真不少呢，南宁、柳州、玉林都有人。他们也都有个跟我小妹同样愚蠢的念头，先考上，以后再想办法调出去。后来只有小妹达成。

送小妹去天峨报到那天，小妹单位在五吉酒店对面小酒馆里接待我们。天峨人热情啊，“不喝完这杯，你妹就没人关照了哦。”领导和同事就这样一杯一杯地骗我走向犯“醉”的深渊。直到第二天上午九点我才醒来。吃完早餐，跟小妹去向单位领导请假之后，送她回金城江坐班车去东莞办移交手续。谁知回去之后，小妹反水了。我左催右督她就是不愿回来。眼看请假期限就到了，我不得不跑趟东莞。在整洁气派的徐福记工厂里，我问她公务员不当了？她说，你都看见了，这可是国际品牌，多豪华多气派，全电脑控制，哪像天峨那个单位，几间办公室还是20世纪八十年代建的，破破烂烂的。我说，国际品牌又不是你家开的，你只不过是个小小的打工妹。小妹说，厂领导跟我说好了，只要安下心来，马上提拔我当科长，月加薪一千五呢。我说，现在就想起提拔你了，早干吗去了？我长吁短叹了好一阵子又说，你可要想好哦，现在有多少人挤破头想挤进公务员队伍，你是费了多大的劲儿才考上的，不要因为一念之差后悔几辈子。左劝右劝，终于把小妹弄回天峨。但她一直耿耿于怀，两个月都不给我打个电话，直到第三个月，才给我打第一个电话，说了工作上的事。单位让她管食品质量，如鱼得水，都成单位骨干了。

那年春节，小妹从天峨带了几斤野猪肉回家，父亲母亲都对着那堆猪肉质疑道，皮这么厚，能吃吗？不会是母猪肉吧？小妹说好吃着呢。那是我家人第一次吃到野猪肉，都咂嘴弄舌赞道，哇，又甜又脆。从那以后，小妹每次从天峨回来，都要弄些野猪肉回来。天热的时候，她便用一袋冰块敷着带回来。后来，小妹还给父亲带来了芦荟酒灵芝酒百香果酒黄精墨米酒什么的，桶装的瓶装的都有。慢慢地，把父亲培养成为一个酒鬼。只要家里没酒，父亲就打电话叫她供应。母亲也经常吃小妹带来的灵芝、马鞭，说是对哮喘有帮助。效果可能也有一些，但还是喘，严重的时候还得住院。而母亲却坚持要吃，说要是没吃呀，问题还要严重得多。有次她从天峨带来了两只六画山鸡，说是给母亲补补身子。谁知两只鸡刚被母亲放出笼子就飞走了，影子都找不见，害得母亲心痛了好多天。

小妹做了单位副职后，回家次数少了，母亲每次电话催问，她总是说忙忙忙，不是出差，就是到企业、乡下检查什么的，好像都没有个休息的时候。偶尔回家一次，也摆一副老牌天峨人的样子，开口闭口我们天峨我们天峨。母亲经常攻击她说，开口闭口都是我们天峨，好像天峨是你的亲爹亲娘。小妹说，你懂得什么，天峨是我的第二故乡呢。这话老妈更加弄不懂，她是文盲，哪知道第二故乡是什么意思。小妹把天峨的东西说得天花乱坠：六画山鸡是地理标志产品呀，金花茶是 “茶族皇后”呀，龙滩珍珠李是 “李族皇后”呀，马鞭草是“救命仙草”呀，数珍珠似的一大串。为了考证她的话属实与否，我还特地上网查了好几次呢。当然，对她的一些说法，我会表示反对，比如她说，天峨负氧离子多，特别是森林公园，早晚都有人在上面休闲、锻炼，

"浮在城市上空的原始森林公园"，天然氧吧，巴马都比不过呢。我说，巴马可是世界寿乡！她说名气大而已呢。她仰起脸，手指点着面颊对我说，你看我这脸比在东莞时怎么样？我说一个天一个地。你在东莞那阵子，脸色阴暗，还有好多麻点呢。她说现在呢？我说，光洁白嫩，晃眼一看，人家还以为是中学生呢。她更加得意了。所以说嘛，天峨是最能养人的地方！

这两年，小妹工作之余竟然玩起了电商，用QQ、微信向家人同学朋友介绍天峨的特产，这个一箱那个一盒地寄，好不热闹。有几个上海、广东的同学还嘱托她，只要是天峨正宗野生蜂蜜，有多少你都给寄过来。小妹说，好贵啊！对方说，只要货正宗，价钱不是问题。简直是盲目崇拜！我老家也都快成了天峨特产的批发店了，百香果、珍珠李、秋蜜桃什么的，东一箱西一盒地码在那里，吃不完就送给村人，村人都乐歪了嘴。我跟小妹说，你都快成电商办主任了。她说，你说得对，天峨下一步的工作，就是要发展电商，做大。若不，那么多的特产，怎么卖？嘻，给她点阳光，还真的灿烂了。

中元节（农历七月十四）是都安农村最隆重的节日，在外地工作的人，无论多远多忙，都要赶回来的。但是2016年，小妹却没有回来。七月十四这天，父亲一大早就催母亲给小妹打电话。父亲催的目的就是要黄精酒，母亲则等要灵芝粉，当然，能带上木耳、甜笋和一两斤野猪肉最好。打完电话，母亲阴着脸不出声。父亲问什么时候到？母亲失望地摇头说没回。父亲说不回？干吗不回？母亲说，忙扶贫的事呗。父亲说扶贫也不差这一天两天呀，我们屯里有那么多贫困户，今天也没见哪个干部下来呀？母亲说了老半天也说不清楚。我知道，是扶贫验收的事，前两天她在微信里说过，扶贫验收的事布置下来了，刚好有她一户，好多材料都没弄好呢，过不了关是要问责的，谁也不敢马虎。她又是参加培训又是跑农户，还拿了几百块工资给那贫困户买了台电视，公休都不敢讨呢。我把情况说了之后，父亲骂了句他妈的！母亲也一个劲地嘟哝道：这个妹仔也真是的，真拿自己当天峨人了！

【作者简介】周龙，笔名龙眼，壮族，1963年6月生，广西都安人。1988年毕业于广西民族学院中文系。1985年开始发表文学作品，迄今已在《小说选刊》《广西文学》《飞天》《三月三》《广西日报》等40多家报刊发表小说、散文、诗歌、报告文学、杂文等文学作品120万字。有诗歌作品入选多种选本。出版短篇小说集《好人从来不做媒》、中篇小说集《恋人不在服务区》。获《广西文学》第三届金嗓子广西青年文学奖，1995年度广西报纸副刊好作品二等奖。现任广西河池市社科联主席、河池市文联副主席、河池市作家协会副主席、广西第六届签约作家。

◎三堡桐花节-赵永生 摄

在天峨找到故乡的影踪

剑 书

南方的河流总是与山水雄奇、天地壮美结成金玉良缘。

譬如这浩浩荡荡的红水河从天峨境内穿过，一河锦绣，百里画廊，欸乃一声山水绿不再是纸上传奇，千里江陵一日还也不单单发生在李太白的白帝城。

乘车九拐十八弯登临山巅之上的龙滩大峡谷国家森林公园，放眼高山峡谷之中，卧波长河九曲回肠，波光浩渺，我像是名耀八桂的著名作家东西在中篇小说《目光愈拉愈长》里的刘井和马南方一样，拥有了拉长目光的魔力，看到红水河放下桀骜不驯的身段，舒缓地在千山万岸间流淌，洗尽纤尘的河水，清可照见蓝天澄碧，白云悠然来去。以手掬水，亦可照见我们的一脸惊诧或是欢欣。

如果再形而上一点，也可照见我们生而为人的来路和去路：

在一滴水面前，我们都像水落屋檐一样偶然来到人世间，我们哇哇大哭而来，也必将在哇哇大哭中离去。

在一滴水面前，大地的子民抬头望见星空，低头披星戴月。他们负重行走，却能在跌倒爬起之后拍落尘埃，拔步飞奔。

在一滴水面前，功名利禄都是白驹过隙，过眼烟云。谁也不要头戴皇冠，所到之处皆须旁人肃立仰视。一滴水，只能映照一个人的精神质地，而不是显现富丽堂皇的妆容。

众生皆苦，众生都有喜乐在。众生都可以从一滴水之中得到恩泽和昭示。

显然，和其他河流一样，德泽天峨的红水河是有着与生俱来的母性胸怀的。不同的是，天峨要比其他地域更需要母性的拥抱和眷顾，这里被城邑大都傲慢与偏见的目光忽视得太久了。

天峨天峨，几家粉店几只鹅。这样先入为主，放任想象力的轻慢构成了坚固的俯视鄙薄。当汹涌澎湃的红水河在高山峡谷之间放平身子，清幽舒卷，高峡出平湖的奇迹里，母性的博大得到了淋漓尽致的显影：在天峨丰腴的土地上，千山竞秀，果树扶疏，田畴宽广，鱼虾肥美。当然，我们的母亲也食指一点，拨正了那些俗常目光的偏执和倨傲：天峨，不仅山川秀丽，物华天宝，更是江山代有才人出，各领风骚，各立名声。

获得首届鲁迅文学奖的作家东西，就是钟灵毓秀的天峨杰出的代表人物。

在这片地处广西丘陵与云贵高原过渡地带的土地里，东西的眼光并没有被重重山峰阻隔，南方的风吹来八方文学风潮，东西只捡拾起内心的秘密，在豪强林立的文学江湖里杀出重围，独立河山。他的《没有语言的生活》《耳光响亮》《后悔录》《篡改的命》等一部部呕心沥血之作，让我们看到了桂西北作家王侯将相宁有种乎的英勇气概，让天峨的山水积淀出厚重的文学底色。恰如莫言的高密东北乡、贾平凹的商州、苏童的香椿树街和枫杨树村，天峨谷里，东西的出生地，已然成为众多写作者向往和憧憬的村落。

文学改变命运，文学成就人生。在东西身上，河池的新生代作家们汲取到了前进的力量，隐约中也看到了抵达文学艺术窄门的希望。

一方山水，养育一方人。

一个标杆式的作家，引领一方文学风潮。

就这样，从一条河流出发，从一个作家的崛起出发，眺望天峨，如果我说天峨山水卓异独秀、卧虎藏龙该是没有人举手反对的吧。

其实，我想说的远远不止这些。在我看来，我与天峨，总是有着一条隐约的丝带相牵连。

一衣带水，讲的是两个地域的事情。一身踏上两地，折射的是一个人对另一方天地的情缘。

我的家乡在凤山县金牙瑶族乡的一个小寨子，与天峨县更新乡没有多远的距离。翻过常年大风吹、林涛吼的凉风坳，走下遍地茶油树的一个土坡，再走上几里的平坦公路，更新就到了。

小的时候，我常常跟着父亲母亲，或搭乘手扶拖拉机，或坐在马背上到更新赶街。那个时候，每到街圩，通往更新的公路上尘土飞扬，随处都是各个村寨三五成群的赶路人。突突突响的手扶拖拉机上，挨挨挤挤都是人，车子晃荡，车上的人也跟着晃荡，他们的衣装，被风鼓荡，呼啦啦作响。在这样的车子上高声大叫，是再惬意不过的事情。坐在马背上的人，不是唯独我一个，隔着十米几十米的距离，一匹一匹马相跟着，慢慢悠悠地朝前走。母亲从更新买来散发着浓郁香气的芭蕉，拿到金牙街上贩卖，为我们换来油盐、面条、豆芽、豆腐，让我童年的肚子不那么寡淡饥饿。

在那个时候，我就把更新看成了天峨的鱼米之乡。更新的芭蕉、竹笋、蘑菇、野猪肉等山货，源源不断地供应给一块界碑之隔的凤山。一谈起天峨，凤山人都不会吝啬自己的赞美之词，不仅仅是凤山的山货大多来自天峨更新，还因为天峨的壮话凤山的壮族人都是听得懂的，这也印证了天峨、凤山两县的壮族都是来自布洛陀这一源流。

这样一来，身为壮族的我要说，在天峨，我不是一个异乡人，应该也是没有人举手反对的。

当我坐上游船，进入坡结乡燕子洞的时候，我就在愈拉愈长、翻山越岭的目光里看到了凤山水源洞的样子。和燕子洞一样，水源洞也有一洞一世界的水上洞天奇观，燕子洞清秀玲珑，水源洞幽深繁复，她们各有千秋，谁也替代不了谁。她们都是水做的女儿，一个坐守凤山，一个坐镇天峨，而我，只不过是一个走亲戚的，她们谁都不认生，谁都大开栅栏把我迎进家门。

在这个家门里，手搭凉棚，举目四望，我从高山上采摘珍珠李的天峨人身上看到了父亲母亲的身影。父亲母亲年轻的时候，也曾像天峨被太阳晒老了年华的父老一样，一天天进入高山深林，刀耕火种，栽树摘果，谋取生计，他们流淌的汗水，也一定像父亲母亲身上掉落的汗水一样，散发着黄土地的气息和岁月绵长的青草味道。

目光拉远，在天峨街头的灯火阑珊处，我也看到了二姐的身影。二姐年轻的时候，和天峨秀气的女子一样，也有着白皙的肤色、亭亭玉立的身姿。也和这些女子一样回眸一笑百媚生，庸常粉黛无颜色。只是在天峨的街头，我不能在人群里喊出一声姐，错认亲人，只能在心底里把容颜不再的二姐记起，把家乡念记。

天峨，天峨，异地他乡，也是家乡。

只可惜，神奇的红水河没有流经凤山境内。当我身处家乡静静的黎明黄昏，想要看到红水河游龙舞动的身躯，必须得借助自己的想象力。但是，这又有什么关系，凤山观音河、九曲河和天峨红水河一样，都是来自天上之水，水同一源，源同一脉。

只可惜，“十个上天峨，九个讨老婆”的民谚在我族人的身上没有得到灵验，但这恰也明证，一些传说只是停留在传说里，也是会让其流传得更久远：未见其影，先闻其声，声声萦绕，经久不绝。

只可惜，在天峨所做的梦中，没有出现鬓发苍白、抱病在身的父亲母亲。

这一切，都没有关系。

因为在天峨，我找到了故乡的影踪。

故乡，就在这影踪长长的尾巴之后。

摇曳着一地的青黄稻谷，向我呼喊。

【作者简介】剑书，原名黄庆谋，1980年出生，籍贯广西河池市凤山县。散文、小说作品见于《芳草》《野草》《红豆》《民族文学》《广西文学》《散文选刊》等文学期刊。有散文入选年度散文选本。著有散文集《奔走的石头》。获2010年《广西文学》“金嗓子文学奖”最具潜力新人奖。现任河池市作家协会副主席、秘书长。

有一个地方叫八腊

温存超

若到天峨旅游，不可不去八腊。请相信，我在键盘上首先郑重其事敲下的这行文字，不是那种诓人白走冤枉路的宣传广告，而是出自我的内心并愿意用人格担保的一句大实话。

八腊是天峨县下辖的一个民族乡，是桂西北山区极其普通而又绝对不平凡的一个乡镇。说普通，是因为八腊与桂西北的许多乡镇一样，坐落在崇山峻岭之中，山路崎岖，土地贫瘠，至今仍在脱贫的路上汗流浃背地努力攀登；说不平凡，是因为八腊景观奇特，藏风聚气，超凡脱俗，而且还盛产一种奇异的水果，诞生了一位名扬四方的大作家。那种奇异的水果名叫“中国龙滩珍珠李”，那位作家就是当今广西文坛的领军人物，笔名“东西”。

2016年“文学名家天峨行”的整个活动安排，颇得与会者的欢心，天峨人依次向客人亮出自己一张又一张响亮的名片。第二天上午的活动是参观八腊龙滩珍珠李现代特色产业核心示范区。早上八点，车队准时出发，出了县城一路向西，沿红水河上行约10公里，然后左转调头，进入天凤公路，爬上一道颇高的隘口，前方9公里处，便是八腊瑶族乡乡政府所在地，整段行程大约需要半个多小时。

汽车在蜿蜒曲折的道路上行驶，车窗外的风景画面如幻灯片一张张变换，车厢内谈笑的声调盖住了汽车引擎的轰鸣声，掀起一阵阵浪潮：关于风景、民风民俗、社会逸闻、文坛趣事……古今中外，天南地北，海阔天空，而话题时不时又总要转回到珍珠李上，众人的那点心思再也明白不过，那就是急切地等待着一场与梦中情人的约会，等待着扑入果园温暖溢香的怀抱。

作为桂西北本土人，也由于工作的缘故，在此之前，我曾经先后四次到过天峨，但除了县城六排镇外，我到过的乡镇也就只有八腊。至今，我仍然记得两次到八腊的大致情景，虽然那已经

◎天峨壮族少女在织布-韦红卫 摄

是十多年前的事情。透过车窗，我努力观察和辨认这一路似曾相识的地貌，搜索和聚拢经岁月淘洗而尚留存的记忆。

记得第一次到八腊，大约是在2000年，准确地说，只是路过。我跟同为广西21世纪园丁工程导师的河池师专老校长、我的恩师韦启良教授，到河池各地考察和指导学员的教学工作。转了一个大圈，先是都安、大化，然后是东兰、巴马、凤山，最后是天峨和南丹。从凤山到天峨，走的就是这条天凤公路。因为司机是第一次走这条路线，我的大学同班同学、时任凤山县委宣传部部长的龙泉一直把我们送出凤山县城数公里以外。站在一个高坡上，龙泉指着前方反复交代：朝前走，注意看路标，沿途要经过林峒、老鹏、八腊，坡陡弯急，千万要注意安全哦……过了老鹏，不久就进入八腊境内。在一处当时我并不知道名字的村庄旁边，我叫停了车子。因为，启良先生那时突然说道："田代琳是八腊人。"田代琳即东西的本名，东西是先生最引以为骄傲的得意门生之一。此时临时停车，我想应该符合先生的意愿。时值三月，烟雨蒙蒙，先生两手叉腰，环视群山，打量路边的村庄。我注意到不远的村边有一树李花正在绽放，"枝缀霜葩白，无言笑晓风。"（宋·汪洙《李花》）尽管那天天气状况不好，道路难行，在将要出到龙滩的山坳里还碰巧遇到民工开山炸石，石头堵住了路面，等了近两个小时才通行，但那次经历给我留下的却是一段深刻而温馨的记忆。事后，我特意查看了地图，我们临时停车的村庄应该是甘洞村，距离东西老家洞里村谷里屯仅数公里。

第二次到八腊是在两年之后，河池师专部分学生到天峨实习，我和一位同事到天峨巡察情况，除了县城，乡下还有两个实习点，一是向阳中学，二是八腊中学。我选择八腊，让同事去向阳。我到八腊中学听了两节课，召集实习生座谈，具体的情况现在已经记不清了，但我当时对实习生说的一番话的大致意思仍然记得：一是作为校友，能到东西的家乡中学实习，你们很幸运，要虚心学习，认真做事，莫给河池师专和东西丢脸；二是要有爱心，爱护每一个学生，尤其是对那些来自峒场个子瘦小的贫困生不可另眼看待，这地方地灵人杰，你看那些少年眼睛转溜溜的机灵样子，说不定他们中间还会再出一个东西……那次到八腊虽然有半天时间，但活动的范围仅限八腊中学校园，进出时扫了一眼八腊街，实际上没留下更多的印象……

不经意间，车队就已经离开天凤公路干线，爬上一座高坡，在坡顶宽阔的停车场停了下来。一大群人在宣传牌前驻足，聆听了小梁县长如数家珍、眉飞色舞的介绍。然后，纷纷登上坡顶那座造型简朴、漂亮，颇具民族特色的观光长廊，那是此地观景的最佳位置。

哇，龙脉！有人惊呼。是啊，我的确为眼前壮观的山形地貌所吸引，甚至产生某种震撼。放眼望去，一带丘陵由南至北连绵不断，此起彼伏，威猛强劲，宛若一条生动的游龙，丘陵上栽种的那簇簇果树便是墨绿黝黑的龙鳞。观光长廊正骑在龙脊上，我们是站在龙脊上看风景。于是，把腰杆直起来，把肩膀打开来，把胸脯挺起来，一股豪气便油然而生。这龙脊很高，海拔怕是在千米以上，离天很近，似乎一伸手便可摘下白云，一勾手便可揽住阳光，闭上眼睛，做一次深呼吸，那就是在跟习习凉风亲密接吻。

如果留心观察，你会发现这里地貌的奇特还在于它处于石山与丘陵的交界线上，而且丘陵高于石山，站在这龙脊上看山，你可以获得"一览众山小"的感觉。在观光廊往东面看，眼前尽是石山，阳光与白云辉映之下，峰峦叠翠，群山竞秀，姿态万千；往南面看，则见丘陵高大，逶迤连绵，莽莽苍苍。而这大片的高寒坡地如今正不断地被开垦成为万亩果园，给八腊人带来脱贫致富的希望。

其实，如今这龙脊上的环境与设施本身也已经成为一景。停车场四周栽种有桂树和花草，打造成生态停车场，观光长廊以"风雨廊"三字命名，下前方的两个观光亭，一个名曰"风调"，一个名曰"雨顺"，这其中自然寄托着八腊人的美好愿望，也蕴含着中华民族崇敬天地、与自然和谐相处的"天人合一"的哲学思想。

站在这龙脊上，我在心里庆幸自己能够有幸参加这次活动，有机会再一次来到八腊，站在这高处看到这番奇异的景象。逮了一个机会，我走到东西面前，轻声地询问："你家在哪个方位？"顺着东西手指，我确定他家就在观景亭的西南方向，并又自然地联想到我与韦启良先生十多年前路过此地的情景，想到先生早在20世纪80年代末在《河池日报》上发表的题为《介绍田代琳》和《文学：大山的厚望》的两篇文章。那个时候，满腹经纶而慧眼独具的启良先生就已经预言："河池地区的山，可以成为文学的摇篮""希望之光将从红水河升起，未来的作家、诗人将从红水河诞生！"先生的预言后来就成为不争的事实。东西从这大山里走了出去，不负大山的厚望，以小说《没有语言的生活》《目光愈拉愈长》和电影《天上的恋人》等作品，将八腊的大山风光，山民的生活与性格、痛苦与烦恼、爱情和憧憬展现在世人的面前，让外界的人们了解天峨，了解八腊。

令人欣喜的是，如今八腊人已经不像过去那样仅仅在坡地上刨粮食填肚子，还在这些土丘上种果树生钱，包括种核桃、石榴、板栗、油桃、李子等，其中最著名的当属珍珠李。八腊乡是龙滩珍珠李的主要产地，据介绍，仅眼前这个现代特色产业核心示范区目前种植的珍珠李就多达3200亩（213.44公顷），全乡种植珍珠李达3.5万亩（2334.5公顷），八腊人正以巨大的手笔在这片丘陵上书写和描绘令人赞叹的宏丽景观。

下了观景台，走入珍珠李采摘园，只见每一棵树上密集的果实都压弯了枝头，那李子实在是结得“猛”，实在是结得“莽”，实在是结得“蠢”，结得完全超乎了你的想象，让你惊奇诧异，让你目瞪口呆。紫红色的果实圆润如珍珠，薄薄的白霜细嫩如凝脂，实可谓秀色可餐，咬一口咔嚓脆，口感极好，嚼一嚼满嘴香，酸酸甜甜，舌齿生津，不愧称“李族皇后”。你忍不住想摘，忍不住要吃，吃得爽神，吃得心花怒放。游走在园中的人们对珍珠李的喜爱自不必说，只是喜爱的表现却有所不同：有的人是“爱不释手”，两颗珍珠李拿在手上，抚摸观赏，视为掌上明珠，不忍下口；有的人是“爱不动手”，怕是用手摘损伤了珍珠，于是伸长脖子张开嘴巴轻轻含取选中的那颗果子；有的人则是恨不得把那一树硕果搬回家里，摆放在厅堂观赏与炫耀，当然，那是不可能的，只能和那一树树珍珠李合影，留下永久的思念……

《尔雅》有云：“五沃之土，其木宜梅李。”说的是普遍的现象与种植规律，八腊的坡地算不上肥沃，但这坡地的土质与高寒气候却适合龙滩珍珠李的生长。而且，这龙滩珍珠李据说就是从八腊本土一棵野生老树培植出来的，继承了原生八腊李的本质，经过不断优化，这才成为如今品质优良而高产的独特品种。如果将它移出天峨以外栽种，失却了天峨独特的环境与气候，是否也能结出如此丰硕、味美的果实来?

说来也巧，在果园的小径上，一位姑娘迎面快步走来，一把抓住我的手连声叫道：“老师！老师！老师！”因为事出突然，我一时蒙了，难免有些尴尬。她是我的学生吗？那副含笑的面孔似曾相识，可我一时之间却叫不出她的名字来。经她稍一提醒，我终于想起来了，是的，她的确是我所任教的一所高校的毕业生。十年前那个曾在我面前略显腼腆而任性的大学生，如今已经是八腊瑶族乡的副乡长。她成熟了，大方、利索、干练，她晒黑了，黑里透红的脸庞上沁出细密的汗珠。在我的眼里，她也是一颗珍珠李，在八腊的坡地上汲取了大地的养分，汲取了八腊的山水灵气，“潜实内结，丰采外盈，翠质朱变，形随运成。清角奏而微酸起，大宫动而和甘生”。（西晋·傅玄《李赋》）

【作者简介】温存超，广西宜州人，河池学院教授、广西高校教学名师、广西文艺理论家协会理事、文学评论家。出版的著作主要有《秘密地带的解读——东西小说论》《追飞机的玉米人——凡一平的生活和创作》《地域·民俗·家族——黄佩华的文学脉流》《边缘地带的解读——广西当代文学批评》《三月雨》等。

◎天峨长寿老人：老姐妹-罗仕勇 摄

祖母的天峨故事

丁 夫

“天峨”这个名称，走进我的记忆，有些奇异和神秘。我出生在与天峨县毗邻的另一个县，家乡的自然环境、生活条件和民风民俗都与天峨相差无几，更重要的是，我祖母是天峨人，这就注定我将与天峨结下不解之缘。

我孩提时，常常听祖母讲一些她童年时期的故事，那些故事，是我最初的天峨记忆，也是我儿时的《安徒生童话》和《天方夜谭》。祖母说，她老家那边有条河叫布柳河，一年四季河水都很清，干净清澈得像是过了一千把面筛滤过，没有一点点粗的渣子，水面透亮透亮，一眼就能看得见底。大大小小的鱼儿在水里穿梭往来，大鱼像切菜用的刀面那么宽，小鱼像娃娃玩耍的箭头那么长，家里要是偶然来了客人，尽管事先没有什么准备，就是架好汤锅才去捞鱼都来得及。布柳河的水很冰凉，酷暑季节用手去摸那水，寒气都还能够穿透手指，因而每天太阳刚刚晒到河面，鱼群全都会浮上来，它们在水面争抢阳光，闹腾得最欢实，使原本平静的河流，翻起了一层一层白浪，这时整个河面像铺满了会行走的反光玻璃，一下子变得银光闪闪。

祖母还说："谁都想象不到布柳河的水有多好。就连天上的神仙，都会经常来那河里洗澡！"于是，祖母就讲了仙人桥的来历。她说，仙人桥其实不是桥，也不是供人行走的路，而是仙女们用来晾晒天纱的衣架。"想想看，仙女们来洗澡的地方会有桥吗？她们个个都穿着长长飘飘的天纱，那天纱比千丈白云还要长，脱了总得找地方放吧？人家是仙女，总不能把衣服弄成一团胡乱堆在地上，看起来像个狗窝吧？就是要挂在树上，也不可能找得到那么多比山还要高的树！当然这点小事难不倒仙女，于是她们就把大山劈开，削平了山顶，在河面上建成了一个石头衣架。年岁久了，后人见它像座桥，就叫它仙人桥。我小时候，在阴雨天气，在雾蒙蒙的时候，好像还看见过仙女飘飘来飘飘去，我就不叫它仙人桥,就是叫它大衣架！"

我走进天峨，是从走进更新乡开始。那个年代，正值割资本主义尾巴最严重时期，只有生产队可以养牛养马，就算把牛马分配到各家各户去散养，所有权也还是集体的。同时还规定，各家各户养年猪也只能养一头，而且到了年关杀了猪，还得有一半必须先交给国家，包括猪头猪内脏，然后剩下的另一份才能留下自己吃，当时有一个专用术语叫"购一留一"。那时家庭种养，只要是拿去市场上换钱，就被称为资本主义尾巴，而私自从事市场交易的行为，就被称之为投机倒把。于是就有许多批斗会，有些被认为是很严重的投机倒把分子，还被判了刑，遭到了牢狱之灾。尽管管制很严，家家户户的日子还得过，所以，那条"资本主义"尾巴，就成了春天的韭菜，割不尽斩不断。祖母因为是居家老人，不是生产队劳动力，也就不受生产队统一派工，她就有时间在家里摆弄那口大染缸，偷偷收购一些白色土布，用蓝靛染成黑布，每逢圩日，悄悄拿到市场去卖，零零碎碎换得一点钱，用以填补家里短缺的开支。为了让自己染的土布卖个好价钱，祖母宁愿多跑几十里山路，把布拿到更新乡(那时叫更新公社)的市场去卖。祖母每次去赶更新街，都得"闻鸡做饭"，她的计时办法很原始，往往是半夜鸡叫三遍，就成了她起床的闹钟，她就得马上起来煮饭。为了缠着祖母去更新街，我那天夜里睡得特别警醒，公鸡刚叫过三遍，我就竖起双耳听厨房的响动，没等祖母把饭煮好，我就已经收拾妥当，静静地守候在饭桌边。祖母熬不过我的软磨硬泡，只好同意，并与我"约法三章"，要我自己走路，莫要喊累，不许闹着买这买那。吃完早饭，祖母用芭蕉叶包好午餐，她说现在的日子是一分钱都糟蹋不起！我和祖母出家门时，天刚露出鱼肚白，远山模模糊糊，脚下这条弯弯曲曲的山路，在视觉里也只能分得清眼前这半米。山路在脚下延伸，我终于有机会，走进天峨这个充满着童话故事的地方。

对于我来说，更新就是天峨的镜子，是天峨的缩影，是透视天峨的窗口。我走进更新街那天，感觉自己终于看见了大世面，人来人往的那份喧嚣热闹，就是生产队看戏或者看电影都远远无可比拟！市场上有卖香菇、木耳、芭蕉……各种卖野生山货的人很多，不过对于我来说，早上那碗素米饭，已经被饥饿的肠胃消化得无影无踪，理所当然要关注那些能够马上吃到肚里的东西。祖母见我在经过卖芭蕉的摊点时，双眼盯着那一串一串黄灿灿的芭蕉，虽然身体在跟随着她挪动，但双脚却像粘满了厚厚一层胶水，越来越迈不开步子。她轻轻“唉”的一声叹息，仔细地从衣兜里掏出一毛钱，给我买了一串芭蕉，让我提在手上。我还是第一次拥有这么好吃的东西，时至今日，依然可以感受得到那串芭蕉的香甜味道。更新街的繁华，超乎我的想象，我觉得自己就是长有十双眼睛，也很难看得清清楚楚明明白白。

在老家，我也见过祖母做生意，她卖那点土布总是要万分警觉，时刻提防着被市场管理员抓到，就像现在占道经营的商贩，要处处防范着被城管队员抓一样，随时做好逃跑准备。然而在更新街，祖母似乎不怕抓，因为那天她既要忙着打点生意，又要照看我，怕人多把我给挤丢了，她就索性找了一个固定摊位，放下背篓，把散发着蓝靛清香的黑布，从背篓里取出来，横放在筐沿上，坐在那里公开摆卖起来……我现在回想起来，仍旧弄不明白祖母当时哪来的胆气。也许因为这次机缘巧合，我对天峨有美好印象，觉得天峨这个地方，充满着美丽和善良！

祖母离世已经三十多年了，我也从孩童长成了年过半百的中年人，而每每想起她讲的故事，那山那水那桥那人……都清晰地浮现在我的脑海里。祖母出嫁时只有十七岁，她去世时享年八十六岁，细细算起来，这百年风雨，虽然不能说是沧海桑田，但也可以称得上物是人非了！为了寻游祖母描绘的家乡，二〇一六年八月，我满怀期待，乘坐竹筏，沿着布柳河，顺流而下，来到了仙人桥。举目环顾，这里青山怀抱，草木茂密，郁郁葱葱。两岸村落，掩映在绿树丛中，看不见车来人往，听不到喧嚣噪闹，唯有缓慢旋转的水车，轻柔地发出吱呀吱呀的响声。那天很是晴朗，天高云淡，空气清爽，朵朵白云洁净得像新采摘的棉花，在蔚蓝的天空飘来荡去。远观仙人桥，犹如一条活脱脱的绿色巨龙横跨两岸，栩栩如生，气势雄伟。近观仙人桥，它跨度长约三百米，拱高超过一百米，拱面如刀削斧劈般平滑。穿过桥洞，仰头后视，桥拱后侧被一座山丘分割成两部分，透过这两个拱洞，仙人桥又成了一个横卧在布柳河上的巨型“3”字。我想：如果说它是“3”字，倒不如把它当作一只天耳，那是上苍用来分辨世间真善美恶丑的天耳！竹筏在布柳河上怡然神游，我什么都可以想，什么都可以不想。此情此景，我得尽情享受这份大自然的恩赐……

【作者简介】丁夫，本名夏宗苏，凤山人，广西广电网络总公司监察室副主任、作家。

沉醉在蚂蚜舞的故乡

陈福国

探寻壮乡神秘“蚂蚜”文化

龙年的春姑娘羞羞答答，到了正月初一都还不肯露面，风光旖旎的红水河两岸山色空蒙，雨意阑珊，对壮族蚂蚜节的炽热向往催动着我的脚步，走向天峨县纳洞村这蚂蚜舞的故乡，去探寻她那鲜为人知的神秘风情。

丰饶静谧的纳洞村是壮族蚂蚜舞的发祥地，发源于三匹虎自治区级自然保护区的索法河如美丽的玉带穿过这里，投入红水河的怀抱，把山清水秀的纳洞村滋润得生机蓬勃，春意盎然。田野里紫色、白色的豌豆花和嫣红的紫云英花及金黄的油菜花，如水墨大师的精心点拨，把这壮乡山

◎天峨红水河流域蚂𧊅文化节活动-张琪琪 摄

寨田垌装扮得五彩斑斓、妩媚妖娆；坡岭屋头的桃、梨、李树早已缀满朵朵含苞待放的花蕾，只等春雷的召唤便灿然绽放。二〇一六年的蚂𧊅节就在纳洞村中心纳鲁屯这花海荡漾、芬芳弥漫的天然画图中拉开她的帷幕。

作为历史悠久的农耕民族，壮族先人认为水是万物之本，敬蚂𧊅必先敬水神，所以蚂𧊅节就从正月初一敬水神取仙水开始。上午九时许，我和乡亲们跟随壮族蚂𧊅舞第六代传人向宝业，来到屯里山腰的千年古井旁，身穿褐色道袍的向宝业虽已年过七旬，但精神矍铄，一副仙风道骨模样。在咚咚震响的锣鼓声中，只见他把糍粑、刀头、红鸡蛋等祭品摆上井沿，烧纸焚香，念起水经，向水神虔诚三拜，然后把燃香分给众人，大家依次默然祭拜。祭祀完毕，大家又切开红鸡蛋分享，并用鸡蛋壳去井水源头接来泉水饮用，说这是水神赐给的仙水，喝了耳聪目明、健康长寿。有趣的是，敬水神取仙水后，大家还要在井边捡上几颗小石子，以示六畜兴旺，牵牛牵马回家。壮族先人尊崇和敬畏山水自然的朴素感情，给人深思和启迪。

春风和煦，几许阳光洒在清澈澄碧的小河上，泛起万道银光，找蚂𧊅、敬蚂𧊅的活动开始了。从远古以来，壮族就有“青蛙是雷神之子”的说法，认为青蛙是应天之物，蛙鸣则雨，蛙眠则旱，不可伤害，千百年来都把青蛙作为原始信仰的图腾崇拜，红水河流域的天峨、南丹和东兰一带的壮族一直传承着庆祝蚂蜗节这个习俗，而在蚂蜗舞的创始之乡纳洞村更是特别盛行，还把大年初一找到的青蛙尊称为蛙婆而不叫蚂蜗。此时此刻，环顾田块里小河边，到处都是找青蛙的人群，大家一直忙活到中午一点多才找到两只一大一小的青蛙。目睹整个过程的我，这时才体会到，青蛙是冬眠之物，正月初一天气寒冷，要找到它真不是件易事，所以每找到一只青蛙，田野里的人们就立即掀起一阵欢呼的浪潮，那锣鼓也敲得格外欢快动人。

旗开得胜的人们拥向寨子半山的蛙婆庙。这庙被四根大木柱撑起一个茅草顶，既简陋又古朴，过蚂蜗节时用来敬蚂蜗，平时则是人们聚会唱山歌的场所，所以也叫社亭。庙里设有“龙王宝之位”，左右还贴着“风调雨顺”和“五谷丰登”的传统对联。鼓乐声中，祭蛙婆的仪式开始了。人们先去庙后面的蚂蜗墓取出去年蚂蜗节埋下的蚂蜗棺材。这是一个年代久远的用泥烧制的5寸长、2寸高的小棺材，透着几分古老的沧桑。在蚂蜗庙的祭台前，向宝业等人小心翼翼地揭开小棺材，取出里面仅存的一小节蚂蜗骨头，人们一见这骨头呈黄色，立刻欢呼起来。在大年初一用看蚂蜗骨头的颜色预测当年的收成是壮族祖先传下的一种独特的神秘习俗，如果骨头是黄的就说明当年收成好，如是白的就说明收成一般，如果是黑的就说明收成差、瘟疫多。欢呼声中，大家又把刚捉到并用鞭炮炸死的两只青蛙肚皮朝上放进棺材里，合上盖子扎好红绸，恭敬地摆到祭台上，一脸肃然的向宝业念起了祭祀蛙婆的古经，顿时又把人们笼罩在森然肃穆的神秘的气氛里，旁边的妇女们一齐唱起了古老的蚂蜗歌。持香三拜完毕的向宝业又亲自持棒敲起了蚂蜗锣鼓，那“咚咚嚓、咚咚嚓、咚咚嚓嚓咚咚嚓”，“嚓咚、嚓咚、嚓嚓咚咚嚓咚嚓”的鼓点节奏鲜明，豪迈奔放，仿佛是从远古深处传来的历史回声，特别激昂。在蚂蜗舞的故乡突然听到如此美妙动听的鼓点，我不禁飘飘欲仙，手舞足蹈起来。

夜幕深沉，云遮繁星，时间款步走到了正月十一晚上的八点钟，蛙婆庙前，篝火熊熊，锣鼓喧天，向宝业率领众人焚香向蛙婆神灵请辞后，就在飘飞的纸钱中，送蚂蜗棺材去安葬。这蚂蜗坟还是清朝时期老祖宗们留下的空心墓，四周插满蚂蜗彩旗。向老取下坟头石板，把蚂蜗棺材轻轻推进墓里封好，在他完成埋蛙婆的瞬间，鞭炮和烟火轰然炸响，火光直冲云霄。人们在蚂蜗庙前纷纷点燃火把，欢呼着向山下奔去，熊熊的火光映红了山村的夜空。举火把游田垌是壮人为了召唤蚂𧊅醒来，帮助人们驱瘟除邪的重要习俗。远眺山下，长长的火把队伍迤逦前行，在深邃的夜幕里画出了一条神秘灵动的火龙，让人生发出无穷的遐想。

期盼中的正月十二终于阔步登场了，也许真是蛙婆显灵，阴雨连绵了一个月的老天突然放晴，露出了笑脸。纳鲁屯的山头河边润碧温翠，满眼飘绿。宽阔的大田里，彩旗飘扬，数十面铜鼓和数十把唢呐昂扬奏响。一排长号和牛角穿云裂石，震撼人心。来自天峨、南丹和东兰三县的万余名壮族乡亲如万溪归流，挤满了田垌，欢庆一年一度的蚂𧊅节。小河里，古老的水车和水碓“咿呀”“咣当”地哼起悠扬的壮歌情调，蚂𧊅“王”字大旗下，人们抬着蚂𧊅轿子在田野的花海中游行，大田上人们齐声吟诵起《布洛陀经》，把神奇迷人的古老文化洒向在场人们的心灵。雄浑的铜鼓声中，人们欢快地跳起了蚂𧊅舞，那舞中的皮鼓舞、蚂𧊅出世舞、拜蚂𧊅舞、拜铜鼓舞、耙田舞、毛人舞、驱邪灭瘟舞、插秧舞、薅秧舞、庆丰收舞、打猎舞、捕鱼捞虾舞、纺纱织布舞、接代繁衍舞等一整套热烈奔放、诙谐活泼的传统舞蹈，表现了壮民族在农耕社会里那生动浓郁的生产生活气息，一下子把我带回到几百年几千年前那古老神秘的文化氛围里。而原始古朴的洪水翻坝、老蛇过棚、鱼仔钻洞、黄麂过坳、水车飞转、鹞鹰捉鸡等传统的游戏也让我见识了壮民族先人的聪明智慧和乐趣，从中读出了蚂𧊅节那丰厚悠长的传统历史文化滋味；从古老的纺纱织布、舂糍粑等传统民俗和抛绣球、剪花鞋样和板鞋赛跑等传统竞技表演中，我又一次感受到这些民族文化那经久不衰的生命力；当来自天峨、南丹和东兰三县的壮族山歌手们那美妙歌喉把纳鲁屯变成壮家山歌海洋的时候，强烈的自豪感和弘扬民族优秀文化的责任感同时在我心中交织，我更加感悟出一名文化工作者应当担当的神圣使命。

蚂𧊅节曲终人散，我却深深地沉浸在它那浓厚的民族风情意境里，浮躁的心终于有了几分安宁。回眸蚂𧊅舞的故乡，一个民族智慧勤劳、文化灿烂的传奇形象不停地在我的脑海里闪烁，冥冥之中，我似乎又一次找到了自己心灵的精神家园。

回眸大山绿美人

如今尘世喧嚣，功利纷繁，都让人来不及去过滤和掂量，但是当我第一次和大山你近距离凝眸牵手时，我满脑子的浮躁立即被你一身动人的绿色丰韵荡涤得澄澈空明，杂念全无。你从此就化成一尊绿宝石般的美丽女神，凝固在我的思想里。

青葱苍郁的大山你飘浮在天峨县西北部，海拔1382米的楚楚倩影，透视出你富丽无穷的深厚潜质，悠悠红水河和牛河轻揉慢搓地洗涤着你秀气的玉足，神奇的川洞河则舒然穿过你那美丽皎洁的胴体，亿万年来的山水相依，谱成了一支亘古不变的浪漫恋曲。连绵十多公里、二十余座耸立的挺拔青峰、数万亩的原始阔叶林等，把你装扮得如同出水的芙蓉，成为倾倒一方的大家闺秀。

遥想当年，你也曾遭过愚昧的践踏和伤害，当人们从噩梦中醒来时，你已体无完肤。但岁月毕竟已经跨入新的时代，尊重自然、保护生态已成为一个民族的自觉理念，大山你也终于凤凰涅槃，披着一袭翠绿的漂亮衣裙，风情万种地登上了养生福地的佳丽舞台。此时在我的眼里，你满山吐翠，青峦翠壑无不透着呼之欲出的浓浓绿意，一种与生俱来的美丽深深地打动着每个前来欣赏你的人。林中一条刚劈出来的小径悠然自得地飘向密林深处，乳白如纱的薄雾在林中四下舞动，洒脱得就像一群婀娜动人的凌波仙子，显示出大山你的幽静和深邃。放眼眺望，目光所及，与蓝天白云相接的万顷绿涛里，数人合抱的古木群落处处皆是，这是大山你最得意的绿色主旋律；高大擎天的古木下，千姿百态的灌木翠竹频频招手弯腰，虔诚地仰慕着伟岸参天的古树英姿，表达着自己的景仰和崇拜；硕大遒劲的古藤们则宛如雄浑健壮的条条虬龙在林中纵横捭阖，编排出一个个潇洒俊逸的精妙舞蹈；悬崖上古树旁那些不胜娇羞、一尘不染的各色小花，织成了大树们的五彩裙幅，吐出的缕缕暗香缥缈不绝，似乎在向来客们释放出一种生命的坚忍和妩媚。走在禅林道上，林海幽静，绿意可掬，游人似乎随手就能攥出一把青翠的绿汁来。随着山风的轻盈摇荡，树上不时抖落阵阵翠绿的雨滴露珠，我禁不住仰头把它接进嘴里，那滋滋甜味的冰凉清爽顿时沁人肺腑，令我陶醉。我曾读过不少有关绿的文字，但在大山你的面前，它们竟是那么的苍白无力，那些绞尽脑汁、精雕细琢的语言描写，哪里能抵得上你这满山让人心旷神怡的天然绿啊！在大山你这意境迷人的水墨画卷中，我依偎在沧桑倔强的千年红豆杉树下，心里暗暗惊叹大山你的富饶；远望千年红豆杉山头上那逼真动人的美猴岩，我向一身绿色披风打扮的美猴王顶礼膜拜，为上苍给大山人送来的这一天下独绝的风景而高呼叫绝；禅林道上我触摸着尘封已久的九十九寨八十八堡古遗址，任想象的小鸟在脑海里驰骋飞翔。我心里感慨万端，当年这古寨村落究竟离我们有多远？当年这里的人们走出大山或消失在这块土地上时，是否上苍就已给当今的人们安排下了这个养生福地的绝佳命运？上天的眷顾让我感动，因为我倾慕的和拥抱的大山你，其实就是上天赐予我的风华绝代的绿美人啊！

浪漫徜徉在大山你这天人合一的山水诗篇里，我为大自然孕育的漫山遍野的古树嘉木而激动，也为万千沟壑的清澈泉流而动情。大山你虽无高大壮观的飞流瀑布，却无处不散布着叮咚作响的山泉细流，在为我们动情地弹奏着欢乐无忧的美妙音符，使古林沟壑处处风生水起，显现出蓬勃盎然的灵气和生机。这让同行的作家蓝晶莹、罗平文等奇思大发，什么禅溪、梦溪、神泉、仙泉等美丽动人的名字随口而出，给大山你更增添了动人的丰韵和色彩。我也从大山你这化浮躁喧嚣为旷古宁静的神奇中品味出你独特的生态魅力，在你这柔情万端的绿意里寻觅到了恬静、淡泊与温馨的心灵家园，并把这份宝贵的收获悄悄地装进我的行囊里。

啊，大山，你这浓绿得化不开的醉人仙境、现代人们向往的养生福地，正是和你的忘情牵手和倾心交谈让我更加明白，当我们坐拥苍天赐予的生态宝地时，就应当有宏大的生态梦想，努力用生态去成就一方水土的未来。而这也正是新一届县委县政府班子战略构想。我想，只要有了造福子孙后代的青山绿水和良好生态，我们就有了梦底家山和魂魄归属。

此时此刻，从悠扬传来的林涛泉琴清风的交响乐里，我似乎又一次听到了大山绿美人向我和世人发出的盛情邀约。

【作者简介】陈福国，广西天峨县人，广西作家协会会员。曾有一批散文、诗歌和报告文学作品在《广西日报》《广西文学》《当代广西》《广西民族报》《河池日报》《河池文学》《歌海》等报刊发表。

第三章　风　物

峡谷小县

田 耳

其实如今参加笔会或者旅行，人人皆知，不是要去到一个远方，而是你来我的家乡、我去你的家乡，近乎串门。记得我最初对旅行的向往不是这样，那时候心里存着彼岸，总有一个远方，或可刷洗我日常生活中一切琐碎的感受，突然得来全新的领悟，这无疑很吸引人。那是二十世纪八九十年代的心情，然后忽然就跨了世纪，然后新的世纪也有十六个年头。我们去天峨，心里想得更多的，这是东西的老家。我们都跟东西认识，所以说是串门也可。换一游客，他打开自驾游手册或摊开巨幅的旅游路线图，桂西北或黔西南这一块全属山区，县名总有些神秘高古：天峨、凌云、乐业、南丹、大化、东兰、册亨、望谟、罗甸、安龙……要打开一片片山水褶皱，才能找出一个个宁静安详的县份。到底去哪里，游客时有茫然。往下再看各地的情况介绍，天峨这小县，曾出了一位名作家，拿捏个笔名还叫东西。游客未必看过东西的小说，他什么小说也没看，但他觉得有意思，并且想当然地，他认为天峨是个有东西的地方。于是他驾车去往天峨……其实我们就可认定，该游客此次游踪，悄然间多了一笔人文的内涵。

◎天峨晨韵-王明福 摄

无疑，天峨是建在峡谷里的小县。我们是天将黑时到达，一顿大酒喝得主客皆欢，睡到天亮，登车前去龙滩水电站。这一路，对峡谷的体会就具体而明晰了。县城太小，踩一脚油门就能出城，顺着路的铺展，峡谷淋漓尽致地展现出来。一条河出现在路的一侧，深邃、墨绿，当然不会有浪的声音。即使盛夏，也可看出来，夹岸高山，皆生寒树。山并不如何高，但密密匝匝地排列，孤独而危地鹄立，又不是似张家界的石峰石柱，像脱了衣服赤裸着示人。天峨的山像披蓑衣的渔夫，在雨中扳罾或是垂钓，云在山头聚起来，便有了斗笠。这天是有阳光，棱角分明，但我这一路看去，脑际不断生出四五月份阴湿的、雾气氤氲的景象。这其实包含了我对西南山区总体的印象，一片灰蒙蒙才是生命的底色，阳光其实不尴不尬地存在着。

一道门是保安守护，再往里另一道门，有了持枪的军人。马路依然随着河流伸展，像是持续不断进入某事物的深腹。只见一对男女着了紧身衣裤，一路小跑健身，四周空旷，令我心头想到的是奢侈。这么长的一截好路，只他两人晨跑。又忽然看见路边一块单独的空地，单独的一栋楼房，想到是隐居……隐居是所有文人骚客的旧梦，躲进小楼成一统，当然最好还是饭来张口衣来伸手。这地方绝好，谁有资格住进这独栋小楼？于是我想，能否是我？马上又想，如何是我？我已知，某些理想也只在于想一想。也有数次，身在绝佳的风景里面，感觉却是极容易累，正待陶然忘我，却是一个悠长的呵欠泛出，纵有同行旅伴，依然轻易地被这美景戗出孤独而苍凉的况味。说到隐居，我总觉得其实是人对待孤独的一种态度，其实是等待一次次重返人间，有如一次次还阳。

水坝很高，只能远望；电站深藏山洞，俨然进入军事禁区；坝上水库，无疑是可走船，众人只是在舱内休憩、闲聊，偶尔抬头望向窗外。船顶有一彪壮的摄影爱好者掐拍不少照片，但鲜有传到微信群，便难以窥到别人的识见。又去川洞河，乘筏穿过一截幽暗水洞，眼前再次亮起，倒像是进入桃源秘境。陶渊明的《桃花源记》，毕竟时刻萦绕于脑际。“林尽水源，便得一山，山有小口，仿佛若有光。便舍船，从口入。初极狭，才通人。复行数十步，豁然开朗……”这样的描述，和眼前的景象有不小差距，但在我脑际，又确乎由此及彼勾连起来。只是，川洞河的游路太短，你还当是前戏，回过神才发觉，悄然间度过了高潮。游人之路，与渔人之路，哪曾合到一处？

下船，再到不远处的农家乐，早已摆好数桌农家菜，桌椅连同场地都是地道的乡间风物。天气大热，吃饭附送桑拿，我汗又多，某领导还有心思感叹，皮肤好都是汗水捂出来的。于是鼓噪凡一平老师带头脱衣，此处就该光了膀子胡吃海喝，大碗大碗地喝凉啤。众望所归，凡老师最该脱去汗湿的衣衫，露出弥勒佛般的肉瓤。但凡老师一时衿持有如少女，一顿乡间酒席，也因高温早早结束，大家一概藏身车腹，讲几个冷笑话以助消化。

整一上午，我印象最深的，却是偶尔一眼俯瞰龙滩坝底，涌来一股鱼群，尽皆柔若无骨，浮游于透明水体。

还有就是墨绿的红水河，在峡谷中流动。当日午后，这条河在山顶的观景台清晰可见。有人拍了照片，一线天的景象，看不出河的流向，仿佛这条河是垂天接地灌注下来。

这是一条完整的峡谷，从未让人像切香肠一样一段段切开。

我对“峡谷”难免有感情。我在无业混迹社会的十来年里，干过许多古怪的工作，其一是搭帮家乡凤凰旅游的兴盛，干起了旅游策划。一份“游罗江风景区”文案交给我处理，我一看，这名字太老土，完全不惹人眼目，改成“黑潭大峡谷”。那时凤凰还没有一处“峡谷”。老板问这能叫峡谷？你确不确定？我说两山夹一水就是峡谷，但叫无妨！后面那里生意果然火了一阵，老板不得不感叹，要想“骗人”，还是要多读些书。后果是，一条河流被切成很多段，游客十块钱游完了三里路的黑潭峡谷，又要掏十块钱进入下一段飞水洞峡谷……还有樱桃坳峡谷如黄雀在后。

那时我很确定，两山夹一水，就叫成峡谷，你又能把我怎样？现在，我不敢讲这样的话了。

次日游踪仍是匆匆，珍珠李刚上一层白霜，还待十来天蓄足糖分，入口倒没了涩味，亦吃不出甜味，算是眼睁睁错过。天黑下后的民俗表演亦无意外，印象深的是压轴出场的蚂蚜舞。一群少年裸身画满图腾般的符号纹路，便跳起来，会翻跟头的却不多，要“大风车”也很难要一轮整圆。稍后，几个胖大的少年便汗流浃背，身体上的墨色便一点点洇开，漫漶一大片。精瘦的少年，身上的笔画始终保持完好。不由感慨如今生活好起来，瘦蚂蚜也难得找到几只。我联想到自己，一番民俗表演看毕，得来却是瘦身的迫切。眼下，健身问题几成某种群体性焦虑，令这民俗表演也具有了励志的效应，当是举办者始料未及。表演之前，天色暗下来之际，在表演场地一旁搞起了门板宴——不得不说，我对门板宴（或曰长街宴）是心存余悸的。从前在家乡文联混事，单位要搞门板宴供省卫视拍新闻，要我们发动亲友凑足百米长席。我当是好事，一边交了工作任务，一边免费请客，打电话叫来两桌熟人。没想当天菜很少，还不见荤，吃不饱。只好请朋友移步，换一家口味店子，再点两桌菜。所以，再吃门板宴我不免多了些感慨。不是把一溜长桌拼得更长，便叫门板宴，事情没那么简单。那是一个仪式化的场景，与此相应，门板宴须有仪式化的行为。我们都相信，门板宴能抵达的高潮会比圆桌来得猛烈，诚其如此，将门板宴推至高潮须有更多技术含量，它姗姗来迟，我们并不容易盼到。所以，若无足够多的搞气氛的高手和劝酒的能人，一场门板宴势必陷入冷清，早早结束。

众人饭后小歇，又继续下午的议题，聊起旅游。看着一旁冷下的门板宴席，我想，已具形式，就一定要有结结实实的内容去支撑，去完成。要说旅游，这一条几可以归结大多数问题。下午的事关旅游谏言的会议，宾客大都是唱好，此时三五个人的闲聊，倒见着真性情。借着百香果酒带来的微醺，我说，天峨要想从这众多县份脱颖而出，免不了要下奇招，找来脑洞彻敞之人，弄出神一般的创意。若无奇想怪招神创意，那就只能静待天赐的良机，比如万一哪天东西老师把诺贝尔奖牌又揪下来一块，荣耀了桑梓故里。就像莫言，老宅的草芥都被游人薅尽，何等的盛况。旁边有一鬼眼凄凄世事洞明的老师，耐心听完我艰涩的表意，抛来一句，那也不得噢！彼此看法有异，事关无限悠渺的将来，也无从立论争辩。我是不是和他各押一百块钱，静观事态发展趋向于谁的预判？

忽然又想，为搞起旅游，这样的县份甘下怎样的血本？期待什么样的结果？……改个名呢？没有比改个县名更直截了当、更立竿见影的旅游宣传，就像中甸一夜间变成香格里拉。天峨这名是好，但并不出挑。而今游客实在是不愿事先做功课，了解自己到底想看什么，他们只竖起耳朵听吆喝，而吆喝当然是越短促有力越见效果。……就改成峡谷县如何？顺势一想，我便自嘲起来。改县名当是愚不可及之事，要逼着数万人一起改了籍贯吗？为搞起旅游，一个县份的居民，为了想象中的结果，又能承受怎样的改变？

毕竟，只来两天，只是走马观花地看，要说到给旅游提建议，实在需要长期潜隐于此，吸纳民风地气。当然，现在的旅游策划其实已有严苛的专业要求和数据支撑，远不止于一帮文人的闲聊。

我恰是长期居住于喧嚣的旅游区内，深知旅游带来的巨大改变。眼下，我的故乡凤凰已成为最嘈杂的县份，黄金周到来，本地居民甚至不敢上街，怕被席卷而来的人潮挟裹，行走都不自由。我去到任何县份，尤其是桂西北一带的静谧县份，反而时时得来回家的畅快。我像是回到十多年前的故乡，马路通畅，行人的表情怡然安详。我已将天峨设定为必须重来的地方。以后，或者独自一人，在城中某个旅社住下，晚睡晚起，可以用慵懒的目光追随街面上同样慵懒的人群。或者黄昏来临，坐在阳台，看着不远处峭拔的石壁，看向更远处幽深的峡谷，以及盘桓于河流之上的鸟群，想象潜隐于水流之下的鱼群，放肆体验一把何谓“萍生如寄”。

如此一番遐想，我已暗自期待起来。但这里的人呢？更多的时候，主客的心情，如何能融汇到一处？

当晚要去睡，警察老段来找，拽了数位熟人去吃宵夜。他是天峨本地人，长期居住于此，有客来，地主之谊被严重激发。此前我只见他一次，小酌几杯。他叫我来天峨一定找他，我当然连声应诺。他当数十年刑警，破了很多案子，而我写罪案小说也有不少，两人算是一拍即合，他等着将经历说给我听。入了席，老段仍是频频嗔怪我不够意思，既然来了，没打他电话。我只好找理由，说这次来的时间短，怕麻烦人，以后还要找时间再来。老段抓住话柄，要看我后效如何，不可再骗他，云云。即便是客套，在这特定的场合，毕竟令我蓦心一热。这份醇厚的民风人情，俨然被天峨的群山包裹，不管外面的世态如何凉薄，一直未曾消退。

此行结束，回南宁不几天，作协催报深扎的地点。年初我们在作协领了创作任务，按规定必须到区内各地找点，深扎三个月。我一下想到桂西北连绵的群山，报了几个预备前往的县份，当然也郑重写上天峨。写上天峨，方始安心。

【作者简介】田耳，本名田永，广西大学驻校作家，中篇小说《一个人张灯结彩》获第四届鲁迅文学奖，曾获华语传媒年度小说家奖、郁达夫文学奖，主要作品有《天体悬浮》《金刚四拿》《衣钵》《风蚀地带》等，中国“70后”代表作家之一。

李中珍珠

金化伦

记不清具体时间了，好像是八九年前春暖花开的春季，我出差河池，办完公事，顺道前往天峨。到达六排的第二天早上，同村表弟胜多开车送我回老家探亲。轿车从县城出发，朝着八腊乡麻洞村巴斯屯疾驰，一路上万物复苏，草木葳蕤，山色青翠，生机勃勃，我的心情因此变得格外舒畅。从张家坨上到长岗岭一带，左侧山坡换了一副行头，果树星罗棋布，枝条上缀满密密麻麻的白花，俨然一个银装素裹的童话世界。此前回乡，我曾见过这片栽种不久的果树，但没有在意，不知道此树何名。直到现在，当漫山遍野如精灵般漂亮的花朵映入眼帘，我才产生探究的兴趣，随口询问表弟这是什么果树，表弟回答说：这是李树的新品种，名叫珍珠李。这是我第一次听说珍珠李，名字并不土气，甚至有点文雅。那些洁白如雪的花朵，更是给我留下了美好的第一印象。但珍珠李是否实如其名，像珍珠一般光鲜亮丽，吃起来口感怎么样，我还不知道，不过我期待知道。

在珍珠李出现之前，我最钟爱的李子，是天峨邻县南丹出产的黄蜡李。1981年暑假，我在南丹县公路局罗坑道班打工期间，曾到过罗富乡黄黑村粉布屯的伯父家，与堂弟化文一起爬上后山，采摘他们家的黄蜡李。那时树上的黄蜡李刚刚成熟，金黄的色泽如同用蜂蜡提炼的黄蜡，单看外形我就喜欢。更重要的是，黄蜡李含糖量高，入口清香甘甜，堪称南丹一绝。当时我一鼓作气摘食了二十多颗，撑得我下山走路都有点吃力。那时家乡天峨也出产多种李子，但无论外形还是口感，都不能与黄蜡李相提并论。如今二十多年时光悄悄流过，家乡的珍珠李终于横空出世，但愿它能媲美黄蜡李，成为我最喜爱的天峨李子。

不过，那年我终究没有口福，只见其花，未食其果。直到三年后的盛夏，表弟胜多出差南宁，顺便给我捎来两箱珍珠李。我迫不及待地打开纸箱，只见箱中之果饱满圆润，色泽乌紫，状如珍珠，当即抓起一捧，洗净放入口中嚼食。与黄蜡李相比，珍珠李甜味适中，不酸不涩，酥脆清爽，生津开胃，多吃不腻，堪称李中极品。两箱李子尚未吃完，我已生出“日啖珍珠三五颗，不辞长作天峨人”，“此李只应天上有，人间难得几回吃”的感慨。虽不敢臆断它已后来居上，独占鳌头，但至少可与黄蜡李分庭抗礼，平分秋色。自那以后，每年盛夏享用珍珠李，成为我翘首以盼的乐事。

由于从小到大从没吃过如此爽口的天峨李子，我一直想当然地认为，既然以前天峨没有珍珠李，那它应该是从外地引进的品种。直到最近两天，因为写文章不能胡说八道，我才问起它的来历。不问不知道，一问很自豪。原来它并非外来品种，而是天峨人的发现创造，是地地道道的天峨特产。1998年，农民技术员崔德军在八腊乡五福村常里屯的山林中，发现了一株野生晚熟李树，经过三年观察记录，2001年，他将其与自家的毛桃树进行嫁接换种，从而培育出优质丰产的珍珠李。这一发现创造，为千家万户增添了一道美食，产生了很大效益，惠及天峨众多农民。在当代八腊人中，不仅涌现了著名作家东西、大学教授张柱林，还冒出个珍珠李的发现和培育者崔德军，看来八腊真算得上人杰地灵。

然而，发现培育李树新品种是一回事，把它发展壮大成为一个新的产业，则是另一回事。县领导经过调查研究，认为珍珠李不仅美味可口，而且比其他品种的李子晚熟一个多月，市场竞争力强，于是决定在全县范围内大面积推广种植。就连我们巴斯那么偏僻闭塞的村庄，家家户户都种植了珍珠李。以前我曾经有点担心，如此大规模地推广种植，如果销路不畅，价格暴跌，果子烂市，会打击乡亲们的积极性，引发“塔西佗效应”，以后再想推广种植其他农产品，就会困难重重。其实，我的担心不过是杞人忧天，因为县里对这个问题十分重视，在充分利用传统渠道进行销售的同时，还大力发展电子商务，利用互联网把珍珠李销到区内外，甚至销到了广州、上海等大城市，价格也大幅攀升，据说最好的李子卖到了每斤20多元。事实证明，县里因地制宜大力发展珍珠李产业，是一件功德无量的好事，为天峨人民开辟了脱贫致富的新途径。

前段时间，东西打来电话说，县委县政府定于7月下旬举办笔会活动，邀请区内外一批作家到天峨参观采风，用自己的笔头抒写天峨，请你务必抽空参加。恰好当时我正打算写一篇关于珍珠李的文章，而此次笔会活动就有参观珍珠李示范基地的安排，实地考察对我的写作会有帮助，于是我爽快地答应下来。

7月23日傍晚，我们一行人乘坐县里派来的中巴车抵达天峨。24日上午，应邀而来的作家们依次参观龙滩水电站、燕子洞等景区，这些景区我看过多次，这次不去也没遗憾。于是我吩咐表弟胜乾开车送我回巴斯，看望重病在身的老母亲。柱林博士基于高中同窗情谊，强烈要求随车一同前往看望。对于老同学这份心意，我没有推辞。车到巴斯，进入家门，弟弟化良正陪着几个同事朋友坐在阳台闲谈。原来他们一行人是昨天从南宁驱车而来的，今早到我家承包的山地摘完珍珠李刚刚返回。彼此寒暄几句，我带柱林进堂屋问候母亲，坐下来陪她聊天。聊了大约半个小时，一直忙碌的大妹已把饭菜煮好。我上桌一看，有腊肉、土鸡、豆腐、火麻菜等菜肴，都是天峨游子喜爱的家乡美食，心里甚为高兴，就招呼柱林和化良的同事朋友一起上桌用餐。柱林边吃边发感叹：家乡的饭菜原汁原味，吃起来特别香甜。我听了心里特别满足。

吃完午饭，化良提来一箱李子交给柱林，让他带回南宁给家人尝尝。柱林知道这些李子虽不值几个钱，但兄弟情义尽在其中，略作推辞就愉快地收下了。化良还交代说，二哥你那箱我随车带回南宁，晚上送到你家。我毫不犹豫地点头答应。尽管巴斯土地贫瘠，家里出产的珍珠李个头未必很大，口感未必很好，但它饱含故土气息和血脉亲情，品尝起来除了李子原味，还多了一份乡愁的滋味。我怎么能够拒绝呢?

25日上午，县里安排大家到龙滩珍珠李现代特色产业核心示范区摘果。说来惭愧，我这个天峨人并不知道该示范区的具体位置。询问柱林，他认为既然冠以“龙滩”大名，应该就在龙滩水电站附近。我对柱林的说法心存疑惑，只好再问县里的熟人。其实龙滩珍珠李示范区不在龙滩，而在八腊乡五福村的长岗岭，也就是当年我见到的那片开满白花的山坡。尽管昨天一来一回的路上，我都经过示范区的边缘，但没有机会进园摘果，此项活动对我当然有莫大的吸引力。吃过早餐，我就跟着大家鱼贯登车，兴致勃勃朝着长岗岭进发。

车到示范区入口，大家下车步行，朝坡顶爬去。路边的果园长着一株株葱茏的果树，树上挂满一串串宛如花季少女的珍珠李，有的树枝果实结得很密，把枝条都压弯了，一派丰收在望的美景，令人馋涎欲滴。待小梁副县长在坡顶的平地上介绍完示范区的情况，大家都有点按捺不住，顺坡而下直奔果园。抬眼朝树上仔细观望，一串串果子虽然个头已经长大，但表皮乌中泛青，显然还未完全成熟。看见大家欣然摘果品尝，我也选摘两颗个头最大、颜色最深的果子入口，由于糖分涵养不够，味道略有酸涩，心里便有些遗憾。如果这次笔会活动推迟十天再办，此时珍珠李已成人间仙果，作家们来此采摘品尝，一定能大快朵颐，啧啧称奇，说不定还会文思泉涌，妙笔生花呢。不过我很清楚，举办一场笔会活动，需要考虑的因素很多，组织者一定是经过多方考虑、综合衡量之后才确定时间的，我大可不必为此纠结。其实世界上很多事情都是如此，很难达到十全十美的境界，或多或少总有遗憾。

◎珍珠李-王明福 摄

8月上旬，珍珠李相继成熟，大量上市，县里的亲戚朋友先后给我发来20多箱。除留下两三箱给儿子和外号“果子狸”的妻子解馋，剩余的我全部分享给同事朋友和在邕的亲戚老乡。4日下午，我特意从家里提了一箱李子，上到广西新闻中心五楼一间办公室，慰问我们网信办网研中心的同事们。几个姑娘看见我送来家乡特产，笑得花枝乱颤，当即接过纸箱，提到盥洗室把李子洗净，然后把其他办公室的同事们都叫过来。大家欢呼雀跃，抓起李子送入嘴里咬嚼吞咽。不出十分钟，满满一箱果子竟然被消灭了三分之一。有人边吃边议论说，想不到金主任的家乡，竟然出产这么好吃的李子，以后你要带队前往天峨，让我们自己上山采摘品尝。有人则开玩笑说：主任工作那么忙，带我们去天峨不现实，还不如像现在这样，给领导一个亲民的机会，每年由主任亲自送到我们办公室。看见同事们因吃到珍珠李神清气爽，笑逐颜开，我这个天峨人觉得很有面子，甚至有点骄傲。其实，这不仅是我一个天峨人的骄傲，也值得所有天峨人为之骄傲。

【作者简介】金化伦，广西天峨人，文学硕士，散文作家，广西作家协会理事，现任广西互联网信息办公室主任（副厅级）。业余从事散文创作，出版散文集《雪泥鸿爪》《故乡剪影》。

天峨，你梦中的故乡

李滨夙

我一直好奇天峨是个怎样的地方，对它有过若干版本的猜测，仿佛一个等待相亲的姑娘，一直在心里描画将要来赴约的是怎样一个男人。也许是源于自己的思维习惯，在听到一个人的声音之后总是不自觉地要设想他的样子，等果真见了面发现和自己的想象不同，总会有点别扭或失落。而天峨，一个养育了优秀作家的地方，它既符合我的想象，又超出我的想象。

我曾在东西、金化伦、张柱林的笔下、口中无数次地看到和听到这个名字，他们的故乡，有亲人、美酒、美景和可爱的姑娘。当我们辗转了五六个小时，终于来到这个叫天峨的故乡的时候，我却不敢相信它是真实的天峨。天峨音同“天鹅”，美丽温婉，高贵华丽，所以我想象中的天峨是这样的。而事实上，它既有秀美婉约、又不失雄浑大气。特别是登上山顶，远眺龙滩大峡谷的那一刻，两侧的崇山峻岭坚毅地矗立在那里，中间是碧绿欢乐的红水河，也许是因为阴阳调和的原因，它显得气质独特，不像其他著名峡谷那样透露着凶险，也不像某些当红组合那样娘炮。河水如碧玉般，温润清澈，它毫不遮掩自己，也不需用粉底和隔离霜，以至于在龙滩水电站的大坝下依然能看到河里成群结队的鱼，太阳下闪着银色的光芒，没有人能去那里跟它们玩渔网和钓竿的游戏，它们会不会感觉无聊，生存得太没有压力？

对于我这个恐高症患者，爬到山顶或是在大坝上向下看都是一种挑战。天峨的美景却是一种毒药，它让我们忘记烦恼和恐惧，成为它自然的一部分。而如今眼前的雄浑，当年是否给东西他们求学的路带来了更多的困难，我曾问过，东西老师只是淡淡地说，翻过那座山再拐过去十几公里就可以到他们的小学校了。我在想象着那个承载他们青春梦想的学校，现在是什么模样，是否还存留着他们走过坐过的温度，那个曾经总想多看几眼的女同学，今天又在跟谁过着怎样的日子。

站在龙滩水电站的大坝上远眺景致是很壮观的，一边感叹自然的不可思议，一边赞美人类的勤劳神奇。可是诗人田湘的一句“快看脚下”，立刻让我们全身发麻。脚踩的是镂空的铁网，几十米之下是一览无余的高度和静静流淌的河，仿佛正在嘲笑我们。我冻住了，很想快步走开，却又想干脆躺下来，看你还如何嘲笑我的恐高和没有见识。

戴上安全帽走进山洞，看到水电站的机房里正在高速运转的机器，轰鸣声中隐约听到这是天峨的主要财源，清洁环保、安全高效，心里默默称赞。只有鬼子老师把安全帽拿在手上，大家一面嬉笑着说见鬼了，一面抢拍他的美照，哈哈声跟机器的轰隆声搅和成一团，在山洞里变成另一种乖张的声响。

跟作家老师们一起去天峨，那感受自然是不同的。他们是善于洞悉人性的，或多或少都带有幽默的基因，互相开玩笑和“高级黑”必不可少。一路上只顾着笑，忘了把它们记下来，若干年后出一本作家笑集，一定不输给相声和小品演员，说不定能成为天峨的又一财源。去燕子洞的时候，田瑛老师故意和几位美女作家摆拍各种情境照片，那天的特别装扮和冷幽默的表演极富感染力，在大家各自的镜头中显现出多种角度和味道，此番半专业的拍摄竟成了微信群里当天最热门的话题，田瑛老师自然是话题“男神”。

天峨是招蜂引蝶的，因为它美丽且甜蜜。八腊乡的山上铺满了果园，果园里挂满了那种可爱的果子——珍珠李。是因为它的脆甜吗？蝴蝶特别喜欢在这里围绕，当它稳稳地落在青色的李子上，颜色鲜明，美若油画。那些熟了的紫色李子，则会吸引蜜蜂和嘴馋的人。我在天峨还第一次看到了传说中的“枯叶蝶”，伪装得跟枯叶一模一样，不知道是哪位作家发现了它，我们都悄悄跟过去用手机抓拍它的奇特姿态，谢有顺老师几乎趴在岩壁上，姿态也很美，于是我又偷拍了他，不过之后还是乖乖把原图传给老师，版权不敢侵犯。也许是因为这山水，也许是因为这果子，也许是因为特产作家，这里的领导们个个都口才了得。于是，小伙伴们愉快地同意了，像作家可以拥有笔名一样，天峨也可以再有一个名字，叫“东西格勒”。

【作者简介】李滨凤，女，毕业于广西师范大学，文艺学硕士，中国文艺评论家协会会员。现供职于广西壮族自治区党委宣传部，兼任广西文艺理论家协会副主席。先后在《人民日报》《广西文学》《广西日报》《南宁晚报》等报刊发表评论、散文、诗歌近百篇，其中《多维东西》获第十届广西文联文艺评论奖。

天峨石记

红 日

在层峦叠嶂、一碧如海的天峨，有一种石头风华绝代，精美绝伦，世称天峨奇石。

天峨石以色彩斑斓、流光溢彩、纹路明晰、浑然天成而闻名遐迩。天峨石是如何"长"出来的？地质专家认为，天峨石的原石是于2.2亿年前的三叠纪形成，经硅化作用使岩石变硬。红水河水流湍急，落差大，特别是汛期泥沙俱下，惊涛骇浪将河床中的石头无情残酷地冲刷磨蚀，形成了凹凸不平、形态万千的怪礁奇石。由于红水河奇石最早在天峨挖掘问世，故称为天峨石。确切地说，天峨石是被激流漩涡"啃"出来的。血性豪情的红水河，仿佛一位才艺高超的雕刻大师，把一块块毫无生命的石头雕刻成百态千姿、栩栩如生、饱含生命色彩的奇石。大自然的鬼斧神工，令人惊叹。

据玩奇石的人介绍，市面上的天峨石不经过任何人工雕琢，具有天然美感，主要分为山川景物、象形、抽象、图纹等四大类。天峨石属纹理石，有平纹石和凸纹石，硬、实、密、滑、润是天峨石的优质特征。从红水河底采来的奇石，小的如蚕，大的似象，多数是用起重机从河床底下吊起来的。不管大小轻重、品位高低，每一块石头都有自己的主题、情调和风格，且各领风骚，互不谦让。在天峨城区和库区村庄，随处可见天峨石沿途摆放，特别是龙滩水电站在下闸蓄水，天峨成为库区之后，各种奇石店雨后春笋般冒出来，成为天峨库区一道亮丽独特的风景线。全国各地奇石爱好者纷至沓来，觅石买石，掀起新一轮的奇石热。天峨石从最初的论块卖，到随后论斤卖，最后价值连城。在天峨，往往一块石头，就可以改变一个移民家庭的命运。

在天峨的移民新村，有一块神秘的石头。

这块石头原来是在下老乡圭里村，后来迁移到了移民新村，和新村的移民一样，属于“移石”。龙滩水电站下闸蓄水后，一部分天峨人就要被迫搬离家园了。他们有的要搬往高处，搬到山顶、坡顶上去，戏称“赶猴子上山”，术语叫“后靠”；有的要从右岸迁到左岸，要跨越的不只是一条河，而是一道命运的沟壑；有的要搬往陌生的外乡，在一个一无所知前途未卜的土地上重建家园。有谁心甘情愿地放弃祖祖辈辈栖息的家园？没有。下老乡圭里村属于全村搬迁，也就是说全村149户222人要全部移民搬迁出去。移民工作队进村做动员工作时，村民的态度是决不搬迁。理由出乎移民工作队员意料，因为他们离不开村里的一块石头。原来圭里村后山上有一块巨石，是全村群众顶礼膜拜的神石。每年正月初一到正月十五，村里都要举行隆重的祭神石仪式，杀鸡宰鸭，供上贡品，祈求健康平安、福禄寿全、风调雨顺、五谷丰登。传说这块神石很灵验，老人小孩有点小病，无须吃药打针，只要到神石前烧香跪拜，病就自然好了。而久婚未育的夫妻，到神石前一跪，每每也能求子梦圆（当然，这只是传说或者迷信）。村里人早已把神石当成生命中不可或缺的一部分，甚至超过了生命本身。

对于移民搬迁，圭里村全体村民的态度磐石般坚定：神石不走，人也不走。

天峨县移民工作队充分理解群众对一块石头的顶礼膜拜，尊重他们的信仰，理解他们的愿望，决定按村民的意愿搬迁这块石头。搬迁神石的那天，圭里村比过年还热闹，村民们杀猪宰牛，供奉拜祭神石。师公道公诵唱经文，请求神石顺应人道，随民搬迁；国保于民，民保于信。吉时良辰一到，鞭炮齐鸣，起重机吊起用麻绳捆好的神石，缓缓地放到大卡车上。神石一上车，全村男女老幼神情庄重地跟在车队后面，一路迁到移民新村。新移民点不再使用旧的村名，而是改为“神石八桂移民点”。新村名多了几分诗意、几分神秘。

在天峨库区的湖面之下，有一种令人肃然起敬的石头。

每年清明节，有那么一群人，提着装满供品的竹篮，前往故乡的旧址拜祭祖宗。在红水河边上，他们一脸肃穆，对着宽阔的河面跪下来，遥拜水中的祖宗。祭品和香火的味道漂满河面，鞭炮声和烟雾把大半条河都罩着了。一池碧水静静地流淌在山谷间，被清明时节的雨点一滴一滴地打湿。

祭奠的人群中有一个名叫罗兴奎的移民，他的老家在向阳镇纳检屯。袅袅香火将罗兴奎的记忆带回到2007年9月的那天下午。那时候，罗兴奎还在纳检屯的老屋废墟上溜达着。他这里走走，那里看看，看看有什么家具落下没搬走。他的房子已在一周前库底清理时被拆除，各种家具也都搬到移民点的新家了。其实罗兴奎是舍不得离开故园，他要目睹大水是如何将家园淹没的。人是有故土情结的高级动物，无论生活在哪里，有一个地方始终在心里扎根，那就是生养自己的故乡。罗兴奎尚未离开故乡，还有另一个原因，他的一个祖宗的坟墓还没迁走。这个坟墓在淹没线之下，是必须迁走的。然而罗兴奎和所有当地人一样，认为祖宗的坟墓不是说迁就能迁的，不是出门旅游，说走就走，得选好风水宝地和吉日良辰。三天前，罗兴奎请风水师选择了一个日子，风水师说四天之后才能迁。罗兴奎掐着手指算了一下，按照龙滩水位每天上涨的速度，他完全可以在大水淹没之前迁走坟墓。第四天罗兴奎准备好工具、金坛以及香火纸幡来到墓地的时候，却见祖宗的坟墓已淹没在清澈的河水中，他一屁股瘫倒地上，喁喁细语：祖宗啊祖宗！既然我没有能力让你做神仙，那只能请你做海龙王了。

碧波荡漾之下，沉睡着移民罗兴奎他们祖先的碑石。

在天峨，还有一种令世人瞩目的石头。这种石头意蕴丰富，光彩夺目，这就是河池文学、广西乃至中国文学的基石。

天峨是一片神奇的土地。这片土地钟灵毓秀，人杰地灵，文化底蕴丰厚。从20世纪80年代开始，天峨文学迅速崛起，开始形成气候，并逐步走向繁荣，涌现出东西、于仁秋、张柱林、金化伦、李昌宪、苏满勇、夏宗苏、蓝晶莹、陈福国、王进、颜新云、陆祥红、孟爱堂、杨怀宇、罗平文、甘应鑫、李让福、覃涛、文昌等一批全国、全广西知名的作家。他们称雄于八桂文坛，占据着整个河池文坛的半壁江山。他们从天峨起步，继而走出河池，走向广西，走向全国。他们阵容整齐，实力雄厚，一拨接着一拨，一代接着一代，形成蔚为壮观的“文学山体”群，为广西的文学事业添光增彩。“天峨出文人，天峨出作家”，这是外界人士对天峨的评价。

这些年来，天峨文学薪火相传，生生不息，新生代作家逐步成长，黄春腾、吴梦桃、周玲芳、周凤玲、岑秀玲、周世杰、牙海新、彭柳银、王玉成、王子穆、刘文蓉、梁黎好、班银芝、黄光友、黄春桃、金功腾、祁桂旭、刘俊竹、罗影催、韦笑、谭海燕、唐秀寒、杨海思、罗钰玄、梁芳林、罗萍、韦惠艳、牙艳梅等一批“90后”“00后”青年作者紧跟上来，崭露头角。周凤玲、牙海新是凤山人，却在天峨的“布柳河青年创作会”找到了组织，找到了属于自己的文学天地。新一代的天峨文学写作者们初心不改，矢志不渝，正在向着文学艺术的高峰进发。有位诗人说过，一个民族对文学的亲近程度，决定了这个民族整体素质的高低。文学照亮世道人心，靠近的人越多，这束光亮就越壮大。文学创作的源头在基层，文学创作的活力在基层，文学宝贵的粮仓在基层。在中国社会的基层，正是像天峨这样众多痴迷文学的写作者，夯实当代中国文学坚实的基石……

【作者简介】红日，本名潘红日，广西都安人，中国作协会员。在《小说选刊》《小说月报》《小说月报·原创版》《北京文学·中篇小说月报》《花城》《江南》《芳草》《广西文学》《红豆》等刊物发表小说多篇。著有长篇小说《述职报告》、小说集《黑夜没人叫我回家》《说事》、《同意报销》、《钓鱼》等。有作品入选年度精品集和排行榜。作品曾获《北京文学·中篇小说月报》“优秀中篇小说”称号、广西文艺创作铜鼓奖、广西少数民族文学创作“花山奖”、广西年度作家奖、《广西文学》“金嗓子”文学奖等。2015年—2017年美丽南方·广西文学创作签约作家。

到天峨去摘星星

冯艳冰

◎天峨夜景-王明福 摄

当你做一件事不容易又深感绝望的时候，我们会说这比登天还难；当一位美丽的姑娘在期待爱情又觅而不得的时候，她会怀抱怎样的渴望在辽阔的星空下祈祷：谁会愿为我摘星星？谁会愿为我摘明月？

——题记

汽车被这盘山公路越抬越高，当那没完没了的山峰一座比一座秀美、蜿蜒而上的红水河绿得一段比一段黏稠，等你被这苍翠和碧绿弄得一头一脸的时候，天峨就真的到了。

正午从南宁出发，汽车在县城的大酒店停稳的一刹那，太阳刚好落到万峰之巅。只因山川峭拔，此时虽是夕阳西下，落霞仍显出它的浩荡来，我们这一路来的风尘困顿，瞬间被这一河两岸的峨城收拾得干干净净。离晚饭还有一小时的时间，想起这趟出门时和好脾气的门卫师傅的那段寒暄——

“出差？”

“是。”

“到哪儿呢？”

“天峨。”

“修大坝时我在那儿待过两年，很远，但是个好地方，可以到那洗洗肺。”

实在不想辜负师傅的一番美意，放好了行李便走出酒店。当时就想着他的那份叮嘱——能洗肺的应当不是简单的地方。瞧南宁城里有一座青山，立马就成了我们的一张名片，凡是外地有朋友来访，我们都给带到那儿去，郑重地介绍说：“青山是我们的绿肺”。说到底，一座城里只有这么一个绿肺怎么够呢，满大街上不少的行人为躲避弥漫的粉尘、无数汽车排出的尾气和那看见或看不见的雾霾，不分季节不分晨昏地戴着口罩，这时候我们青山的绿肺功能就显得有些单薄，有些力不从心。这下可好，在炎热的七月我们来到了有“森林王国”美誉的“水上天峨”，绿幽幽的红水河穿城而过，壁立于两岸的峨城被群山环抱于云贵高原的狭长盆地上，仿若一块可人的点心，碧绿的芝士就这么从天上一直抹到水里，我瞬间成了这水上天峨的一尾游鱼。我深深地吸一口清新的空气，想象那些碧绿的氧离子在我的口腔里是如何地追逐嬉戏，满口余香之后顺流而下直抵我的双肺。我是看见它们的，像城里的蜘蛛人清理现代高楼的外墙一样倒挂在我的肺壁上，刷！刷！刷！整个人就这样清新起来，于是我鼓鳃摆尾地，游到了天峨城的街上。

相对于热腾喧嚣的省府，这可是一座自然、质朴、诚挚的边城。正是黄昏，落日熔金。一位农妇挑着担子迎面走来。担子里的水果我是认得的——天峨的珍珠李。去年同事的朋友从天峨寄来一箱给他，他热情高涨地分了我一半，我不以为意。想着小时候吃过的李果多是皮涩肉酸，得用夹板压扁再蘸上椒盐，吃成整一个酸梅脸，那真叫一个酸爽。同事却说，这是新品种，天峨一位农民用了十多年种植实践才培育出来的，河池一带也有这样的果树，唯独天峨才种出这样的味道。这果的种植多有讲究，它的种植地得有一定的海拔，18°C左右的温度还要保持一周。这番品种说明是相当有煽动性的，我立刻尝试，果然，它的滋味完全颠覆我儿时对李果的记忆——果皮酥脆、肉质细密、甜味多汁。说实话，这趟文学名家“果乡之夏”天峨行不就是冲着这天峨的明星果来的?

农妇的表情惬意淡然，她一大早挑出来的李子就卖剩这三四斤了。我叫住她说要买她的李果。

她放下担子，问我是从河池来天峨玩耍的吧。

我说不是，我从南宁来。去年吃过天峨的李果，好吃，所以今年就来这边看看。

听完我的这番话她预备拿出的秤就住了手，犹豫片刻才又问，你吃过我们的果了?很甜吧。要不你就先别买了，我这果还不够日子，等一星期后糖化了才甜的。你先拿这些去尝尝吧，虽然没熟透，也比别地方的果子好吃。给你，不要钱。

说完她就从自个儿的担子捧出李果往我怀里送。

我知道她的心思，她生怕自己还不够成熟的果子坏了我原有的好记忆 。

如今她喜滋滋的，估计今天是卖了个好价钱。她挑着担子回家。

相对于南宁，她更熟悉河池。看着我这个外来游客，她把自己当了主人，用自己的热情、质朴和她那软软的桂西北官话，让我对天峨留下了极好的印象。这时已是傍晚，吃过晚饭的居民陆续出来散步，后来我才知道，天峨人有散步的习惯，他们恬淡从容，跟这大好的山河相得益彰。到天峨来，看山看水，你还得跟这儿的人们相处，他们也是风景的一部分，他们的惬意与满足都写在了脸上。在他们心中，天峨便是世界的中心，他们不想到河池去，也不想到省城去，和那位农妇一样，没有一个人想到南宁去。

等我用完晚餐再从酒店出来的时候，夏夜的凉风已吹灭了晚霞，月亮把星星点亮在天峨澄明的天空上。当我走进这座边城的夜晚，站在它的星空下，我被这无边的景色惊呆了。是的，我到过草原，感叹过它星河的璀璨与高远；也到过大海，臣服于它深邃而浩渺的星斗。而如今，天峨的繁星竟是如此明亮与真切，它们硕大、清晰，抬头仰望，你甚至能感觉到它们偶尔泄露出来的烟火气息。它们就在你的头顶闪烁，如此迫近的距离分明是在鼓励你，纵情一跃便能够得着它那件银色的衣裳。这是天峨的星空，它悬浮在这大美的山川之上。当然，你只有站在这样的高原，极目望去的天空足够澄明辽阔，你俯身万峰之下的千沟万壑足够浪漫神秘，你才看到这样美的星空。

作家李约热在他的朋友圈发消息说，天峨的三件宝是“大坝（龙滩电站）、东西（天峨籍著名作家）、珍珠李”，这是他一个人的天峨，他这么说自有他的道理；倒是天峨旅游局在它的《天峨旅游》宣传册上忘了介绍他们的星空，这是一个多么巨大的遗漏！单说这次“果乡之夏”天峨行吧，来了区内外的那么多文学大腕儿，日常的相处中，他们也不过凡人，但在文学的天空他们的确是曾经摘取过星星的人，所以大家都称他们是文学明星，并像明星一样崇拜他们。再说了，那位路上偶遇的农妇又何尝不是自天上的星宿落入人间的凡星呢？虽是一介妇人，她的美善也是有星光的辉映，她担子里的珍珠李，绝对是天峨最有滋味的星星。当然，最值得一说的是那些跌在树梢落入草丛中的星星们，它们是盘山而上的灯盏，有了龙滩电站的动力，哪座城市的灯光能有天峨的灿烂？！

到过一次天峨，你对世界的看法或许有所改变，比如有人说“比登天还难”的时候你会呵呵一笑；比如你心爱的姑娘撒娇要天上的星星时，你为什么不把她带到天峨去？对呀，就到天峨去，让那里绝美的山川见证你们的爱情，在这明亮的星空下许下你们的心愿！

天峨星星索，天峨星星索。到天峨去，摘一颗星星回家！

【作者简介】冯艳冰，评论家，《广西文学》编审、副主编。

乐土天峨

谭自安

天峨，最可观的就是山。放眼望去，群山连绵，不管你身在何处，都被大山包围着，就连县城，也是被夹在大山之间，显得十分逼仄。天峨的山最大的特点就是连绵而巍峨，好像座座高山都成群结队要直冲云霄。而这些山又分为土山和石山。

土山同样巍然高大。著名作家东西的家乡八腊乡境内的土山甚至比周边石山还要高大。驻足八腊乡长岗岭的峰顶，极目远眺，你可以想见少年田代琳当年血汗交流地穿过丛丛荆棘、爬到山顶、拨开阻挡视线的树叶，目光越过重重大山、愈拉愈长的情景。而多年之后，当年的田代琳终于成长为著名作家——东西。东西凭着一系列优秀的文学作品，享誉当代中国文坛，成为天峨一张耀眼的名片。至于当年的满目荒山，此时也同样天翻地覆——这些土山，已经全面被一种叫珍珠李的果树覆盖。吃够了大山苦头的天峨人，在经过了千百年的积蓄之后，聪明才智终于爆发。他们在十多年前，培育出了珍珠李。这种李子看起来跟别的李子没什么不同，但甫一出世就名声大噪，享誉大江南北。

记得若干年前，在一次文学活动上，天峨来的杨怀宇悄悄地递给我一把李子。我看着他手中的李子，模样并不怎么特别，远没有平常三华李那样的品相，想来一定会又苦又酸，于是就很礼貌地摇摇头，表示拒绝。可杨怀宇还是不收手，说，你先吃一个试试看。我不得已从他手里取了一颗，花了几秒钟来下决心，这才放到嘴里。哪知一咬之下，立刻两颊生津，一股甜味在口腔里散开。作为河池人，我有着几十年吃李子的经验，知道不管李子多么甜，总会或多或少地夹杂着一股酸涩之味，吃多了牙齿会受不了，尤其是上了一定年纪的人，几颗吃下去，牙齿就会酸软。可是杨怀宇给的李子，甜得非常纯正，一口气吃了半斤，牙齿并无不适之感。我问杨怀宇，这是你家种的？他说，这叫龙滩珍珠李，是天峨特产，而且是八月初才成熟的。这个时候，其他品种的李子早就没有了，市场上独此一家，因此，卖得特别好。从那时起，我就记住了珍珠李。然而，我没有想到，天峨珍珠李居然种得这么有规模——仅核心示范区就有近四千亩。车开进珍珠李基地时，漫山遍野，千树万树，全是被果子压低了枝头的李树，山道两旁也是果实累累的李树，一株挨着一株，只要你稍一侧身，枝头果子就可信手拈来。我问果农，都不插道篱笆墙，不怕人家偷？果农笑言，家家都有种，谁偷？如果是路过的客人，口渴了、嘴馋了，伸手摘一两颗，也是无伤大雅啊。听闻此言，我突然想起那句“仓廪实而知礼仪”的话来。当我们来到采摘基地时，几个果农过来带我们进去。这几个果农，有着壮硕的身体，脸上仍然挂着农民式的笑容。他们面对我们，指着漫山遍野的李树，向我们侃侃而谈，介绍如何种植、如何销售时，一番话讲得底气十足，那夙兴夜寐、胼手胝足、满脸风霜的卑微形象在他们的身上已经荡然无存。倒是我们这一群所谓的文人，一进入园子，便沿着新修的水泥路冲到树下，伸手摘果，迫不及待地大快朵颐，竟顾不得一点儿斯文。采摘基地的地面都已经刮得十分干净，杂草不生，再加上水泥路交叉其中，采摘起来非常方便。大家一边采摘，一边大力称赞，其乐融融。珍珠李作为稀有品种，价格在当地也要七八块钱一斤，远比其他同类产品贵，而网购则是一斤三十多元。说是果中珍珠，真不为过。珍珠李产业已成为天峨人致富的重要支柱，使得这些昔日的荒山变成了一片乐土。

如果想体验一下那些石山的宏伟，最好登入天峨国家森林公园。我刚听到森林公园这几个字时，以为会坐很久的车、需要翻山越岭才到。哪知，这座有着深山老林意味名字的公园就在县城后面，一条水泥路，经过十道大弯的盘旋之后，便可到达。山上林木森森，植被超级完好，石头几乎全被覆盖，山上山下，全是一片青绿，绿得苍翠欲滴。而绿树古藤之间，蝉声如潮，使得盛夏声色，交相辉映，野趣盎然。再拾级而上，则可直达峰顶。顶上有亭，曰观龙顶。盖因站立此处，向下俯瞰，可一睹龙滩大峡谷全景而得其名。凭栏而立，头顶青天白云、横看莽莽群峰、鸟瞰奔腾龙滩、襟纳四面来风，登高览胜之趣，油然而生。但见滔滔红水河此时已深在谷底，如潜龙在渊，上游尽处，与天相接，直令人想起李太白“黄河之水天上来”的诗句来。白日映照之下，江水粼粼，波纹可见。红水河之水，一路奔腾而来，被龙滩大坝迎头截住，野性大收，流经天峨县城时，已经大为平缓，然气势仍在，滔滔而前，不疾不徐，从从容容。抬头一看，对面群山相连，群峰相望，山外青山，几无边际；而头顶天空似乎陡然间低了许多，好像挥一挥衣袖，便可将白云带下。忽而长风萧萧，搅动蓝天白云，一时之间，风云际会，如在周遭。在这里，你不得不佩服"天峨"二字用得极其传神。蓦然记起，当年东西编剧的电影《天上的恋人》，就在天峨取景。我想，如果假借"天上的恋人"五个字，专门在此处拍婚纱照，让一对对新人站立天峨最高处，指蓝天为誓、让龙滩作证，"问情为何物，直教人生死相许"，那是何等的浪漫。如此一来，森林公园里，高山绝顶之上，又将是一众青年男女谈情说爱的乐土。离开亭子时，再回头一看，不由又是一想，若在闲暇之时，得二三好友，在这与天相接处，盘膝而坐，观夕阳落霞，看月盈月缺，抛开尘世一切念想，只在风中仰望天空发呆，也是得其所哉。

除了大山，天峨还有水。红水河之水，逐波而来，把天峨县城一分为二，使得天峨成为桂西北少有的亲水之城。河之左岸，一条河滩，沿河而下，沿途古树参天，甚是宜人。晚餐结束后，便与朱山坡和何述强信步到河滩上。河滩上有石板小道，紧靠河水。小道上有人在三五成群地散步，而百十人正身着红色的救生衣跳进水里游泳。河面不算宽，河水出奇地清，站在水边，可以看到水底的石头。游泳的人不管是浮游着，还是潜到水底，你都能看到他们在水里向前划水的动作。这些水里的人好像就在玻璃下面手舞足蹈一样。朱山坡说，这么清的水，还真没见过。真想也跳到水里，肆意游玩一下，洗掉身上从大城市带来的这些气息。

常有微风贴着水面吹过来，让人觉得大为爽快，令人流连不已。

正大呼过瘾间，手机震动，我打开一看，正好看到一朋友的微信上有《金圣叹之不亦快哉三十三则》，当即便想，如果金圣叹此时也在天峨，面对天峨的山、天峨的水、天峨的风物，那"不亦快哉"之声，必定不绝于耳。

【作者简介】谭自安，广西环江人，毛南族。二十世纪九十年代开始进行文学创作，迄今已在海峡两岸出版作品多部，在国内文学期刊发表小说散文多篇。现为中国作家协会会员、河池市作协主席。

水说天峨

孟爱堂

就像每天面对同一个美女、同一朵花，即便再漂亮，在你的眼里，都已经习以为常，都已经理所当然了。作为天峨人，从小看惯了她的山山水水、她的青青绿绿，一切便是那么自然，好像她本就该这样，本就该这么美，不需要任何语言来装饰。

所以我看天峨，看得最多的是她的河流。

从六岁开始，我就在家乡的河流里成长。这是一条没有名字的温暖的河流。那时候的河流还像河流，河水清清，杨柳依依。它从我们不知道的地方穿越群山，一路浅吟低唱，一路山清水秀，一路诗情画意，绕着我们的村庄，袅娜而来。

我童年最大的乐趣，就是在放学以后，胡乱扯几件衣服，撒开脚丫子就往河边跑。

河水可真清呀，贼亮贼亮的，像一面温柔的镜子。我看见河底成群结队游来游去的鱼，看见绿油油互相缠绕的水草，看见一双清澈透亮的眼睛，和一对高高翘起的羊角辫。微风吹来，我的身影在河面上跳舞，修长，纤柔，动人，甚至，有点妩媚。

河边有一棵老枫木树。奶奶说，这棵老枫木树跟奶奶的奶奶的奶奶年纪一样大，具体有多大，奶奶也说不清楚。奶奶只知道，当她还是个小女孩的时候，当她把藕一样白的双脚伸进河里的时候，这棵枫木树就存在了。

炎炎夏日，枫树把河面罩成一面阴凉的镜子，偶尔有一束逃跑的阳光，躲开叶面的阻拦，跳进河水里，也是收起了她炙热的脾性，变得温柔而多情。同样温柔而多情的大姑姑、大姐姐们，在河边光滑的石头上，抡起粗大的棒槌，伸出两只白花花的手，撅起圆溜溜的屁股，有说有笑地洗着衣服。她们洗衣服的动作总是那么优美而迷人，那鼓胀胀的胸脯，随着棒槌的起落上下跳跃着，好像衣服里藏着两只兔子，随时都会从里边蹿出来，跟着哗哗的河水起舞。

这个时候，村上的小伙子们最喜欢到河里游泳了。他们裸露着黝黑健壮的胸脯，只穿着大大的裤衩，在大姑姑、大姐姐们面前卖弄泳姿，一会儿没入水底，一会儿仰面朝天，一会儿狗刨式蛙泳，一会儿蝴蝶一样漂着。他们黑亮亮的眼睛常常被大姑姑、大姐姐们扑通扑通跳舞的胸脯粘住，他们的口水像叮咚的山泉一样敲响沉静的河面。姑娘们倒是很大方，她们嘻嘻哈哈地笑着，把搓洗过的衣服丢进河里，让没在水里的小伙子们滤去洗衣粉泡沫。这时候的河面被一层层泡沫覆盖着，阳光洒下来，泡沫折射出五颜六色的光，仿佛一块光怪陆离的玻璃。我有些恍惚，目光穿过玻璃，越拉越长。我看见了玻璃下面紧紧缠住的十指，黑黝黝的粗壮的手指，白嫩嫩的纤细的手指，它们穿越山川河流，穿越阳光雨露，穿越过去未来，紧紧地缠在一起。它们舞蹈，歌唱，呐喊，欢笑，紧紧地缠在一起。而我的心，也被紧紧地缠住了。

在家乡没有名字的河流里游泳的时候，我还不知道什么叫游泳圈、什么叫救生衣。因为没有必要知道。这是一条温顺的河流，厚道得像自家的一头老牛，你可以骑在它背上，任意拍打它的头、它的背、它的尾巴，甚至挠它任何一个地方的痒痒。即便是刚刚学游泳的小屁孩儿，也只需把两只长裤的裤脚绑住，张开裤头往水中一扑，空气立即灌入两只裤腿，鼓胀胀的两只裤腿像两个长长的气球，高高地漂浮在河面上，小孩只需绑住裤头，趴在上面，便可当游泳圈、救生衣了。很多时候，河面上漂着黑的、白的、红的、黄的、绿的、紫的、花的裤腿，就像黑的、白的、红的、黄的、绿的、紫的、花的翅膀在带着孩子们飞翔。

河面上有一座由两块大青石板搭成的桥，我的乡亲们，每天挑着肥料，挑着柴火、谷草、大米、苞谷、黄豆从石桥上颤巍巍地走过，他们的汗水滴落在坚硬的青石板上，或者透过坚硬的青石板的缝隙，滴落在河面上，叮一声，咚一声！

男人们累了，撂下担子，便在桥头的石头上坐下来。他们从口袋里掏出皱巴巴的烟袋，拿出发黄的一片小报纸片，或者儿子、孙子用完的作业纸片，用大拇指和食指从烟袋里取出一小团烟丝，慢慢地、轻轻地揉搓。他们揉烟丝的动作那样轻。那样温柔，好像在抚摸女人柔软的嘴唇、胸前的樱桃。他们的目光穿越日月星辰，回到了年轻的夜晚，回到激动、浪漫和喘息上。当他们把搓好的烟丝卷进小纸片里，掏出火柴，划出一朵美丽的花朵，点燃手里的卷烟吞云吐雾时，他们的快乐，是否像神仙一样？

而女人们累了，便轻轻放下背篓，摇摇曳曳来到河边，掬一把水，仔细地擦脸，然后，坐在岸边，把曾经葱白的三寸金莲伸进水里，任鱼儿轻轻啄咬，温情、酥麻，像年轻时候情人粗厚的脚趾，在水底不经意地碰触。她们的脸上，便氲出一片红润来。

这个时候，我往往是和我家那头老水牛，泡在清凉的河水里。老水牛悠然惬意地眯着眼睛，朝岸上的爷爷或者奶奶深情地哞一嗓子。

那时候，我想不到世界上还有红水河这么一条汹涌澎湃的河流，而更让我想不到的是，家乡这条小小的没有名字的河流，只是红水河一个小小的支流，它最终会流到红水河里去。

初次遇见红水河，我已经十二岁了。世界那么大，而我在十二岁的时候，才得以从山村里走出来，窥探一下这个大大世界里的一个小角落。当我的目光触到奔涌的红水河，我却忽然忧伤起来。我曾以为，家乡的那条没有名字的河流就是我对河流的全部印象，我以为所有的河流都一样清、一样绿；我以为所有的河面都一样柔软，一样可以当镜子照，直到我遇见了红水河。那时候，龙滩电站还没有建起来，红水河还是名副其实的红水河，野性十足，像一匹奔腾的野马。红褐色的河水撕裂了峻峭的山峦，一路呼啸而来。那气势、那速度，让我小小的心灵震撼无比。我的目光匍匐在滚滚的河面上，跟着河流奔跑，我听到了山与水的对话，看到了树与树的牵手，我仿佛第一次明白了河流的意义。

那天，我和父亲站在县城的老码头上，目光一高一低、一老一少地翻滚在红水河的上空里。父亲其实是带我来看刚建成不久的红水河大桥的，他走过那么多路，踏过那么多桥，还没有见过那么大、那么高、那么长、那么雄伟的桥呢，何况小小的我。他指着远远的大桥，得意地说，好看吧？没见过吧？他还说，想不想以后自己也造一座桥？

父亲不知道，那天，我看的不是桥，而是红水河。

父亲也不知道，从那天起，我就在心里发誓：长大后，我一定要生活在红水河畔。

父亲还不知道，女人是水做的骨肉。他的女儿，离不开水，离不开河流。

我不知道，自己怎么那么喜欢河流，那么喜欢水，我无法想象自己生活在一个没有河流的地方会是什么样子，就像无法想象一个人的身上没有血液在流淌一样。

老子说：上善若水，水善利万物而不争。水是世界上最柔软最美好的事物。水清澈透明，水随遇而安，水公平端正，博大精深，遇寒而结冰，滴水而穿石。水往低处流，谦卑，低调，不为权贵。

而我何其幸运，竟真的生活在了红水河畔。难道冥冥中自有定数？

如今的红水河，因为龙滩大坝的下闸蓄水，龙滩天湖的宽大包容，沉淀了红褐色的泥沙。那些流淌过大坝的河水，变轻了，变亮了，变绿了，红水河变成了绿水河。如果说这是一条绿丝带的话，那么这条绿丝带温暖了多少颗冰冷的心。在她还没有变成绿丝带之前，这条河流，曾经制造着无数个急流、险滩、漩涡，她在暴风雨的夜晚，曾让多少人为之惊恐、慌乱、难以入眠。如今，她以最柔软最温顺的姿态袒露在人们面前，她轻抚着曾经狠狠拍打的石头，深情地凝视着一双双饱含艰辛的眼睛。她高峡出平湖，养育了一条条肥美的鱼，点亮了一户户农家致富的希望。她静如处子，为晚归的渔夫撑起一片安然的港湾。她埋藏着两万多个移民温暖的故事和他们的故乡，它们耸立在水底，以永恒的姿势存活在他们的记忆里。

肯定有那么一部分人，还是怀念他们记忆里那条红褐色的“中国龙”，那条在暴风雨里轰隆隆地冲下一根根木头、一棵棵大树，或者一头尚未来得及逃跑的猪的河流，怀念他们夹紧蓑衣，驾着一条飘摇的独木舟，冒着生命危险，在咆哮的河水里打捞木头、肥猪的情景，怀念那种与天地战斗、与河水战斗的心惊肉跳而又心花怒放的感觉。直到现在，那种感觉依然在他们的血液里沸腾着，以至于每当大雨来临，还有那么一些人，他们找来珍藏在床底的破败的蓑衣，驾着小舟，到红水河边等待、观望，他们期待风雨飘摇，期待惊涛骇浪，期待战天斗地。然而红水河变成了绿水河，她稳稳当当地托着小船，在绿丝带一样的河面上优哉游哉。河面上没有任何声响，甚至没有一枝树丫，连一声鸟叫也没有。他们痛苦地摔下蓑衣，弃船而跑。

还有一部分人，他们不喜欢这绿绿的河水，甚至有些憎恨她。她淹没了他们赖以生存的一亩三分地，淹没了他们艰苦却温馨的家园，淹没了他们曾经的爱情和梦想，最难以容忍的是，淹没了他们来不及搬走的世世代代的祖宗坟地。他们舍不得离开生活了一辈子的土地，他们只得把家搬往后面靠，再往后靠，还往后靠。他们看不清曾经的河流，看不清曾经的天空。他们只得在夜深人静时，偷偷地潜回原来的村庄，在水底深处抚摸一下还耸立着的石碑、平躺的青石板和家门口那棵原来摇曳的杨柳，他们无法开口倾诉，只能任河流洗去他们长长的泪水。

就像每一块土地的翻新、每一次历史的变革，总要经历种种疼痛、恐慌、不安，总要留下种种遗憾、回忆、思念。而阵痛过后，必然会有新的丰富多彩的开始。红水河变成绿水河，总有一部分人喜，有一部分人忧。而喜和忧，才是生活的内容。

于我而言，我既喜欢红水河曾经带给我的惊喜和震撼，也喜欢绿水河现在留给我的宁静和柔美。每天，我都想浸泡一下那晶莹剔透的绿，感受一下她温暖的抚摸，让她将我洗一下，再洗一下，洗尽铅华，留一个干净的灵魂。或者，就像今夜一样，依偎在绿水河畔的一棵大树下，听老大爷柔绵的二胡，一点一点抚慰我忧伤的心。曾经有几次调往外地的机会，我都终未能远去，最大的原因，实在是因为舍不得离开这些美丽的河流而厮守故乡。

每当走近红水河，我都像走近我的母亲，怀着敬畏、感恩和爱。我轻轻地、端庄地、礼貌地走向她，我像吸母亲的乳汁一样吸收她的气度、她的宽宏、她纯洁而高贵的汁液。而这条河流，我想她也会像接纳一滴露珠一样接纳这个懂得爱、懂得珍惜、懂得感恩的孩子。因为，那些被我们珍惜着的，也一定在珍惜着我们；那些被我们深爱着的，也一定在深爱着我们；那些被我们感恩着的，也一定在感恩着我们；那些被我们思念着的，也一定在思念着我们；那些被我们信任着的，也一定在信任着我们。

如今，故乡的河流已经不太像河流，它正在逐渐地萎缩、枯竭，像一个年迈的老人。但我依然走近它。当面对这样的河流，我已经不把她仅仅看作一条河流，它更像一种更久远更幽深更本源的情感或存在。

而红水河——绿水河，正在不断地壮大，像一个牙牙学语、蹒跚学步的孩子。我有什么理由离开这样的孩子？

【作者简介】孟爱堂，广西天峨县人，广西作协会员、广西第12届中青年作家高级研讨班学员、鲁迅文学院第一届少数民族文学创作培训班学员，曾在《民族文学》《散文选刊》《芳草·潮》《广西文学》《南方文学》《河池文学》等刊物发表作品数篇，有散文入选年度选本。

梦在天峨

寒　云

我老早就听说这样一首古谣：十个到天峨，九个讨老婆；还有一个讨不着，跳了红水河。就是在这样一首有点悲情的古谣里，我对天峨的女人突然心生向往。我听到这首古谣是在1998年的时候，那时刚大一，青春骚动得厉害。有这蛊惑的古谣打底，我开始对天峨的女人想入非非。也巧，一个姓胡的南楼师妹走进了我的视线。她是天峨人，住在红水河边，脸蛋并不十分漂亮，但清秀丽雅，天分里有一股纯粹的妩媚。天峨人羊狼说，这是被天峨的丰腴山水养润出来的，你在别处女人的脸上看不到这份光艳。后来我多次去到天峨，才真切感受到羊狼说的丰腴山水，确实独有风味。红水河的妖艳多情、原始森林的古朴粗犷、高楼山独一无二的高远温润，无不赋予这一方水土特有的神秘与风情。自然，从高山峡谷中袅袅走来的天峨女人，她们出落得美丽脱俗，令人垂爱，那也就不足为奇了。

正当我和几个师兄弟对胡师妹心生好感、尚未来得及表白的时候，一个北京人却捷足先登了。他叫孙雨果，职业是报社记者、专栏作家。2000年9月里的一天，到宜州采风的孙记者，在刘三姐喷泉广场边的一个小茶馆，他一眼相中了这个天峨小师妹，而小师妹也被他的才华折服，两情相悦之后两人竟然私订终身了，要知道，胡师妹还有两年才大学毕业呢。两年之后的某日，胡师妹裹挟着一身秋日的阳光，带着一份天峨女人特有的娇柔和风韵，嫁进了京城，再次印证了那首古谣的神奇。

其实在认识胡师妹之前，还有一个姓孟的师妹，早就成为大家追崇的对象。孟师妹凝脂一样的肌肤如同天山的白雪一样，令人有惊为天人的感觉。她圆润丰满的脸庞美如圆月，照亮着整个河池师专校园的夜空。在她曼妙的身影走过之后，金花茶的清气余香袅袅。在孟师妹的身上，我看见了天峨独有的仙气，那是从布柳河仙人桥上走来的天人，那是燕子湖上轻捷掠过的燕霞子。更让人痴望的是，她还是一个文学爱好者，所写的散文如同天峨犀牛泉晨光中升腾的烟气，又如龙滩大峡谷中那片被金色点燃的秋日阳光。她的文章，令人在烟霞迷离的文字间物我两忘。我承认我喜欢她，如同一个正常男人那样。如今时间过去了十几年，当初的那份情愫依然还在。后来去过天峨多次，都得到了她的盛情款待，心里算是得到了些许的慰藉。

古谣的蛊惑力，此后一直在发挥着作用。周围的很多朋友，也都以娶天峨女人作妻为荣。而对于我，这只能成为一个梦啦。

天峨，既是梦的温床，也是梦的彼岸。

还记得第一次到天峨，我便被红水河边的浣女吸引住了。那是一群从《诗经》的诗句里走出来的蓝衣壮妇女，戴着白头巾，穿着蓝衣裙，身材窈窕，面色清秀。这群“在河之洲”的窈窕淑女，看见人来，远远就张望着笑，那白皙的笑脸总是给人一种诗意的温暖。人走时，她们又沉浸在自己的故事里，不知是说到了什么开心的事情，清脆悦耳的笑声便在风里传开。那笑声特别具有吸引力，很容易在客人的心里荡起涟漪，让他忍不住又回头去看，希望那人群里有一位也抬首望来，双目在遥远的晨光里朦朦胧胧地相撞，收获的是一颗心暖洋洋的舒惬。这样的经历让人总是充满怀念，久不久地，那水边的人儿，就会不经意地掉进梦里来，把一个夜晚轻轻溅湿。

在天峨，无论是去二堡看桐花，还是去龙滩天湖上泛舟，抑或去双龙瀑布看水，总能遇见你心仪的天峨姑娘。她们如同一朵朵洁白的桐花，装点着你的相机，装点着你的眼睛，装点着你风景中的美丽；她们如同河面上一朵朵盛开的白莲，在青山绿水间，总是以妖娆的身姿，舞动着一池河水，舞动出最炫的民族风，舞动出你心率跳动的速度和频率；她们如同瀑布飞溅而出的水花，那样灵动秀巧，又那样生机勃勃，打动着这方天地独有的安静祥和，打动着从远方匆匆走来的过客，打动着时间长河里凝固的情缘，让多情的人在这里找到他心灵最后的归宿。

我在想，今生可能无法去天峨再讨个老婆了，当然也不会因此去跳红水河，但那个梦却是埋在心里的，而且埋得很深。也许，为了这个梦，我才有更充足的理由去天峨：去看那座海拔一千多米的高楼山，为的是在山上邂逅一位深情款款的布依族姑娘；去看波澜壮阔的龙滩水电站，也是期望在烟波浩渺中与梦中的美人撑伞乘舟，并肩赏雨听风；去川洞河燕子湖，也无非是想与她联袂飘飘，放歌江岸上，饮茶竹筏间，放下尘世的喧嚣，独享两人间超越世俗的清静与温情……

每年，当天峨的珍珠李成熟，我总是能品尝到这种寄自天峨的果中珍品。那味道，干脆、清甜、爽滑、不腻，是天峨地地道道的味道。这味道如今通肝入肺，最后在心里盘根错节，再也无法清除干净。于是，天峨的梦便有了味道。

因为有了味，天峨梦，从此便有了可以抚摸的实体，有了情志可以寄托的载体。而这，算不算是梦想实现的另一种解读呢？

【作者简介】寒云，原名石肖永，号刁江老鸟，瑶族，二十世纪七十年代末生于广西都安瑶族自治县。中国民主促进会会员、广西作家协会会员、广西文艺理论家协会理事、广西文联文学桂军“1+2”工程签约作家。发表文学作品一百余万字，著有长篇报告文学《山青水秀——来自广西红水河水电站库区的报告》、中短篇小说集《裸奔》。现居金城江。

开门见山

王文昌

“开门见山”这个词，应当是专门为我家创造的！

我第一次见到“开门见山”这个词时，这一念头如光亮的火花闪过脑际，那时，我在天峨县八腊乡小学读二年级。

我家大门面对那座山，叫仙顶山，很大，很高，很绿。每天开门见山，习以为常，司空见惯。少不更事的童年，我丝毫没有感觉到它有何奇特之处，也没有想到，若干年后，它会像长了翅膀的雄鹰，飞出中国，翔于海外，跃于银幕，在全世界各种肤色人们的眼前，展示它寂于闺中深锁千年的美！没有任何人工修饰的、造物主原创的美！

我更没有想到，我家门前的大山，会和那么多的大腕儿、名人和美丽的爱情故事联系在一起！

天峨县八腊乡的乡政府所在地，是被南北对峙的两座大山夹着的，两座大山的底部相距也就一两公里，北面的山是土山，南面的山是石山。土山最高处海拔千米左右，整座大山就像一把太师椅摆在那儿，我家就住在屁股落座的地方，面南背北。我家门对面那座大石山，即仙顶山，可以把它从山脚往山顶截为两段去欣赏。第一段，从山脚往上，到六七百米海拔高度处横截，宽度从东边的丢草坳到西边的野猫沟，立面很直很正地延绵三四公里，像一方砚台搁置在那儿。砚台的上方直到海拔一千米左右的高度内，便高高矮矮地摆设着形态各异的山峰和嶂峦：笔架山、扇面山、元宝山、印章山、骆驼山、奔马山……

我的外婆家，就住在我家对面的高山上。

有月亮的晚上，全家人总喜欢来到屋外，在千虫百唱的天籁声中纳凉。我把头枕在母亲的臂弯上，一边数着天上的星星，一边问："妈妈，外婆家那边的山背后有什么？""山背后还是山，一座连着一座。"母亲回答说。

"不对，在第三座山背后还有一条河，叫红水河。"父亲纠正道，"从红水河边坐船，往下可直达东兰县，当年我就是从东兰省立师范学校毕业的。"1949年，父亲毕业于民国时期创办的广西东兰省立师范学校。

我家和外婆家，如果在山上搭一座桥，半小时就可到达。而实际上，每次去外婆家，要从家里走到坡脚，横过田坝，再爬石山，沿着青石小路，汗流浃背两三个小时，才能听见外婆"妞……呕……妞，妞……呕……妞"那抑扬顿挫，呼唤小猪吃食的声音。山里人把小猪呼唤成"妞"。

去外婆家的路，蜿蜒在披翠穿绿的山坳和峰峦间，没有任何人工开辟或砌石的痕迹，全靠人们千百年来自然踩踏而成。鲁迅先生说得好，路是无所谓有，无所谓无的，这地上本来就没有路，但走的人多了，也便成了路。我想，这条路应该最能体现先生话语的字面意义。她就这么从山脚往山顶一直美丽着，天然、古朴，时而还在草木的晃动间，如少女般显露出少有的笨拙与娇羞，她与许多著

◎天峨县三堡乡晨雾-靳钦平 摄

名景区人工修建的山间小道相比，绝对是璞玉与土堆的差别。十多年前，这条山路被一名摄影师搬上了《中国摄影》杂志，并命名为《希望》。

的确，这是一条充满希望的路。路面上那些沉睡了千万年，至今仍在沉睡的石板、石条、石块，被山里人脚底千百年地打磨，许多石面都已变得油光锃亮，一块接着一块，雪白的似玉，暗白的如银，若是光着脚踩上去，感觉细腻、瓷实、爽心、怡神，要是被太阳晒暖了再踩，则有温润、活络、安详、幸福，以及全身心通透的感觉。我不知道，若干年后，那些演艺圈大腕儿、文化界名人的脚，纷纷从上面踏过的时候，是否踩出了我小时候的这种感觉？比如董洁的脚、田瑛的脚、东西的脚、苏童的脚……

可见，这条山路，早已成为山里人寻求生存的黄金通道。从外婆家背后翻过两三座山，便到了金标山。爬上金标山顶，凶猛的红水河，在足下的千米崖底尽收眼帘，但它已变成了一条浊黄色的线，在我青少年时期的记忆中，这条线游走在翠绿的群山之间，就像草绿色军大衣上的某根黄线一样，显得是那么可有可无。而更远处，目光所及的地方，依然是山，一座连着一座，你追我赶，直至云烟浩渺的天边……

仙顶山中盛产中草药材和各类飞禽走兽。从初中到中等师范，再到大学毕业，我的寒暑假，几乎都是在山中的草丛和林间混过去的。山豆根、牛大力、何首乌、铁皮石斛……全都是我喜爱的伙伴。最容易要的是何首乌，它往往生长在石钵或石盆里，这些石钵石盆，长年接纳各种花草树木的落叶，以及山体的流泥，然后混杂腐烂，积淀而成上等的营养土，只要有何首乌种子落到里面，两三年就会在泥土中为你长出一个大果来。收取的时候，只要用铁锹或钢钎，沿着石钵石盆四壁把土插松，然后捞底一撬，把里面的物件翻个过，再拍散黑泥碎土，一尊可爱的首乌宝宝，便呈现在眼前了。满筐之后，拿到集市上卖掉，一天也就挣个十元八元的。那时，铁皮石斛价格最贵，一般都生长在悬崖峭壁的半山腰，很难采到。我们在搜寻中草药过程中，有时虽然发现了，也只能望斛兴叹。采收铁皮石斛，一般都是大人的活儿，而且要有一定的专业水平，他们一般都要先从崖顶往下放绳，然后沿绳下滑采集，采毕，把药材绑在腰间，再攀绳爬上崖顶，整个采收过程极其危险，我的一个堂姑父，就是在采收铁皮石斛时，不小心跌落崖底，然后又回归了天堂的。

有人说在仙顶山曾经遇上了黑熊，我有点儿不相信。因为我从小在山里见过的，只有猴子、果子狸、飞虎、野猪、黄麂、野羊等动物，没见过可怕的黑熊，但后来的事情令我坚信，仙顶山里确实还有黑熊。2005年，山里村民们议论纷纷，说是在某个天气炎热的黎明，曾看见两只黑熊下到红水河边找水喝。前几年，一只黑熊从仙顶山脉的垄峨山顶跌落崖底。

仙顶山在2002年之后成为名山，这是她亿万年修炼，且命中注定了的。2002年10月，电影《天上的恋人》在此开拍，后来在东京第十五届国际电影节上荣获最佳艺术贡献奖。而《天上的恋人》的拍摄地，正是在仙顶山中一个叫中洞的小村庄，电影的所有外景，均取自山里那些尚未命名的，但让人看上一眼就会如醉如痴的自然景观。王家宽、蔡玉珍和朱灵，在这样天设地造的纯美景观中，演绎着最纯美的爱情。在这人间仙境生长出来的、美丽的爱情故事，无不令观众心灵震撼，而那仙境般的美景，无不让老外们神魂陶醉，竟然动议要组团到天峨八腊来旅游，现场品味美景，以及整座仙顶大山的风采！

电影《天上的恋人》，改编自首届鲁迅文学奖获得者、八腊籍著名作家东西的小说《没有语言的生活》，很自然，仙顶山又与“东西”这个响亮的名字融在了一起。据悉，目前天峨县正在筹划把《天上的恋人》拍摄地打造成星级旅游区，到时候，我所景仰的仙顶山，必然会大放异彩了。现在，东西先生在文学创作上已铸就了一座大山，至少在东西先生的故乡——也是我的故乡——八腊人民的心中，这两座大山已经成为不朽，已经成为我们的骄傲，她们巍然于天地间，任风雨吹涮，任岁月淘洗，正以异常谦恭的姿态，期待着远方的来客！

【作者简介】王文昌，男，天峨县人，现供职于下老乡党委。有小说、散文、诗歌等作品百余篇（首）散见于各级报刊。1995年以来获自治区、市、县各级报纸、杂志授予的“优秀撰稿人”“优秀通讯员”等荣誉十余次。

珍珠李往事

蓝瑞轩

丙申仲夏，酷暑难耐。面对烈日的恶毒肆虐，我甚至有把可能已经霉透了的肝胆和心肺翻出来晾晒一番的臆想。

焦躁之中，忽然接到参加“文学名家天峨笔会”的邀请函，我的心顿时飞往曾经工作了六年多且分管近三年“三农”工作的那方青山翠岭。

天峨，是盛产名家的地方。作家东西以《没有语言的生活》斩获首届鲁迅文学奖；与东西同乡的吕昌发，不仅将在山上捉到的锦鸡带回家里和圈养的母鸡交配生产出“六画山鸡”，增补中国山鸡的种类，还带动乡亲通过发展“六画山鸡”养殖致了富，先后被授予“中国新农村建设影响人物”、“全国科普惠农新村带头人”、全国劳动模范等荣誉称号。

几乎与吕昌发发现锦鸡的同时，同为东西家乡人的崔德军，在其自留山的林间，发现了一株特晚熟（8月上旬成熟）的李果实生树，并采该单株的接穗在自家屋后的五株两年生的毛桃树上进行高接种栽培试验，2002年开始结果，株产1.5公斤。后来，在天峨县水果局和广西区水果生产技术指导总站联合观察、研究下，从2005 年起，开始在县内的三匹虎林场，坡结乡的尧山村，八腊乡的五福村、纳碍村，下老乡的罗宜村，向阳镇的林潭村，纳直乡纳直村（海拔 500 米）等地进行该品种第三代株系区域性栽培试验，从中筛选出优良单株。2006年—2008 年，由广西壮族自治区水果生产技术指导总站连续三年组织专家对该单株进行了综合鉴评，历经初选、复选和决选，将其评为广西果树优良单株并正式命名为“龙滩珍珠李”，2009年通过广西优良果树品种审定。

在组织群众试种珍珠李的过程中，我和时任天峨县政府副县长的谭海帆及县水果局的王建明局长、韦发才副局长，经历了许多的“苦”与乐。

由于是试种，县里没有太多的扶持，只能依靠动员有经济实力支撑的单位或个体户自主发展。县管的林场好办一些，三匹虎很快就试种了。而在经专家认为适合种植珍珠李的乡下农村，保证足够的种苗和大面积试种的动员却是关键、艰难的。

2006年夏日的一天，在八腊瑶族乡洞里村种植布朗李大户陈明华的家里，我和海帆、发才一边品尝着刚成熟的布朗李，一边“闲”聊布朗李的优点与缺点。在谈话中，我和海帆、发才几乎都在挑布朗李的缺点和毛病，什么保鲜难、容易烂果，等等，说得陈明华一惊一乍的。然后，我们说起了珍珠李是如何如何的好，讲得陈明华啧啧称是、两眼放光。颇有经济头脑的陈明华当即有了培育珍珠李种苗的想法，与我们的设想高度吻合，我们表示支持，要他与已经有多年育苗经验的崔德军切磋珍珠李的育苗技术并发动周边群众种植。陈明华当真干了起来。他如今每年有二三十万元的育苗和李果收入及带动洞里村群众种植三千多亩珍珠李的成果，还于2014年被评为广西劳动模范，与我们当初的“诱骗”多少有些关联。而已经于2015年12月被授予“广西现代特色农业（核心）示范区”称号的三千七百多亩张家坨珍珠李片区，则是由珍珠李的“父亲”崔德军带动起来的。应该说，正是有了种植大户的引领、带动以及政府官员的鼓动和政府的规划与支持，天峨才有了珍珠李名满天下的局面。

2008年春，发才同志告诉我说，八腊乡八腊村高检屯的群众愿意种植珍珠李了，我高兴地前往考察。位于红水河右岸、龙滩水电站坝首约600米高程的高检屯，是个有22户、110人、拥有2000多亩山坡地资源的小村庄，在天峨全境大力号召种植珍珠李的大背景和县水果局韦发才局长的鼓动下，高检群众愿意拿出四百五十亩坡地来种植珍珠李，这在当时是一个创举，也是天峨发展珍珠李种植过程的一个缩影。在接到参加“天峨笔会”邀请函的那几天，我看到了韦发才被评为全区优秀共产党员的相关报道，我想，这真是实至名归。

利用参加“天峨笔会”的机会，我又悄悄到高检屯走了一趟。已经挂果多年的上千亩珍珠李和油桃，郁郁葱葱，果满枝头，构成了一道蔚为壮观的风景线，与已经建成发电的龙滩水电站交相辉映，透着浓浓的现代化气息。

【作者简介】蓝瑞轩，瑶族，广西大化县人，曾在天峨工作六年多，先后担任县委常委、组织部部长、县委副书记等职。中国作家协会会员，中国音乐文学学会会员，广西音乐家协会会员，出版有《关系》《生命中的白花菜》《心香》等小说、散文、歌词专著。

寻访珍珠李

覃瑞强

我有一个嗜果如命、人称“果子狸”的爱人，她可以一个星期不吃一口饭，但不可一天没有水果吃。好在我们生活的南方物产丰富，一年四季都不缺各种各样新鲜上市的水果，于是，我们家就时常变成了各种水果的储藏室。近朱者赤近墨者黑，在这样的环境里生活，原本无肉不欢、奉行食肉主义的我，渐渐也喜欢上了水果。但说来也怪，在众多的水果品种中，我最喜欢的并不是那些甜得发腻的杧果、荔枝、龙眼、香蕉等，而是酸甜酸甜的李子。所以，每到李子上市的季节，爱人除采购她钟爱的品种之外，还得专门为我买上两三斤的李子。每天下班或晚上散步回家，第一件事就是打开电冰箱，拿出三四个李子洗净，再坐到沙发上，边吃边看电视，爽脆酸甜的味道袭来，那种满足感，难以言表！

2015年八月的一天，我正出差在外，突然接到快递小哥的电话，让我签收一个邮件，说好像是水果，不宜久留。只好让家人代领。待我出差回到家，爱人一个劲儿地夸赞朋友寄来的珍珠李

◎珍珠李成熟了-黄意鹤 摄

好吃。珍珠李？不就是李子的一种吗？以往爱人从来几乎是谈李色变（怕酸）的呀，怎么却夸赞起来了？难道这是一种与众不同的李子？从冰箱取出一看，确实在外观上与平常看到的李子不太一样：果面深紫红色，果形近扁圆形，个头比普通的李子稍小……但总体上看，完全可以用其貌不扬来形容。一口吃下去，淡黄或橙黄的肉细嫩脆爽、香味浓郁，酸甜适中，毫无涩味。更奇特的是，其肉核分离，能把果肉全部吃完，不像别的品种，肉核紧粘，要把肉吃干净相当不易。从此，我便深深地迷恋上这种名为龙滩珍珠李的李子了。我心想，若有机会，一定去到天峨，参访出产珍珠李的地方。

不承想机会很快就降临，2016年夏天，得到天峨县委、县政府邀请参加名为“文学名家天峨行”的采风活动。尽管前不久才痛风发作，右脚还隐隐作痛，但我毫不犹豫地答应参加，为的是尽早了却参访珍珠李的心愿。

汽车在向西北的高速公路上飞驰，我的心也在飞驰——二十多年前，我便与天峨结下了缘。那时，别说是眼前这条平直的高速路，就是二级公路也还没修建，从南宁到天峨，四百多公里的路程，弯弯曲曲，汽车要一路颠簸地走上十几个小时。一车的人，不晕车的也是个个灰头土脸，好不狼狈。眼下的路，比起当年不知已经好上多少倍了，所以谈笑之间，天峨就到了。城还是那座小城，只是多了很多的高楼，气派了不少；河还是那条红水河，只是河水不再混浊，甚至清得发绿；而周围的山，全被一层一层的绿包裹着，也没了当初落寞的模样。主人说，我们这次采风也是一次洗肺之旅，让人不禁对此次采风平添了几分期待。

仿佛是想考验我的耐性似的，主办方并没有把参观珍珠李种植核心基地的行程安排在第一天，而是先让大家参观龙滩电站、龙滩天湖及燕子洞等景区。也难怪，龙滩电站有着亚洲第二大装机容量和世界上最大地下厂房水电站的头衔，大坝气势恢宏，湖面波光潋滟，两岸景色优美，是天峨人引以为傲的工程。而燕子洞景区则仿若一个世外桃源，集天坑、溶洞、峡谷、河流、沙滩于一体，是绝佳的旅游胜地。一天下来，不但洗了肺，还养了眼。

终于能见到传说中的珍珠李了！来到距离天峨县城二十多公里的长岗岭，放眼望去，目光所及的满山满坡都种下了珍珠李树。主人说这里是珍珠李种植核心区，总共有三千多亩呢！未欣赏周边的美景，我迫不及待地进到采摘园，与珍珠李来一次亲密接触。沿着园中小径漫步，只见一棵棵李树大多在两米高左右，而且枝条细密，一点儿都不高大伟岸，这多少让我有些意外。因为经验告诉我，凡好吃的果多是老树长出来的，我原以为它们应该都有相当的岁数了，谁知它们不但单棵树的树龄不大，而且整个珍珠李这一品种都还非常年轻！向导介绍说珍珠李的发现和育种过程，背后有一段故事呢：1998年8月的一天，农民崔德军在天峨县八腊乡五福村常里屯偏岩脚山林中发现一株特晚熟李实生树，树龄约四十年，树高三点八米，周边并没有其他李果品种及群体，只有它傲然生长，且其果实美观，肉质脆甜。于是，平常喜欢钻研农业技术的他便留心观察起来。经过三年的连续观察，他发现该株系的丰产性、抗病性及品质均表现优异，便采下该单株的接穗在自家门口的五株两年生的毛桃树上进行高接换种栽培试验，第二年就开始结果，并表现出与母株一样的优异品质。天峨县水果局和自治区水果生产技术指导总站得知后联合对其开展观察和研究，并指导崔德军从第一代株系上采接穗繁育了三百多株第二代苗木，定植在自家的果园里。经2004年至2008年连续观察该李果第二代株系表现出与第一代株系一致的特性，至此，宣告了这一被誉为广西"李族皇后"的李子品种的横空出世！很快，它就获得一系列的荣誉：农业部地理标志农产品、广西优质农产品、"最受消费者喜爱的中国农产品区域公用品牌"……

珍珠李，有故事的李。故事已然远去，眼前只有一串串紫红色的果实挂满了枝头，不，压弯了枝头，远远看去，就像树上挂着一串串珍珠！看着，人就已经醉了几分。信手摘下一个深紫色的果子，抹去裹在果表皮的一层白霜，诱人的果色更让人垂涎欲滴。同行的人忙着拍照，估计是打算在微信朋友圈里大秀特秀吧？而我，还是先饱饱口福再说！虽然离完全成熟还差那么一点，但还是能品尝出它特别的味道了：鲜甜、脆爽、清香……夏日里，还有什么比在这凉风习习、负氧离子浓得有些过分的山冈上一面吃珍珠李一面欣赏美景更惬意的吗？走遍天下、见多识广的田瑛老师在微信朋友圈里写道：日啖珍珠三两颗，不辞长做天峨人！我知道对于生活在繁华大都市的他而言，这话多少有些矫情，但用来描述我此刻的心境却是再恰当不过的！

是的，爱一个人、爱一个地方可以不需要理由。而我之爱天峨，只是因为珍珠李！

【作者简介】覃瑞强，《广西文学》主编、编审，大学期间开始文学创作并在国家级文学刊物发表作品，大学毕业后长期从事文学期刊编辑工作，曾获广西出版行业首届"十佳中青年编辑""壮族文学奖·编辑奖"等奖项。

◎天峨六美生态园长桌宴-李秋玲 摄

山里土菜

马中才

幼年时母亲烹调带来的某种味觉习惯一旦形成，便如花岗岩一般顽固，无论你走到哪里，也无法改变。

——陈晓卿《舌尖上的中国》

小时候家里穷，每到过年，妈妈把自家养的猪做成腊肉，挂在柴火灶上，这是接下来一年我们最期待的美味。妈妈怕我们吃得太快，会偷偷地藏一些在楼上堆谷子的大铁桶里，一直留到冬天。

每到冬天，我最喜欢七大姑八大姨来家里做客，这样的话，妈妈会神不知鬼不觉地拿出一块陈年腊肉来招待大家。其实，吃得最欢的往往是我们这些小孩。

三十多年过去了，今天的我，仍然难以摆脱腊肉脂肪致命的诱惑。可我们早已离开农村，在城里不养猪，也不用柴火烧饭。小时候最爱的腊肉成了美好的怀念。

我试图在超市里买腊肉，也试图去饭店里吃腊肉，但都不是妈妈做的那种味道。

直到有一天，我来到天峨。

天峨的腊肉金黄金黄地挂在柴火灶上，吱吱地往外冒着油。只需看一眼，我就能想象它的美味了。

你瞧，连做法也跟我童年时期的记忆一模一样。用火把腊肉的皮烧得软软的，烧得香气四溢，再放入热水清洗干净，用刀刨掉皮上烧焦的部位。整块腊肉油光闪闪，煮熟切片就可以吃了，什么都不用加，一口咬下去，那种让人目眩的缠绵，以及细小颗粒状的油脂在牙齿间迸裂的快感，让人觉得人世间最美的味道莫过于此。

当然我也知道，肥肉多的腊肉才好吃。所以在天峨，和腊肉成双成对出现的还有一道大名鼎鼎的菜——火麻菜。

◎天峨农户挑选优质金花茶-韦红卫 摄

火麻菜是天峨最常见的传统美食。先用豆浆机打碎火麻籽，再滤其浆汁煮菜。

加入火麻汁一起煮的大多为农家自种的青菜豆角和嫩南瓜，煮火麻菜时必须保持食材的原汁原味，不放油，不放盐，更不能放味精，让火麻的清香完全融入蔬菜之中。餐前来一碗火麻汤，消暑解毒，精神抖擞。

火麻菜的边上一般会配上一小碟鲜美的西红柿辣椒。盛上一碗火麻菜，再淋上一两勺西红柿辣椒汁，使其充分入味。火麻的清香与蘸料的酸辣交相呼应，天峨人在一碗小小的火麻菜上，获得了大自然的最原始的馈赠，天峨人的生活智慧，通过一碗火麻菜代代传承。

用来做酱料的西红柿，必须是天峨本地的土西红柿。这种西红柿个子小，切面大约是一元钱的硬币般大，跟城里买的圣女果有着本质上的区别。这么说吧，我有个两岁的小孩，不爱吃饭，很挑食，但只要我说，吃西红柿咯，他就热烈地跑过来了。这种天峨的小西红柿去皮之后，给他做成西红柿酱，用它来拌饭或拌面，他一口气能吃下一大碗。

有段时间，家里存的天峨的小西红柿吃完了。我为了继续让他吃饭，去买了南宁菜市场里普通的圣女果来给他吃，结果他吃了一口再也不吃了。

小孩对味道是如此敏感。此后，我买了个超大的冰箱，每当夏天，天峨的小西红柿熟了，我就托人帮我买上一百斤，放在车上运回南宁，冻在冰箱里，小孩就可以一年四季吃饱饱了。

我认真地比较过天峨的小西红柿和其他西红柿的区别，普通的西红柿味道比较寡淡，就像加了化肥快速催熟的感觉。而天峨的小西红柿厚重香浓，酸味和甜味都没有被驯化，一颗一颗仿佛吸饱了天峨的日月精华，这种朴质而饱满的美味让小孩也对天峨充满了依恋之情……

要是用这种西红柿来煮鱼的话，那就更是让人欲罢不能了。众所周知，天峨被红水河环绕着，红水河里有一种特别美味的鱼叫芝麻剑，此鱼无鳞，形似剑，鳍锋利，因身上有芝麻状斑点而得名。芝麻剑对水质的要求特别高，不能人工养殖，它们潜在深水之中,一般喜好50米以下的水域，极难捕捉，所以是一种非常珍贵的淡水鱼。

好的食材，简单烹饪，方能保持其最佳的风味。天峨的西红柿炖红水河的芝麻剑是一种绝配，芝麻剑肉质肥美细嫩，体色灰白，如同包着一层胶质蛋白，且无细骨，配上酸甜的西红柿汤，放少许盐、少许姜，加大火力，鲜美的汤汁沸腾起来，锅底的鱼块与水面的小番茄碰撞着，演奏出美妙的交响曲，洋溢着天峨独特的山珍海味之鲜香……

芝麻剑焖豆腐更是别有一番滋味在心头。不过如果说到豆腐的话，天峨人更爱做豆腐酿。做此道菜必须用天峨本地小黄豆来磨豆腐，豆腐要稍微老一些，切成长宽高均为三厘米左右的正方体，在豆腐块其中一面的中心挖一个圆，让豆腐成凹形，用肉馅把挖出的洞填满，肥瘦相间的肉馅深深地陷在豆腐的凹槽里，和豆腐融为一体，然后放置煎锅，两面煎至金黄，荤素搭配的味道飘散而出，最后加入鸡汤或者排骨汤，用小火慢慢炖着，汤味清香，越炖越香。这就是最普通也最美好的天峨人的家常滋味。

此刻的我突然明白，真正的农家乐，远不是挂上“农家乐”的牌子所能实现的。

吃饱喝足之后，也不用刻意去找景点，沿着县城的红水河岸，走一走，放眼望去，山水相接，夕阳还没下去，云雾却已萦绕……

【作者简介】马中才，“80后”作家，中国作家协会会员、第七届“新概念作文大赛”一等奖获得者、鲁迅文学院青年作家班学员，“螺蛳粉先生”创始人。已出版《黄了青梅》《我的香秀姐》《且让我忧伤》等八部小说。

◎龙滩美-韦汉国 摄

◎月色木棉-周青 摄

醉美天峨

张亮华

2012年10月，我作为新华社广西分社的实习记者赴河池采访关于敬老院的建设问题。那是我第一次到天峨。

采访团从都安出发，经大化、巴马、东兰、天峨，最后到南丹，一共四天的行程。沿途一路采访，身体早已疲惫不堪，当汽车从东兰行驶到天峨境内时，我只感觉汽车一直在山路上行驶，隔一阵子就是一个大弯，我坐在车后座，被晃得越发疲倦。虽看见车窗外一片青翠，却根本无心欣赏，只得闭上眼睛休息。到了天峨县城，吃过午饭后，天峨县委、县政府安排采访团观赏龙滩大峡谷。原本以为终于可以好好看看天峨的风景，却没想到去往龙滩大峡谷，首先就是爬山，汽车要经过十一道拐才能到达龙滩大峡谷的观赏点。身心的疲惫，让我到了观赏点之后，甚至连发出一声“啊”的兴致都没有了。所以，我第一次到天峨，是

“醉”倒在了天峨的山路上的。

有了第一次的体验后，这次受天峨县委、县政府邀请，参加“文学名家天峨行采风活动”，我心里难免有些压力。为了避免再一次地“醉”倒在天峨的山路上，我上了中巴之后，便戴上耳机，拉上窗帘，倒头睡觉。直到中巴行驶到南丹停车休息，我才彻底醒来。

在南丹简单休整后，重新出发。南丹至天峨的路程，远没有我所害怕的那么蜿蜒。我拉开窗帘，听着喜欢的歌曲，一路欣赏沿途的美景。道路两旁青山林立，树木茂密青翠，汽车仿佛是在一片生态园林中穿行。青山转角处，不时露出的一池碧水，就像是这青山的眼睛，更增添了无限的生机。我不免有些怀疑，我第一次到天峨时的景色，真如眼前的这般吗？

天峨采风活动的第一站是龙滩水电站。从酒店出发，一路沿着碧波荡漾的红水河驱车行驶。绵延不绝的红水河，流淌在这青山之间，美得像一条碧绿色的彩绸，随风不断地舞动；又像是一个花季少女，温婉动人。驱车十多分钟后，来到龙滩水电站。下车后，采风团一起前往电站的水坝参观。我在队伍的最后，刚走上水坝就听到前面的老师在喊，快来走这里，走这里。只见水坝中间有两排铁网，好多老师正在铁网上行走，并招呼在铁网旁边行走的老师走上去。我走到前面，凑近铁网一看，铁网下方正是波涛汹涌的红水河。透过铁网看下去，河水不断翻滚，荡起层层浪花，此时的红水河已经变成了一个大山深处的威武壮汉。我从小怕高，看见铁网下方翻滚的红水河后，我赶紧退到旁边的过道。看着越来越多的老师都走到铁网上面来感受这份震撼，我心里也越来越痒，脚步颤抖着再一次走到铁网上面，眼睛朝铁网下方望了一眼后赶紧抬头看前面。一边慢慢向前走，一边深呼吸。我克服心里的恐惧，再次看向水面，顿时感觉一浪高过一浪的红水河充满着万千豪情，一曲“滚滚长江东逝水，浪花淘尽英雄”在心里油然而生。

当我还在恐惧和震撼中陶醉时，又听到有老师在喊“好多的鱼”。我赶紧走过去，看到红水河的浅滩上，一大群鱼正悠闲地嬉戏，它们偶尔还会集体露露肚皮，出来晒晒太阳。水坝两边的红水河形成了两种完全不同的性格，一边霸气豪迈，一边静谧安逸。

与龙滩水电站的惊险刺激不同，龙滩天湖是一片祥和。乘上游艇，在广阔的湖面任意航行，视线所到之处，尽是白云蓝天、绿水青山。这样的美景之下，只适合泡上一壶红茶，安安静静地品茗欣赏，稍稍地喧嚣，都会担心将这一方世界惊扰。

采风活动第一天的最后一站是龙滩大峡谷，这是我第一次到天峨时就曾到过的地方。再次来到大峡谷，没有了采访的压力，没有了身心的疲惫，终于可以轻松地欣赏大峡谷的风景。沿着观龙台的石阶拾级而上，每到转角处都会拿起手机，不断调整角度，谨慎地构图，生怕拍坏了这壮丽的山河美景。稍微有些遗憾的是，下午的天空，白云密布，蓝天躲了起来，所以拍下的照片，总觉得因缺少了天空的那一抹蓝而失去了些许光彩。

我不免又有些后悔了，为何我第一次到天峨时没能好好欣赏这番美景？幸好又得此机会，能再访天峨，观电站赏峡谷，沉醉在这绝美的山水之间。

天峨采风活动的第二天上午，我们到了天峨八腊龙滩珍珠李现代特色农业（核心）示范区参观。九点四十五分，站在珍珠李种植基地的龙脉上，望向天空，一边是艳阳高照，另一边是明月当空。我第一次见到快上午十点时，皓月仍在与太阳争辉。

尽管在到达天峨的第一个晚上就已经品尝到了早已耳闻的珍珠李，但是当真正踏足珍珠李的种植基地时，我仍难以压抑激动的心情。我从未想过，李子竟也可以像葡萄一样，成串成串地长。走进果园，看着一颗颗长得跟个胖娃娃一样的珍珠李，赶紧摘下几颗品尝。吃完拍照，发朋友圈，好友们看到后也都纷纷留言称赞，馋得不行。

这一次，我沉醉在了天峨珍珠李的甘甜里。

钟红明老师说，天峨是一个美得让人想睡觉的地方，的确如此。“文学名家天峨行采风活动”虽只有短短的两天时间，却重新建立起了我对天峨的印象，天峨的山、天峨的水、天峨的珍珠李……都美得让我沉醉。这是我第二次到天峨，我想这绝不会是最后一次，我定会再访天峨，到这山美、水美、人美的天上人间大“醉”一场。

【作者简介】张亮华，广西民族大学文学影视创作中心秘书，青年作家。

百宴公·见夕山

羊 狼

百宴公求雨

在天峨县向阳镇流传着这样一个传说。

古时候，向阳是一个青山环绕、绿水环流、绿树成荫、良田万顷的世外桃源之地。人们在这里安居乐业，人丁兴旺，生活十分美满。有一天，天降异象，东方神光浮现，夜间也能照亮整个向阳古村。古村上有一农妇怀胎整一年未生产，却在这一夜疼痛袭来，生下一肉球。这一事情在当地迅速传开，人们纷纷前来看这一肉球。只见肉球周身通红，布满血丝，还在跳动。人们议论纷纷，有的说是妖，也有的说是神，众口不一。

正当此时，有一老者走进门来。只见他一身粗布，精瘦而精神朗朗，长发白须，颇有仙风道骨之貌，老者走上前来，劝说大家莫惊慌，此肉球并非肉球，说着口中念念有词，用竹刀轻轻一划，肉球随即破开，一婴儿从里面传出哭声来。

老者抱起婴儿，面露微笑，仿佛捧着珍宝一般，对众人说，此子乃为村民而生，必为村民渡劫而来，说完把孩子送到其母亲怀抱，取名村生。

时间很快流逝，村生长大成人，其眼大而有神，其鼻梁挺直，身形高瘦，被人们说是“筋骨人”。村生热情开朗，经常帮村民做力所能及的活，今天帮这家打柴，明天帮那家锄禾，哪家有事，他都到场帮忙，村民将之都视若己出。

然而，这样和谐美满的生活并没有过多久，向阳古村就开始天地大旱，寸土龟裂，河流断流，禾苗干枯，毒辣的太阳将人、猪、牛、马等烤得死的死、伤的伤。村生非常着急，每天都想方设法寻找水源，拯救村民。有一天，村生来到一洞穴寻找水源，似乎听到潺潺流水声，于是村生打起火把钻入洞中，寻流水声而去。村生走到洞的尽头也没发现流水，只见一面铜鼓和一只鼓槌，村生拿起鼓槌敲了下铜鼓，谁知铜鼓没有发出咚咚的响声，却说起话来。

“村生，村生，你终于来了。”

村生说：“你是谁？”

铜鼓说：“你莫怕，我是鼓神，有一老者把我困在这里，你带我出去，我能跟你一起求雨。”

“怎么救你？”村生说。

“你把贴在我身上的符取走，从旁边水洼里取点水淋在我身上，然后你就能把我提走了。”

村生照着铜鼓说的话做，果然，取走符后，旁边干涸的水洼开始汩汩冒水。村生又将水淋在铜鼓身上，轻轻一提，铜鼓就起来了。村生提着铜鼓回到村中，向大家讲述了遇到铜鼓的事，村民们都觉得神奇，于是纷纷拿出自家仅有的东西准备宴席，祈求上天降雨。

按照铜鼓的指示，人们准备了一百桌宴席，在西面的猪头山上祭拜苍天，祈求雨水。村生敲响铜鼓，恳求上苍降雨，拯救民生。一连七七四十九天，村生尽职尽责，又渴又饿，面对一百桌的宴席，却始终不动一点贡品，终于在第四十九天生命耗尽，倒在满桌的贡品旁。村生终于感动了天庭，普降甘霖，拯救了一方百姓。

普降甘霖时，村生突然活了过来，升向天空，衣袂飘飘，向西方而去。从此，向阳的人们都相信村生变成了神仙，并在他求雨和飞升的地方盖了座神庙，取名“百宴公”，年年香火鼎盛。（根据向阳一带流传的“百应公传说”改编。）

我们去爬见夕山

天峨山高，人们总要仰视。

仰视时，抬头，挺胸，把目光射向山巅，然后总想看一看山背后还有什么。

见夕山，新修的路，曲曲弯弯十一拐，才到达山巅。这里是夕阳沉睡的地方，所以称为见夕山。这座山满身石头，也叫见石山。但无论怎么叫，人们还是任性地从山脚爬到山顶，来来回回，于是便有了一条羊肠小径。

爬到山顶需要两个多小时，九十多岁的老人，用沧桑的语言和浑浊的目光描述。沿着她那被时光削瘦的手指，我站在蔗林旁看到那条羊肠小径钻入云端，仿佛一条通天之路，粘住我悠长的目光。那时候我觉得见夕山真的很高，很神秘！

春种玉米，人们开始背着背篓去耕耘见夕山上的地。在春寒料峭中，他们弓着背，贴着路，仰着头，四肢攀爬，顺着那条羊肠小径，钻入云雾中。裤脚扫着晨露，粗气吹散湿雾，汗水抵抗春寒，渐渐地，他们变成蚂蚁般的小黑点，消失在大山深处。

人是铁，饭是钢，不吃干饭爬不了山。“干饭不吃吃稀饭？”在爬见夕山小径时，这句口头禅常挂在人们的嘴边，也挂在我儿时的伙伴罗嘉林的嘴上。

那时候的罗嘉林个子瘦小，皮肤黝黑，总是学着大人的模样，昂首挺胸，阔步走路。我们相约去爬山，只为去找他的父母亲。一个小时后，半道上，饥饿袭来，两腿发软，我们肚里的那点稀饭早就没了踪影，这才想起罗嘉林的口头禅。我说歇会儿。他说大概你真的饿了，我有办法。于是他从乱石缝中扯出一棵蕨类植物，根部长着毛茸茸的圆溜溜的茎块。把毛擦掉，放在嘴里嚼烂，吸汁，渣吐掉。我照做，汁液微甜、涩，但解渴。罗嘉林说这是猴子的食物，我管它叫“猴蛋蛋”。

吃过“猴蛋蛋”，疲劳和饥饿消除了，再继续爬山，此时的罗嘉林嘴里唱起了歌：“阿里，阿里蹦蹦（巴巴），阿里蹦蹦（巴巴）是个快乐的青年……”现在想来，蹦蹦一词多么铿锵有力，像是擂响的战鼓，让人精神振奋！

当人们看我们也像蚂蚁一样的黑点时，我和罗嘉林开始钻进云雾里。山风微凉，从草从上掠过，游走飘荡；虫子的歌声浸染晨雾的朦胧，缥缈不定，或近或远，昨夜的歌手此时也渐入梦乡；带刺的藤蔓四处攀爬，跨过沟坎，爬上树巅，无所不在，无论到哪里都用刺留下印记；灌木丛才钻出些嫩黄色的芽，老叶却早已色彩斑斓，这里一块，那里一从，那是高明的画师不小心打翻了调色盘，让见夕山春意盎然；孤独的云杉依旧叶子葱茏，它站在悬崖上，树冠优雅得像雨后的天边飘浮的云朵，以一种姿态见证奇迹的力量。

穿过云层，便看到见夕山直指苍穹。云层下的峨城还是清冷的早晨，云层上的见夕山早已云海苍茫，晨光四射，此景应在天上有。对着远方的太阳放声呐喊，似乎那云海也波涛翻滚，神龙现形。如火的红色、温馨的橘色、清凉的白色、舒展的青色，仙境亦当如此罢。

罗嘉林眺望云海，笑容挂在脸上，灿如云霞。

这些，都是儿时的记忆了。当年告诉我小径的老人，在见夕山上的一片竹林中静静安歇，这里有风、有草、有石头，也有见夕山五彩斑斓的盛装！老人的模样模糊了，但她挺直腰杆，转身，抬臂指路的姿态依然清晰，她的话带着高山汉语的腔调，“爬上去，就是你们要去的地方。”

当年爱唱“阿里蹦蹦”的罗嘉林，几经挫折，成了商人，生活富足。这些年见到他，也总是昂首挺胸。提起当年的歌声，他依然笑着脱口而出：“阿里，阿里蹦蹦（巴巴），阿里蹦蹦（巴巴）是个快乐的青年……”

见夕山，依旧是见夕山，即使时光的车轮辎重碾压，也丝毫改变不了它威武高耸的模样，人们只好一代接着一代，弓着背，贴着路，仰着头，顺着那条羊肠小径攀爬。

久而久之，天峨人养成了一种习惯，仰头看看山，没事走一圈。

新修建的盘山公路，弯弯曲曲爬上见夕山。无论是清晨，还是傍晚，只要不下雨，总有天峨人沿着盘山公路爬山。他们或小跑，或快步，昂首挺胸，数着：一拐，两拐，三拐……直至汗流浃背。有的人嫌盘山公路过于平缓，便寻找当年的羊肠小径攀爬而上，练练腿脚和手劲。

八拐是最佳地点，那里有棵百年老木棉，地势稍微宽阔，也是天上人间的分界线。清晨，人们观日出，赏云海，心情舒畅；傍晚，人们看峨城，赏夜景，乘凉养神。

返程时，人们也是大步行进，昂首挺胸。熟悉的，打打招呼，询问爬到了几拐，到八拐的露出骄傲的神情：“不多，八拐！”有的只爬了三拐、四拐，也总有说辞：“明天五拐，后天六拐，直到山顶！”不熟悉的，相遇时也微微一笑，目光中露出赞赏：欢迎加入我们的队伍。

天峨人对见夕山总有忘不掉的情结。毕业那年，我和当年的一位文友徒步两个小时到达见夕山顶，坐下来，静静地写作，直至夕阳沉睡，后来他写了一篇文章叫《我吃辣椒我跳舞》，时时砥砺前行。东西是否征服过见夕山我不知道，但大山里的娃打小就征服过座座山峰。正当人们怀疑东西写不出东西的时候，《篡改的命》轰动文坛。文坛前辈陈福国大病初愈后，每天攀登见夕山两趟，渐渐地身体健朗，步行如风。而那些爬见夕山的人，都想自己快乐健康，除了肉体，还有精神。

如今，想要征服见夕山的人越来越多，胖的变瘦了，瘦的变壮了，他们在征服大山的同时，也在征服自己。

到了天峨，不爬爬见夕山，实在可惜！

【作者简介】羊狼，原名杨怀宇，男，壮族，广西天峨县人，中国少数民族作家学会会员、鲁迅文学院第十一期少数民族作家创作培训班学员、广西作家协会会员、河池市作家协会会员、天峨县作家协会副主席。有作品散见于《中国艺术报》《广西文学》《北欧时报》等国内外报刊，小说《影像里的疼痛》参加海外文轩征文比赛获一等奖，散文《窖藏醇烈的真爱》获丹泉杯征文比赛一等奖。现供职于天峨县六排镇人民政府。

◎珍珠李–王明福 摄

天峨之李

谭云鹏

让我流连的不是天峨的山，不是天峨的水，而是天峨的情怀。

坦率地说，天峨的山是巍峨的，天峨的水是诱人的。只不过我的家乡也山清水秀，与天峨的山水不分伯仲，所以天峨的山水对我而言，失去了吸引力。

进入天峨的地界，一幢别墅型的房子坐落在红水河明澈的右岸，水是碧绿的颜色。水中，有一座小岛屿，像是人为镶嵌上去的模样，极其安详，静谧得出奇。岛屿的四周，漂流着欢乐而愉快的鸭子。它们在水中放纵，称心地嬉戏。鸭子是白色的，在正午的阳光中格外醒目。我的目光里，全部都是鸭儿闪亮的背影，还有荡漾在水影中绿色的波涛。这时候南丹县文联主席宋先周走过来，指着一大片水域说："也怪，这红水河，到了龙滩下游这段，全部都变清了，一年四季，没有浑浊的感觉，失去了红水的颜色。"听他的语音，好像有点惋惜的味道。我也不去追究她变绿的缘由，绿就绿了，有什么不好？这也许是天然的造化，是一个地方的灵性。许是有了这种灵性，天峨这两个字，很自然地在人的心中珍藏着，也就滋润了这一方水土。

正因如此，在那幢别墅型房子旁，公路左侧，耸立一块巨大的石碑，石碑上镌刻着"天峨国家森林公园"的草书字体，光是这几个字，就让我心里有着一种意念，天峨着实不同凡响了。

为了赶路，我们不得不抽身离开，向县城方向飞奔而去，来不及道一声"再见"。

至此，天峨在我的臆想中渐渐清晰了起来。

我们入住的地方是五吉大酒店，我想这应该是天峨最好的宾馆了，要不怎么安排中国当代的几个著名作家住呢？

往常，我们这种级别的人入住的宾馆是没有水果伺候的，但我开门进房，最先映入眼帘的是一碟正在散发鲜香的天峨珍珠李。它被一层保鲜膜包裹着，拥挤在一张茶几上。

天峨珍珠李，这名字对我来说耳熟能详，在我们当地，许多人都在叨念着它。品尝过它的人，都在熟人面前竖起大拇指，并为之而骄傲，让人心痒痒的。但我从没有品尝过它的味道。茶几上，它像一位美艳的少妇，通体透明，分外迷人。我并没有马上撕开，先是掏出手机，对准着它的身姿拍了下来。我要发在微信上，让所有喜爱它的人口涎潺流。就在发微信的时候，我给它配了一幅画，并写道："来天峨参加笔会，入住五吉大酒店，开门进房，一碟天峨李静静卧在茶几上等待，我即扑了上去……"就这么几十个字，我即招来许多微友的质疑："李静静？扑上去？"仿佛我是个色胆包天的大流氓。我只好解释："是天峨的珍珠李，不是李静静，但可以叫李珍珠。同时请你再读'一碟天峨李静静卧在茶几上等待……'读完一碟天峨李要稍作停顿。哈哈……"

是日，踩着从山顶泻下的阳光，我终于要与珍珠李会面了，要去的地方是天峨八腊龙滩珍珠李现代特色农业（核心）示范区。在去天峨之前，佩华兄开了微信群，名曰"果香之夏天峨行"，我看到发在群里的珍珠李，它不仅枝繁叶茂，而且果实累累，像一个人的手臂上挂满着红色乒乓球似的。一会儿，我就要品尝这新鲜的果实了。

我的口水在流。

为了便于购买珍珠李，我们不坐团队安排的车辆，自行驱车前往目的地。随行的有孟爱堂、宋先周。车子沿路穿行在绿色的树丛中。远远地，我们就闻到了果木的清香。路边的农舍，散落着一幢幢钢混结构的楼房。门前，自然有一小摊的果子，鲜艳得令人心动的珍珠李。我想，这便是天峨珍珠李的故乡了。坐在后排的孟爱堂说："天峨有好几处珍珠李示范基地，这只是其中之一。"

一座座丘陵，挤满翠绿的枝叶，像绿色的波涛。一丛丛长满果子的树杈，像一只只健康饱满的手臂，从林子里伸出来，似乎在迎接我们。

穿行在李子树丛中，我眼里尽是果子的姿媚。人在这种意境中游弋，心也就醉了，但我醉的不是它的媚意，而是苦心经营它的人。这坡地原先应该是一片荒凉，秃木残亘。是何许人给它披上了绿装，并且财源滚滚？我想这需要胆识，需要远见。于是，我敬佩这些决策者。

弯弯曲曲的小路延伸到坡顶，从坡顶上俯瞰四周，一半峰峦滴翠，一半水意绵绵，天峨的雄姿尽收眼底。坡顶凉亭上凉风习习，风将所有的热浪驱散，把人的私心杂念赶走，是一处修身养性最好的休闲地。

在情意深深的坡顶上，人的心境自然滋生着一种友爱、情谊。这种友爱和情谊缘于全国著名作家和编辑，以及区内的文学名家。像苏童、王干、宗仁发、田瑛、钟红明（女）、谢有顺、安殿荣、彭恬静，如广西作家东西、凡一平、黄佩华、鬼子、朱山坡、田耳、胡红一、李约热、红日，等等，每个人都有一群作者抢着和他们照相，我只好靠在一旁，偷拍着他们微笑的神情和欢悦的合影……

该是品尝珍珠李的时辰了。一条用水泥铺就的小路蜿蜒着从坡上向下延伸，穿入珍珠李芬芳的腹地，参加笔会的人员鱼贯而入。小路被浓郁的李树遮挡，不只多了一份阴凉，更是包含着一片情意。

这是最惬意的时刻，珍珠李黄了。在枝丫上鲜艳又透红，有的随手一摘，就将它塞进嘴里，“啧啧”地嚼了起来，那声音犹如一支歌。而我却看见黄佩华老师直接用嘴巴把果子衔入口中，那姿势就像婴儿吃奶一样，我想这种吃法的味道一定很独特。

【作者简介】谭云鹏，广西都安县人，毛南族，中国少数民族作家学会会员、广西作家协会会员，出版有小说集《文工团的女孩阿玲》，作品集《我心目中的一条河》《瑶山花》。现为都安瑶族自治县文联主席。

◎畅游川洞河-宁昌诚 摄

秋游川洞河

罗家华

趁国庆长假，我再次游览了川洞河。

那天，当我和文友叶红驱车赶到川洞河时，晨曦已退，秋阳正艳。我们登上了当地村民的竹船,随着咕噜咕噜的划桨声，川洞河秀美的风光依次展现在我们眼前。

竹船像一弯月儿在河中行走，倒影在水中的蓝天、白云、绿树、花草，随着微波荡漾而不断地摇曳着，酷似一幅迷人的山水油画。“啊，好美！”叶红露出他内心的那份骚动，双手情不自禁地舞起来。我也心花怒放，口中念念有词:此景只应仙界有,人间哪得几回见?

啊，川洞河,你原本是位激流奔涌的豪放男子,自龙滩水电站截流投产后,突然变性成娴静柔顺的壮家闺女,梳妆打扮后“嫁”进燕子湖景区,多少游客慕名而来,跪倒在你石榴裙下而流连忘返。

竹船渐渐到了河的中央，河面及周边的景色，已不完全是原先在码头时所望见的缥缈模糊的样子，而以另一种新生的美丽进入我的视觉。瞧，这里的风与景在交谈，鱼与水在拥抱，蝶与蜂在飞舞，花与草在私语，这一切，都若隐若现于原生态的自然环境里。太美了，大自然给人类的无私馈赠,比梦里看到的秋水映月、画舫凌波、仙女散花的光景还要迷人。

更有趣的还有河里的水，它有点特别，水是碧绿绿的，看起来柔而不娇，像是仙女沐浴后的净水，真想跳下去玩个痛快。我们初上竹船的时候，秋阳尚未热烈，那漾漾的柔波是这样的恬静、婉约、多情；到了秋阳正浓时，柔柔的又变为静静的了，静到像一面镜子，如梦一般。水面上那偶然闪烁着的柔光，由远至近，波粼粼的，好怡情悦性啊。

竹船悠悠前行，我偷偷朝着周边的景致频送秋波。哦，前方蓦然一亮，那高山峭壁间的巨大岩洞直闯眼底，这是神秘的川洞吗？撑船的村民说：“这就是川洞，洞高约120多米，洞宽30多米，前洞口到后洞口全长400多米，洞内与洞门大致为同等高大的空间。这洞，还有一个美丽的传说呢！”

联想把我带进了另一个梦乡，那个美丽传说的来历，已随着村民的述说在我的思绪里渐渐弥漫开来……

很久以前，川洞河一带，在一个春夏梅雨时节，一连几天下着大雨，山洪从四面八方不断聚集涌进了川洞河，由于华壁山挡住了洪峰的出路，洪水积蓄成灾，山后村寨、田地、房屋等财产迅速被淹没漂浮于洪水之中。村民们扶老携幼纷纷往山顶逃生，并在山顶上跪地祈祷，哀求上天神仙拯救。

正当村民们悲痛至极之时，一群燕子飞来，盘旋在村民上空，“叽叽喳喳”叫个不停，这是告知村民，它们要飞上天庭向玉皇大帝求情为人类消灾。为此，玉皇大帝深受感动，立即传令蚂蜗神仙调停风雨，选派七鼻兄弟直赴凡间,七鼻兄弟带着仙钻仙斧和一只金龟腾云驾雾来到了此处的华壁山上。七鼻弟弟在山后劈山，七鼻哥哥在险要的前山凿洞，金龟在河床下游掘土推沙，排杂疏道，清理河床。他们苦战了七天七夜，七鼻弟弟越战越勇，不小心，失手将仙斧掉落入洪水之中。“轰隆”的一声巨响，将快要凿穿的岩洞震通了，积蓄泛滥的洪水像猛兽般地冲破了山前洞口，把正在专心作业的七鼻哥哥给冲走了。随后，七鼻弟弟疯狂地四处寻找，边走边大声喊叫“哥哇，哥哇，哥哇……”。四天四夜过去了，依旧见不到七鼻哥哥的踪影，只看到了华壁山峭壁间呈现了一个巨大的岩洞。

第五天清晨，洪峰消退了。天边飘来了一朵白云，云端上传出一阵阵山歌声：“七鼻哥哥变青龙，燕子保佑岩洞中。金龟幽盘坡结地，弟弟报警醒洪峰。”响亮的山歌声久久萦绕在川洞河的上空，七鼻兄弟的身影也随之无影无踪。他们远离了人间吗？听说七鼻哥哥化风归隐为川洞河中的青龙，保护川洞河常清秀美；上天求情的燕子飞回了岩洞中，护卫岩洞的雅静与清幽；金龟盘爬到了坡结养益寿千年；七鼻弟弟变成一只秧鸡，每年时逢春夏梅雨季节，在河边田野巡游，“哥哇，哥哇”地喊叫，以提醒人们预防洪水袭击……

“燕子姐妹真灵验，上天请来七鼻仙。凿山穿洞放洪水，人间受益千万年。”突然，岩洞中传来一阵优美动听的山歌声，让我的思绪瞬间回到了现实。我循声望去，看见唱山歌的是一位妙龄少女，她唱得清亮而婉转,余音久久在我耳际萦绕。我猛然有所悟:“川洞”为何这般得天独厚？原来是七鼻兄弟用仙人之身换来的造化啊！七鼻兄弟的精神深深震撼我的心灵。

竹船从前方的洞口渐渐划进洞中，光线已由明至暗，但我能依稀看见洞内奇形怪状的钟乳石如狮如龙，如凤如麟，如龟如蛇，如花如鸟……琳琅满目，栩栩如生。想不到远离的仙人，当年为人类消灾时还潜藏如此深厚的艺术底蕴。当我仰头时，还看见一群群燕子从钟乳石上惊起，乍高乍低地飞着，不时传来一阵阵悦耳动听的妙音。宁静片刻，燕子又纷纷飞回停留在原先的钟乳石上，先是观察我们的动静，后是朝着我们亲切地张望，似乎它们已恢复了平静，适应了我们的到来。看着如此有灵性的燕子，我又想，这是不是当年上天求情于玉皇大帝的燕子仙女的化身呢?

竹船穿越洞后，呈现于眼前的是神秘的天坑和长满原始森林的两岸。森林丛中不时有野猴儿在嬉戏，上蹿下跳，悠然自得，好逗人心欢。啊，洞后比洞前热闹多了，船一半泊着，一半在水上穿梭似的来往。游客比先前来得更多了，有男有女，有老有少。他们有的捧着画具，想把这里的美景定格在自己的心灵；有的不时拿出相机或手机对着景观连连拍摄，想把这里的美通过照片带走；有的不时拿出笔记写上几句；有的索性对着景观愣愣发呆。竹船继续前行，湖泊的水面渐渐变小了，至终成了河流。此时的河流比春季瘦了，但它瘦得很美，叮咚叮咚，清脆悦耳的河水声是那么柔美，像是一支动听的歌。河中裸露出水面的大石头，它们以不同的姿态或躺或立于河中与流动的水相拥相依，有的因河水的冲击，石头上泛起一团团雪白的浪花，在秋阳的折射下，显得更加洁白和生动。在河水底部，有鱼儿在鹅卵石丛中自由自在地追逐嬉戏，小鱼儿不时跃出水面，溅起一粒粒晶莹剔透的小水珠。我捧上一串水珠仔细瞧瞧，可手心里的却是一汪清水。

沿河岸边长满植物，有许多不知名的野花掺杂其中，伸出它们或红或蓝或黄或白的花样。微风过处，它们飘来淡淡清香，如此雅静鲜活的美景，是不是东晋诗人陶渊明所描写的那个世外桃源？此时，我已忘掉世俗烦忧，原先川洞河那些凌乱的印象，瞬间转化为最美好的记忆。

秋阳已渐渐偏西，我们的竹船开始返航了。在后洞的不远处，我挺腰抬头，再次仰视“川洞”背后的洞口，这洞口的形状宛如一只巨大的仙人脚印厚重而庄严，远望虎虎生威，近看百般亲切。岩洞壁面依稀看到类似斧劈般的印痕，每道印痕里裸露出灰白黑几种不同的色素条纹符号，似经文又像是天书。触摸好久，我也无法读懂它的含义，只觉得它既旷古又神秘。我猜想，那些条纹符号或许是传说中七鼻兄弟当年为人类行善时遗下功德的印记。不然，人世间哪有如此罕见的神奇壮观的岩洞呢?

上岸后，我还是似醒非醒，意识里依旧走不出那里翠绿的山、茂密的林、奇异的花、凉爽的风、清澈的水、神奇的洞、灵性的燕子以及河水里那自由自在的小鱼儿……

【作者简介】罗家华，男，壮族，广西忻城县人。酷爱书法、文学。现供职于中共天峨县委宣传部、天峨县文联。

神奇的岩石

罗仁德

公母石

在天峨县六排镇都隆村都隆屯，有两个南北相对、相距数里的路边巨石。这两个巨石形状相似，大小相同，在巨石的半腰上还各有一个同样大小的玉镶石眼吹嘴，人们用嘴贴着石眼吹嘴能吹出“呜呜”的声音来。北面巨石吹响的声音粗犷洪亮，人们把它称为“公石”；南面巨石吹响的声音尖锐刺利，人们叫它为“母石”。传说，若有人吹响“公石”，能使“母石”同时呼应，石嘴就会逐渐变大成石洞，洞里就会现出金子来。

相传在古时候，有个帮人放牛的孤儿名叫勒甲。一天，勒甲在北面的“公石”吹嘴上“呜呜呜”地把石头吹响了，响声穿过云霄，传到南面的“母石”，“母石”当即“吁吁吁”回应着。这时，只见北面“公石”的吹嘴慢慢变大，变成一个石洞，洞里金光闪闪，一大堆金子出现在勒甲眼前，勒甲好奇地伸手抓了三把金子放在衣袋里，高高兴兴地回家去。

财主卜苏发现勒甲的衣袋里尽是金子，非常吃惊，也很眼红，只见他三角眼一转，就一口咬定这金子是偷来的，把勒甲衣袋里的金子搜刮得干干净净，占为己有，还连哄带骗地要勒甲把吹石得金的事告诉他，年幼无知的勒甲便带着卜苏去吹石取金。

勒甲带着卜苏来到“公石”旁，卜苏急忙贴着石眼子使劲地吹，吹呀吹，吹得面红耳赤、汗流浃背；吹呀吹，吹得舌干嘴辣、头晕眼花，“母石”都没有一点响应，更见不到什么金子。这时，吹得累趴了的卜苏瞪着双眼，恶狠狠地威胁着勒甲说：“你这小子狗胆包天，竟敢哄骗我来吹这颗大石头，你不老实告诉我，我要把你打死在这里！”勒甲对卜苏说：“主人，这是真的。

我没有骗你，就是这个石头，不信我吹给你听看。”于是，勒甲贴着“公石”石嘴，毫不费力地把巨石吹响了。“呜呜呜”的号声响彻长空，南面的“母石”又“吁吁吁”地回应了。

霎时，“公石”的石嘴变成了石洞，石洞里又金光四射地现出金子来，卜苏被迷住了，急忙伸手进石洞，连连抓了三大把金子，当卜苏又伸手进石洞抓第四把金子的时候，抓着金子的手被缩小的石洞卡住了，卜苏放开金子后，手又可以取出；卜苏又伸手进洞抓金子，可又被卡住了，放开金子，手才又扯得出来。此时，洞口合拢复原成吹嘴，金子也不见了。

贪财的卜苏抓得了三把金子虽然很不满足，但也非常高兴。他生怕勒甲把这件事传出去，晓得的人多了，自己没有捞头，就把勒甲关了起来。

第二天，卜苏独自拎着麻袋，到北面“公石”去吹石头要金子。说来也怪，他今天刚吹响第一声，南面的“母石”就“吁吁吁”地响应了。石嘴也就成了石洞，洞里依旧现出金子来。卜苏高兴极了，立即伸手进洞去抓金子，突然，“嘶”的一声，石洞缩小了洞口，把卜苏的手腕不紧不松地卡住了。卜苏放下手中的金子，但也无济于事；卜苏用力扯着，还是死死卡住。卜苏心里又慌又急，没办法，只好跪着向巨石哀求道：“神石大仙，请放开我吧，我再也不敢要你的金子了。”石头还是稳稳卡住了卜苏的手，火辣辣的太阳烤得他口干舌燥，眉焦额烫，他昏过去了。天黑了，一阵冷风吹来，卜苏醒了过来，但是手还是取不出来。刺骨寒风吹得他直打哆嗦，一阵阵虎啸狼嚎吓得他魂不附体，他哭着、喊着……

到了半夜，巨石嗡嗡地说话了，它说：“卜苏，你不该把勒甲关着呀，放走他吧，莫要伤害他，把他的金子全部还给他，否则，你全家就要挨雷公劈死的。”

卜苏听了，连连点头答应，石头张开了洞口，放了卜苏的手。卜苏拼命跑回家去，放出了勒甲，并把在勒甲身上搜得的金子全部归还给了勒甲。

勒甲走了，他带着金子到很远很远的地方去安家落户，过着幸福的生活。而卜苏的那三大把金子却变成了一堆石头。

这两个大石头，人们都称为神石。至今人们仍然经常呜呜把它吹响，可是，再也没有金子出现了。

龙铃岩

在红水河畔左岸，距离龙滩水电站仅两公里处的坡结乡纳构村交必屯的旁边有一块名叫龙铃岩的石头，因它能推摇活动，人们也叫作活乐岩。说起这个龙铃岩，它很神奇，也很神妙。一米多高，直径约八十厘米，好像鸡蛋模样，端立在岩坎石板上。岩坎下面即是悬崖峭壁。当人们用双手推摇时，它可以任你推摇活动，给你推摇晃动玩乐。如果谁人成心用力把它推下悬崖，它就立即稳坐不摇动，用再大的力气推摇都摇不动。要是另有一个人以玩乐的心思去推摇，它仍然让你推摇摆动起来。

据当地老人说，这个岩石是龙滩龙王的响铃，这个响铃非常神奇。过去这里是个渡口，叫作百友渡，行人必须经过这个渡口才能通行。由于船只少，两岸行人过往非常担忧，常常喊船渡河，有时喊了一整天都见不到一只船，只好露宿河边。一天，两岸喊渡的人很多，人们喊了大半天，都无船摆渡，渡口喊渡的喊叫声震撼了龙滩龙王。龙王顺着喊叫声来到百友渡口，它看见两岸众多的人群在喊渡，个个汗水淋漓。龙王见此情景，就摇响龙铃，顿时，召来了一只巨大乌龟，龙王对巨龟说："从今以后你要来这里为这个百友渡口过渡，要好好接送过往客人。我留响铃在这里，人们需要过渡摇响龙铃时，听到铃声你就来为人们过渡。"从此，两岸的行人来往百友渡口时，再也不用拉长嗓门喊渡了，摇摆龙铃，巨龟即来渡河，过渡非常便利。

一年夏天，大雨连绵，洪水汹涌澎湃，巨龟依然忙碌地为人间黎民百姓渡河保生。在一个漆黑的夜里，暴雨大作，在夜半三更时分，突然龙铃叮当响不停，巨龟游到渡口一看，一位身着盔甲的将领作揖躬身对巨龟说："长寿仙翁，我叫侬智高，是抗击宋兵将领，现在我们需要渡河过对岸，万望仙家大慈大悲，救救我兵马过渡，以全兵力旺盛。"巨龟听说是壮族英雄侬智高兵马，立即为他渡运过河。侬智高的兵马刚渡到对岸，宋兵也到达此岸。宋兵将领骑在马背上指令巨龟说道："死乌龟，你还不快点渡我们过河。"巨龟说："雨大洪涨，河水浑浊，我渡不了。"宋将立即叫众兵士用木棒捶打巨龟背上，压逼巨龟过渡。气愤的巨龟翻身潜进奔腾的红水河里，捶打巨龟的兵士全都被翻倒在水里淹死了，剩下的兵士逃走了，受伤的巨龟随红水河漂到下游去了。

从此，龙铃化成了一尊石头，虽然还在摇动，但再也不会有响声了，它让人们懂得了友善与邪恶的区别。怀善意的人可以摇摆它来娱乐，对存歹心的人，它就稳定不动，故此而神奇神妙。

【作者简介】罗仁德，壮族，1945年生于广西天峨县坡结乡，退休干部。广西民间艺术家协会会员、原天峨县民间文艺工作者协会主席。编纂有《天峨民族民间故事集》《天峨县民族民间歌谣》《天峨县民族民间谚语集》《天峨县民族民间舞蹈集》等40多万字图书，在国内外发表民族民间文学作品30余篇，撰写的《广西天峨县壮族蚂蜗节礼仪》荣获广西民间文艺家协会第四届优秀成果一等奖。

拜谒“风草”

韦建勇

刚到天峨，就有朋友神采飞扬地推介“风草”，说是人文景观，不远，在县城六排镇东北角一个叫火把洞山坳的崖壁上，里面藏有故事，而且鲜为人知，故事的主人是晚清府衙杨庄政。我不曾去过，在我看来，不过是晚清“芝麻官”杨庄政一时心血来潮，劳民伤财在崖壁上刻下“风草”，为自己留名，想不朽罢了，如果说有些益处，也仅仅是让后人多一方休闲摆古的去处而已。直到有一天，一场大雨过后，老天爷的脸很干净妩媚，朋友说，要是能在这种光景里给“风草”拍拍照，准能拿个文物大奖，一定要我同行，于是两人便早早上山。

原以为爬山会像蜗居斗室喝墨水爬格子一般来劲，谁知上山不久，心就跟与情人初次约会一样活蹦乱跳，似乎山间缺氧，脚底生根。朋友却得意地说，这是“官道”，“风草”主人杨庄政知府走过的路，历史底蕴厚重，爬格子的人走起来应该有那种“前不见古人，后不见来者，念天地之悠悠，独怆然而涕下”或“人面不知何处去，桃花依旧笑春风”的感悟，不然就不算骚客文人。我听了直想破口骂些什么，可瞧瞧周围满是荒草野棘的羊肠“官道”，想想日夜出没的走兽飞禽、魑魅魍魉，再回望山下人来车往的宽敞马路和鳞次栉比的大厦高楼，我似乎看见了在这远离闹市的“官道”上，那位杨庄政知府正在踽踽而行的身影；他汗水淋漓，疲惫不堪，却舍不得解开官服上的任何一颗布扣，他孤孤单单，摇摇晃晃，没有卫卒前呼后拥，没有红轿大马代步，只有路边随处可以折就的手杖和官帽上那缕独自在风中飘摇的红缨相伴；还似乎听见了他不时和山间草木、走兽飞禽呢喃一些只有他自己才明白的言语，隐约感受到了他身后又黑又长的辫子里编织着比我现在矛盾复杂得多的情感。我开始对这位早已作古的知府萌生些许敬意。这时，朋友又摆弄手里的照相机说，据《天峨县志》记载，杨知府是外地人，清光绪十年（1884年）前来纳州汉唐府任职，回一趟家，往往要徒步走上十天半月，和他相比，我们走这点路算得了什么？我被朋友的话吓了一跳，头脑也清醒许多。是啊，了解中国历史的人都知道，晚清光绪年间，朝政腐败，权欲横流，匪夷当道，何况当时的天峨山高路险，地广人稀，又无车船来往，家人团圆，如行蜀道，杨知府竟能偏安此地，为民操劳，其忠君之心、爱民之情，不可与我等闲之辈同日而语。倘若时光可以倒流，杨知府必定是时代楷模、民族精英了。想着想着，心海里就抑制不住荡漾“风草”的种种英姿，先前的疲惫早已烟消云散。

雨后青山，宛如刚刚出浴的婴儿，到处弥漫着大自然的馨香，晚秋季节，恰似一地库藏，刻录着遍野瓜熟蒂落的歌声。已被当地人用石灰水染成白色的“风草”，在这样的季节里显得更加璀璨耀眼、庄重洒脱，远远望去，胜似一束盛开于崖壁上的雪莲，和着周围的绿树鲜花，更像风雨中一幅永不衰老的画卷。在那铿锵刚遒、浑然一体的一笔一画中，我仿佛看见杨庄政知府正站在搭好的木架上，高绾长袖，静气凝神，挥毫疾书，让如雷的心声、如流的情感缓缓溶进傲然屹立于天地间的高山怀抱。杨知府为何抉择“风草”，而不是“花草、风光、风采、风范”之类的文字雕刻于崖壁上？朋友说，《天峨县志》是这么颂载的：清光绪十年，杨庄政在天峨纳州汉堂府任职期间，曾走访百姓，体察民情，当得知属地大户叶氏虽家财万贯，但目无国法，私设牢房，作威作福，鱼肉乡里，百姓无不恨之入骨时，便挥毫奏本，上报朝廷。京都巡按御史经明察暗访，详知叶氏上欺州府下压百姓，随即将其发落治罪，百姓奔走相告，拍手称快，进而倍加拥戴知府。自此，杨庄政便把百姓之愿喻为君子之德“风”，把为非作歹者之行喻为小人之举“草”，旨寓“草上经风必偃”，并刻于山口崖壁之上，用以警醒世人。听完朋友的话，我的灵魂开始飞翔，目光晃晃荡荡穿过远古的时空，我依稀听见衙役“威武”之声隔空传来，看见晚清纳州汉堂府衙门洞开，云宇间若隐若现荡漾着杨知府拍板断案、为民劳碌的不朽容颜。知府爱民如子，疾恶如仇，与我之前窥管臆断有天壤之别，作为后人的我打心底里敬仰他、崇尚他，更应该早早就来拜谒他的“风草”了。

“风草”二字，正面朝东，每字两尺见方，左下角落款——杨庄政。如此简单风景，朋友却爬上爬下，远近左右拍了个够，折腾的时间比上山还要多，返程时还直乐呵呵说等着拿奖，末了问我此行有何收获。我说我正在苦想：前人杨知府给我们留下了“风草”，不知将来我们能给后人留下些什么。

【作者简介】韦建勇，男，瑶族，河池作家协会会员，曾在《广西文学》《广西日报》等报刊发表小说、散文多篇。现供职于天峨县政府。

双龙洞传说

搜集整理/付朝友

距天峨县城西南面约25公里的八腊瑶族乡甘洞村双龙屯，坐落在崇山峻岭的大石山岸之中，常年掩映在青山翠柏间。这里，山高路险，群山巍峨，一年四季云雾缭绕，空气新鲜，气候宜人，是个适宜人居的好地方。

在双龙屯的后山半山腰上，矗立着两个分别能容纳近100人的山洞，人们常称之为公洞和母洞，从远处看去，犹如巨人翕开的一对黑森森的鼻孔。平时，很少有人能敢单独接近洞口，遇到非进洞不可的时候，也要结伴入洞。因为，至今仍流传着洞中藏龙吃人、傅文广除龙降妖的故事。

传说200多年前，双龙屯是天峨县城通往凤山方向的必经之路。这里，因地势险要，地域宽阔，人员容易疏散，为了防范山匪的抢劫，一些商家小贩便停留在这里进行些盐巴、布匹等商品交易。后来聚集的人越来越多，这里整天商贾云集，人来人往，交易频繁，热闹非凡，人们在这里搭商铺、开饭馆、设赌场，等等，渐渐地，这里成为人们的交易中

◎高山流水——天峨大山景区-王明福 摄

心。人们生意红火，生活富足，安居乐业。然而，好景不长，不知什么时候，后山的洞里偷偷地出没着一公一母两条妖龙，公龙盘踞左洞，母龙盘踞右洞。一遇到阴天，它们就呼风唤雨，兴风作浪，四山乱石纷飞，搞得鸡犬不宁，还趁机把市上的小猪、牛、马等六畜卷进洞去。人们害怕受到妖龙的伤害，都不敢到这里赶集了，市场变为一片废墟。妖龙因吃不到牲畜，便开始对人下手，阴雨天，只要听到人的说话或口哨声，就会出来吞吃人。附近的人们大白天不敢出门，路过的人更是大气不敢出，猫着腰偷偷地经过。一时间，热闹非凡的双龙屯变得死气沉沉，人心惶惶。

村民们请来道公念咒施法，还把附近的50多名青壮年集中起来，手持利剑、长矛、铁铲、大刀等直奔山洞除妖。然而，人们还没到洞口，便见狂风大作，乌云密布，妖龙腾云驾雾向村民扑来，咒语无济于事。青年们更不是妖龙的对手，被恶龙撕伤、缠伤过半，个个吓得爬着回来。人们惹怒了妖龙，怕妖龙出来报复伤人，都偷偷地举家搬到别处居住，屯里没有了一个人影。一天，一个名叫傅文广的武将路过此地，看到这里荒败的情景，心生疑惑，向附近的村民打听后才知原委。他义愤填膺，决心为村民们除害。他跑到妖龙洞前，故意敲响手里两个分别为120斤重的铜锤，招惹妖龙出洞。妖龙听到响声，双双从洞里飞窜出来，张牙舞爪、杀气腾腾扑向傅文广。傅文广挥舞手中的铜锤，勇猛地与妖龙大战起来。从这个山头战到那个山头，飞沙走石、草木折损，共战了七天七夜，天昏地暗，彼此不分胜负，直到妖龙累得躲进洞里不敢出来才停息恶战。

傅文广尝到了妖龙的厉害，不敢再轻易硬拼。于是，他想出了一个治妖龙的好计策。他猜想妖龙一时半会儿还不敢出洞来，便把附近十里八村的铁匠都召集起来，不分昼夜，一共打制了98把利刀。傅文广趁恶龙暂时不敢出洞之机，偷偷地带着村民摸到洞口，分别把98把刀安放在妖龙出没的路上，每个洞口安放了49把利刀。利刀安放好了以后，傅文广安排村民躲起来，他便站在洞口旁用力敲响手中的铜锤。妖龙听到有人到洞口来挑战，气势汹汹一跃而出，正划在锋利的刀口上，刀口从恶龙的下腹一直滑到尾部，两条妖龙的肠子等内脏瞬间掉出肚外，鲜血染红了半个山腰，没挣扎几下就咽气了。

妖龙被除掉了，村民奔走相告，纷纷搬了回来居住。然而，除害英雄傅文广因在除妖恶战中劳累过度，不到半年就病倒了。他咽气时人们看见从他的身上腾起一条龙升上了天空。原来，傅文广是天上派下凡间为民除妖的一条天龙。人们为了纪念他，把他的遗体安葬在双龙洞对面的山坳上，让他年年月月守住双龙洞，意在不让妖魔再来侵害人们，让人们过上安居乐业的好日子。说来也奇怪，自从傅文广治龙后，这里风调雨顺，年年丰收，方圆十里的山崖从没有受到水灾和干旱影响过，人们一直过着丰衣足食的好日子。

为了纪念傅文广这条为民除害的天龙，人们把这个原来不起名的小屯取名为“双龙屯”，“双龙”也由此一直流传至今。

【作者简介】付朝友，男，1969年7月出生。有诗歌、小说、散文、杂文、论文、文学评论等100余篇文章发表于《河池文学》《河池日报》《河池教育》《天峨文艺》等区内外报纸、杂志。现任天峨县八腊乡中心校校长。

◎龙滩天湖-王明福 摄

仙人桥的故事

黄春腾

◎仙人桥风光—韦汉国 摄

一个周末，我和几位文友一同到位于天峨县与乐业县交界处的更新乡仙人桥进行采访活动，去看看传说中的仙人桥试桥石。

来到仙人桥，首先映入眼帘的是一座天然石拱桥，横跨在两座大山之间，异常雄伟壮观。桥下是清澈见底流水潺潺的布柳河。由于受到外力的影响，河水并不从桥的正下方流过，而是穿过左边桥墩流出。经过河水多年的冲刷，桥墩被冲成一个天然的大石洞，而这个大石洞就自然成了鱼儿的乐园。由于桥上长年滴水，桥下的石头被滴成很多小坑，酷似马蜂窝。这也许就是所谓的水滴石穿吧。

此桥为何起名为仙人桥？众说纷纭。有的说，此桥高而险，两旁都是悬崖绝壁，桥上又有巨石挡道，人类无法通过，只有仙人才能走，所以叫仙人桥。有的说，这样的桥只有仙人才能造得出来，所以叫仙人桥。

此桥非彼桥，仙人桥的桥面与其说是桥面还不如说是一座山峰更为贴切，桥顶上有的桥面宽度不足一米，犹如一块薄薄的刀片，走在上面让人不寒而栗，一旦失足将会直接坠下河谷。但当我们走到桥面中间时 ，一块名为“试桥石”的大石头横在我们面前，一下将我们的梦击得粉碎。它将桥面封得严严实实，像在守护着什么，等待着什么。

为什么那块大石头叫作试桥石？这要从关于仙人桥的美丽传说谈起。

在亘古的布柳河畔，有个古老的村庄，名叫黄家庄，壮家的儿女世世代代在此耕作，生活过得富足而欢乐。河的对岸的半山腰上则住着另一个村庄，名叫刘家寨，是汉族寨子，虽然两个村庄之间只有一河之隔，却是“鸡犬相闻，老死不相往来”。黄家庄和刘家寨从不通婚，甚至两个村庄还相互敌视，历史上还发生过几次大规模的持械斗殴。两个村子的俊男靓女虽偶有胆子大的人相互爱慕，但是由于来自村子里的压力，都只能停留在相互爱慕上，不敢有进一步的行动。

黄家庄的黄老汉有两个儿子，大的叫黄大柱，小的叫黄二柱。两个都长得眉清目秀，英俊潇洒，上山砍柴，下河打鱼样样精通，并且都到了谈婚论嫁的年龄了。一天，布柳河发着大水，二柱在河边钓鱼，忽然看到河中央有个浮浮沉沉的黑色物体，乍一看像个人，还在挣扎着，二柱想都没想就跳下河去，衣服都还没来得及脱。二柱游近一看，原来是个年轻的女子。看见有人游到面前，这名女子本能地死死抱住二柱，那是她最后的救命稻草。二柱费了九牛二虎之力终于把她救到岸上。

这是个眉清目秀的姑娘。问她名字，女子一脸狐疑，然后呱呱啦啦地说了一大堆，二柱感觉这话很熟悉，却一句也没听懂。后来女子指了指河对岸的刘家寨。二柱猜她是对面刘家寨的，刚刚说的那些话是汉话。二柱将女子带回了家。村里的人看到二柱带了一个陌生女子回来，都很好奇，都到家里去看，但这姑娘一说话大家表情瞬间都变了，汉族人！对面山上的汉族人！随之而来的就是一阵骂声……

村里唯一一个有文化又会说汉话的人——村主任来了，经过询问得知这名女子叫刘芹，是刘家寨的人，主任决定让刘芹回家，但是刘芹不会水，过不了河，所以由二柱送她回去。

二柱将刘芹送到了村口就转身回家，走了几步刘芹就追了上来， 塞给了二柱几个梨子就红着脸跑开了。一来二去，两人渐渐产生了情感，二柱经常冒着危险到河的那边和刘芹相会。他们相互学习对方的语言，日子久了两人爱得死去活来，村里人也渐渐察觉到了些异样。流言蜚语在两个村庄蔓延着。黄老汉在吃饭的时候问二柱，是不是和那个汉族姑娘好上了，二柱支支吾吾了半天最终还是点了点头。黄老汉直接掀开桌子，劈头就给二柱两耳光，胡子气得一抖一抖的。

刘家寨的人知道刘芹和一个壮族的小伙子热恋之后更是骂声一片，气得刘芹的老爸直接将刘芹关在屋子里。二柱天天到相会的地方等刘芹，但都没看见刘芹的身影，刘芹猜到二柱一定在等他，于是她偷偷地翻墙逃了出来。刘家发现刘芹不见之后，立马叫上村里的人气势汹汹地来到黄家庄的河对岸，叫二柱交出人来。两村人隔河对峙，剑拔弩张。

后来，刘家寨一个看牛的小孩告诉刘家寨的人两人密会基地。刘家寨的人带上木棍锄头之类的杀气腾腾地来到二柱和刘芹相会的地方。二柱看到刘家寨的人来了，立马带着刘芹没命地跑。刘家寨的人不停追赶。他们一直跑到了河边的小悬崖上，这个悬崖的对面就站着黄家庄的老老少少。黄家庄的人看着自己村的二柱被刘家寨的人追杀着，救也不是，不救也不是，都干着急地看着。

二柱拉着刘芹，发现前方已经没有路了，刘家寨的人也追到了后面，刘芹跪在地上苦苦地哀求着刘家寨的人放过他们。但是刘家寨的人丝毫没有放过的意思，寨老一声令下，刘家寨的人还是扑了上来。无奈之下，二柱拉着刘芹跳下了悬崖，跌入滚滚的布柳河中。黄家庄的几个年轻人见二柱落入河里，想冲上去救，却被黄老汉流着泪制止了。两个寨子的人看着波浪翻滚的布柳河沉默着……

一段时间后，有人发现黄家庄的后山里多了一个草棚。没错，那是二柱和刘芹的家。二柱没死，当日他和刘芹跳河之后，是大柱偷偷在下游救了他们。

二柱和刘芹在后山开荒种地，畜养家禽，生活过得很有滋味。他们生下了两儿一女。三年后的一个夏天，布柳河发了百年不遇的大水，洪水吞噬了黄家庄所有的庄稼。就在全村人连野菜都吃不上的时候，二柱和刘芹商量，把家里的存粮分给乡亲们。大柱在父母的安排下娶了布柳河下游的一个远房亲戚，名字叫李妍，是一个地主家的女儿，长得很清秀，但是为人好吃懒做，鬼点子特别多。

村上唯一一个懂汉话的人——村主任死了，必须马上再选一个村主任。争来争去只有两个人选：一是大柱，大柱为人精明干练，岳父是布柳河下游某个大寨的地主，有钱有势，背景雄厚；一个是二柱，二柱为人老实沉稳，多才多艺，而且会说汉话，但是他老婆是汉族的，是黄家庄世仇刘家寨的后代。村里的人为了选谁当村主任争论不休。有人说不要选二柱，他老婆是汉族，但有人又说，当年要不是这个汉族媳妇，我们全村都得饿死。这时候村里人只好咨询黄老汉，毕竟两个都是他的儿子，他比较了解。此时的黄老汉左右为难，想来想去，一时拿不定主意。

当晚，黄老汉做了一个梦，梦见一个白发白须的老头出现在他床头，又梦见了一座桥，隐约中听到了造桥两个字。黄老汉醒来回忆梦中的事情，顿时有了主意：就让两个孩子分别造一座桥，在第二天鸡叫之前做好，谁先做好谁就当村主任。

兄弟俩领取任务后，带着妻子造桥去了。大柱选择在了布柳河下游岳父家（相传说是位于今天的纳直乡那里村一带）附近造桥，二柱则选择在布柳河上游（位于现在的更新乡新林村巴满屯）造桥。翌日凌晨，鸡叫之前，大柱夫妇和二柱夫妇都造好了桥，造好之后，一阵狂风，天上掉下两块大石头，分别砸到了兄弟俩所造的桥。在石头的冲击下，大柱的桥轰然倒塌，二柱的桥却岿然不动。

原来为了完成任务，李妍给大柱出主意，让他到他岳母家那里造桥，岳父暗中派人帮忙，由于人心不齐，感情不真挚，所以造的桥就不牢固。据说在纳直乡那里村的布柳河河段，现在还可以看到河中间有塌桥的遗址。而现在我们看到的仙人桥就是当年二柱造的桥。那块从天而降的大石头目前依然屹立在仙人桥的桥头上。

二柱顺理成章地成了黄家庄的村主任，带领着黄家庄的人勤劳致富。刘芹也用她的勤劳善良改变了壮族人对汉族人的看法，从此壮汉两族相互通婚，互为亲戚，世代和好。

相传几十年后的一天，有人看到二柱和刘芹在仙人桥上行走时，突然乘风而去，然后桥面突然升高，变得很高很大，成了现在的样子。

传说中的试桥石至今仍然存在，但我们却无法看清它的全貌，这就多了那一份神秘。它是一种象征，是一种信念，是一种奇迹。它虽然历经数万年的日晒风吹，却仍然屹立在桥顶上，笑看人间悲欢离合。

不少地方的风景名胜，虽然很美，但是都经过了人工的雕琢，原始的那一面被淡化。仙人桥不一样，现在的仙人桥还是多年以前的仙人桥，没有人工的雕琢，还是原始的面貌。试桥石还是当年的试桥石，还是高高地屹立在桥的中间，笑看世事沉浮、风云变幻。若是没有绝对的信心和诚意，就无法目睹试桥石的庐山面目。

仙人桥，一座美丽的桥，一座神秘的桥，一座原始的桥，一座永恒的桥。

【作者简介】黄春腾，男，壮族，天峨县更新乡人，布柳河青年创作会主席。有《乡情》《竹子花开》《秋风过后还剩什么》《没有放弃的理由》《狗剩与狗蛋的故事》《大山之旅》等文章发表于《天峨文艺》《河池日报》等刊物。曾获青少年作家杯金奖。

长奶娘传奇

搜集整理/张宗臣 张宗相

厂上，原名双潭洞。这里树木茂盛，山上到处长着耸天入云的天丛木，人们的房子，从柱头到楼扶，从楼板到方木（穿在柱头之间的木板），都是用天丛木做成的。天丛木做成的房子能够防潮，不易生虫。在这里，有一幢房子，已有一百多年历史，其先前的主人叫王发。王发大爷有一个贤妻，人们习惯叫她长奶娘。长奶娘身材高大结实，两米多高，她的两个乳房特别大、特别长，活像两个椭圆形的气球，乳头也格外的长，给背上的小孩喂奶时，长奶娘直接将奶头甩到肩上，小孩就可以喝到奶了。

长奶娘原是广东人，她父亲姓王，是当地有名的木匠，母亲杨氏，身材高挑俊美，比王木匠小一岁。长奶娘的父母是娃娃亲，在杨氏满17岁时就结了婚。正值道光年间，社会动荡不安，毒品泛滥成灾，王木匠染上了毒瘾，一发不可收拾，身体日益虚弱。婚后两年，杨氏才有孕在身。

还没等够十月，杨氏就因早产流血过多而驾鹤西去。一天，王木匠毒瘾发作，产生幻觉，跌入路边的水塘，不幸身亡。那时长奶娘还未满月，一个叫朴英的远房亲戚五十多岁了，因家境贫穷而一直没有娶妻成家，见其可怜，就收养了她，以便将来养老，遂取名朴秀运，意为今后长得秀丽端庄，一生好运相随。人们称之为长奶娘，乃是后来的事情。

为了养活长奶娘，朴英到村里村外去讨奶，开始还有妇女愿意捐献，可多次后给奶的人越来越少了。没有奶吃，长奶娘成天咩咩直哭。朴英向邻居借了几斤大米，做成大米糊来喂，长奶娘总是不张口。一位邻居见了，开玩笑说："朴大哥，我家的大母猪前两天只下了几只猪崽，奶多，你去挤点奶来喂呀。"

这头大母猪，肥胖高大，齐人半腰高，六百多斤，是方圆百里的猪王。这头猪王的奶头又大又长，几乎垂地，奔跑起来一前一后地甩动，像一把在风里摇曳的芭蕉扇。

朴英心想，怎么能叫娃娃吃猪奶呢，旁人见了岂不笑话？但为了养活娃娃，也只能硬着头皮了。他找来一个八分碗，来到邻居家母猪圈旁，趁着小猪崽喝奶的时候，顺手捏一个奶头，快速将猪奶挤进碗里。挤得满满的一碗才拿回家，又趁着奶新鲜喂了长奶娘，长奶娘喝完奶后就不哭不闹了，好像喝得很香很甜。于是朴英天天去邻居家挤猪奶给长奶娘喝，两个月下来长奶娘长得白白嫩嫩的，惹人喜欢。

十四岁之前，长奶娘的身体与同龄人没什么两样。十四岁之后，身体开始发胖，身高也成几何级数增长。不到三年时间，她身长八尺，体重两百多斤，胸前的两个波峰高高凸起，吸引了不少村中男人带电的眼光。站立时，小便衣时常被波峰撩起，露出圆圆的肚脐眼。她发现有男人看过来，会羞涩地用双手扯一下衣角，却没有多大用处。高大的波峰并没有遮挡住她秀丽的脸庞，倒使她的酒窝更迷人，清澈的眼眸如水晶葡萄一样闪亮，叫人直流口水。俗话说，高山雄伟不玲珑，卵石玲珑不壮观。长奶娘虽然长得高大，却心灵手巧，无论是家里的针线活，还是地里的农活，她都样样在行，成为远近闻名的女汉子。

能干的女子别人不敢追，勤劳的女子不愁嫁。有不少年轻的小伙子心底里爱慕长奶娘，认为长奶娘勤劳能干，身材高大，高不可攀，自然没有勇气托人向长奶娘说媒，即使是那些长得英俊的小伙子也没有勇气。邻村有一位姓王的铁匠，黑皮黑脸，身材魁梧，他曾托媒问了村里的几个姑娘，姑娘都嫌他是以打铁为生，家境不好而没有看上他。打铁还需自身硬，王铁匠心想，明知山有虎，我这个王铁匠，偏向虎山行，看看她这个女汉子，奈我何？于是，在一个风高月明的晚上，王铁匠托人向长奶娘说媒，媒婆说，长奶娘身材高大，有的是力气，正好可以帮王铁匠的忙。长奶娘想了想，也有道理，她父亲也没有什么意见，但有一个条件，必须要王铁匠做上门女婿，并且自己还得考虑一段时间。两个月后，长奶娘同意了这门婚事，便将这一消息告诉了媒婆。王铁匠听到这一消息后，高兴得辗转反侧，几天睡不着觉。不久两人就结了婚，长奶娘很快怀孕了。随着宝宝不断长大，她明显感觉到她的乳房变化很快，越长越大，越长越长。几个月后，她生下了一对双胞胎儿子，两个儿子的耳朵长得特别长，像猪耳朵一样，一直垂到肩上。夫妻俩又喜又悲。这一消息不胫而走，左邻右舍知道了，都说有个吃猪奶长大的娘，孩子的耳朵才会像猪耳朵一样。邻里人还发现长奶娘的奶特别长，于是给她取了一个绰号“长奶娘”。

长奶娘一家奇怪的现象遭到邻居们的冷言冷语，他们感觉到在本地实在是住不下去了，她就和丈夫商量，决定去广西偏远的地方。他们打点行李，带点干粮，趁天还没有亮就离开了家。经过二十多天的艰苦跋涉，夫妻俩带着双胞胎儿子来到了八腊乡老鹏村的雷家坳。

先前懂得一点打铁技术，长奶娘夫妇一来到雷家坳，就开始用广子岩炒铁。长奶娘不仅勤劳能干，而且心地也很善良，她常常用炒铁换来的铜钱，周济邻近的穷苦人家，因此他们一家人受到了邻近百姓的尊重，没有人对他们家的怪异现象品头论足、冷嘲热讽。炒了一年多的铁，长奶娘夫妇没有炒出什么铁来，倒炒出了一块椭圆形铁石，密度比一般的铁和广子岩还大，重一百六十多斤。

长奶娘夫妇见雷家坳的广子岩炒不出铁来，就去寻找广子岩含铁量高的地方，他们找了十多天，发现双潭洞的广子岩比较好，况且那里除了天丛木外，还有大量质地坚硬的青冈木，这为炒铁提供了充足燃料，在后山的半腰上还有一口泉水，一年四季都不会干，这又为炒铁提供了水源。同时，双潭洞土地肥沃，种植玉米不用放肥料，收成也很好，特别是火麻，大多有三米多高，到火麻成熟时，人们需要架楼梯才能收割。

长奶娘夫妇决定在双潭洞办一个炒铁厂，于是举家迁往双潭洞。来到双潭洞，他们先是搭起一间低矮的草房，在这草房里炒起铁来。不出意料，这里的广子岩含铁量高，基本上是对半出。不到一年，他们炒铁的技术越来越好。一天晚上，她想起了在雷家坳的那块坚硬的铁石，可以用来做铁砧，第二天，天还没亮，长奶娘就起床去雷家坳背那块铁石。她将铁石放在背篓底层，两个儿子就站在铁石上。长奶娘的力气大，途中没有歇息，一口气将铁石背到了双潭洞，孩子要吃奶时，她直接将奶头从前面甩到后面，途中需要解小便，她也不用停放背篓，而是直接蹲下去就解决了。之后的日子里，长奶娘夫妇起早摸黑，不辞辛劳，两年下来，他们炒到了不少的铁，一家人的生活也日益好起来。为了扩大炒铁的规模，夫妇俩就到邻近的龙毛屯请了几十个瑶族青年来做帮工，铁的产量不断增多，附近的有钱人纷纷前往双潭洞购买生铁。因此，双潭洞这一古老的地名，因长奶娘夫妇办了炒铁厂而改名为厂上了。

长奶娘的生意越做越红火，在当地成为名副其实的地主，附近的村民就称她的丈夫王铁匠为王发大爷。他们夫妻俩想，有钱了，应该修建一幢较好的房子。他们请风水先生来看屋基，风水先生用鸡蛋来打，鸡蛋在哪里破就将那个地方做房子的堂屋，用来安装香火。风水先生叫王发大爷拿来了三个生鸡蛋、三炷香、一碗水。风水先生将三炷香点燃，左手拿着碗，右手拿着香，一边念着咒语，一边用香在水碗上画了一个字灰，然后把香插在一块石头边上，顺手拿起那三个鸡蛋，喝了一口字灰水，往鸡蛋上用力喷了三下，接着使劲将鸡蛋往上抛，其中一个鸡蛋落在王发大爷跟前，他捡起鸡蛋，发现鸡蛋完好无损，他感到很惊讶，一个鸡蛋落在左前方五米远的一处草丛中，一个鸡蛋落在右后方十米远的一块石板上。风水先生叫长奶娘夫妇分别去捡那两个鸡蛋，长奶娘去捡左前方的那个，发现鸡蛋破了，王发大爷去捡右后方的那个鸡蛋，发现鸡蛋安然无恙。风水先生走到长奶娘身旁，从长奶娘手中接过鸡蛋，前后左右看了一下，对长奶娘说，这个地方是屋基的正中，背靠青山，且有左右两座山偎依着，意味着人财兴旺，前面离山很远，则意味着官运亨通。屋基定下来了，长奶娘叫王发大爷到邻近的龙毛屯请了帮工，来挖屋基。屋基挖到快一半的时候，一连几个晚上，长奶娘准备关门睡觉时，看见他们的屋基堂屋位置出现两匹白马，一左一右，白马的眼睛发出金色的光芒，持续几秒钟后，两匹白马同时消失。她感到奇怪，心里有点恐惧，便把这件事私下告诉了王发大爷，王发大爷一听，愣了好一会儿，神情忐忑。突然他想起老人说的，出现白马是福，于是对长奶娘说："怪不得我这几天左眼皮跳跳的，俗话说：左跳财，右跳灾。"他停了一会儿，低声说："出现白马，天意，有财有财！"长奶娘夫妇俩决定辞退所有帮工。第二天，他们叫帮工休息，并杀鸡杀猪，招待帮工。帮工夸长奶娘心肠真好，个个喝得醉醺醺的，收下长奶娘给的工钱，各自回家去了。

话说明朝时期，有一个丞相，不知因何得罪了皇帝，他怕招来杀身之祸，于是就请了四个马夫，用四匹马将他做官时所得的银子全部运走。走了两个多月，当走到双潭洞时，丞相发现双潭洞是个风水很好的地方，这里又没有人居住，于是决定将银子埋在这里。他到附近的村子请人做了四副棺材，然后又请马夫将棺材运到厂上，将银子分别装在四副棺材里，选了两个地方，请马夫挖两个深坑，每个坑埋两副棺材。埋完银子，丞相就将四个马夫打发走了，自己却做了隐士，隐姓埋名，漂泊他乡。

帮工走了，长奶娘夫妇在白马现身的地方，往下挖，挖到两米多深，发现两副棺材，并排在一起，夫妻俩不免惊出了一身冷汗。但转念一想，先前现的是白马，棺材里应该是金银财宝。长奶娘壮着胆子，用锄头敲了敲棺盖，里面发出异样的回声。她叫王发大爷去揭开棺盖，王发大爷迟疑了一会儿，弯下腰用双手使劲掀棺盖，棺盖没有一点动静。长奶娘见状，对丈夫说了一声："你让开，我自己来！"长奶娘双手捏住棺盖，向上轻轻用力，棺盖被打开了。他们打开棺盖一看，全是白花花的银子，简直是乐开了怀。夫妻俩连夜将银子背进屋子，藏了起来。

长奶娘夫妇想，现在有钱了，应该修建一幢豪华的房子。要修建豪华的房子，还得到广东去请师傅。同时王发大爷觉得，厂上的风水不错，应该将其父母的坟迁来。第二天，王发大爷就到广东去请了七十二个师傅，其中三十六个木匠、三十六个石匠。木匠专门做房子，石匠负责为他父母修建一座坟墓。

王发大爷从三十六个木匠中选出几个做主师傅。王发大爷对匠艺要求很高。他在选主师傅时，叫每位师傅各做一个木马，然后将木马浸泡水中七天七夜，再把木马捞起来，木马一点不湿水的就做主师傅。只有三个木匠师傅的木马没被水浸湿，当上主师傅。

经过两年多的时间，建成了一座四合院——两幢正房，背靠青山，左右各有两幢厢房，中间是天井，井的南面是牢房，牢房的前面是一个大大的鱼塘。房子柱子、楼扶、檩条等都是用天丛木做成，楼扶、檩条的下半部分是扁平的（一般是圆形的），由较大的天丛木做成，当地人把这样的楼扶、檩条叫作芝麻秆。房屋的门窗上刻着各种各样的图案，有老虎、猴子、狮子等，房屋的地面都是由天从木板铺制而成，房屋盖的都是钢瓦。四合院共有四十八道门，每天早上丫鬟开门，要开一个早上。这四十八道门，就代表了当时厂上周边的四十八个洞。

在四合院的中央，做了一个天井，井里的水是从后山上的泉水中引来的。王发大爷就请了几个石匠，找来石头，先将石头磨平，磨光滑，然后就将磨好的石头凿穿一个小孔，一个石头紧靠着一个石头，从后面半山腰的泉水处一直延伸到四合院的天井，孔孔相连，将泉水引入天井中。王发大爷还请石匠用同样的方法，将石头凿成三个小孔，叫作出水石，让污水从出水石中的小孔排出。

王发大爷有两个母亲，一个田氏，一个杨氏。王发大爷在去广东请师傅的同时，将其父亲和两位母亲的坟墓迁到厂上。王发大爷请地理先生看了地，将三位老人合葬在后面的独山脚下，他请人将墓穴挖得又深又大，可以在里面做道场，这叫作深基坟。他为了给三位老人立碑，带着三十六个石匠到邻近的牙洞屯雕刻石头。王发大爷请到的这些石匠个个石艺高超，除了在墓碑上写下碑帖处，他们在墓碑上雕成了三对富有立体感的狮子，碑上还刻上各种各样的图案，吹八仙的吹八仙，钓鱼的钓鱼，还有地主扬着鞭子训斥奴隶，有骑马飞跑的，等等，活灵活现；碑的下半部分有的还刻有各种花卉。在坟墓的前面，立有两根石柱，石柱的顶端有石帽，每根石柱上刻有一副对联。经过石匠们的辛苦劳作，王发大爷为他的父母建起了当地最为繁华的坟墓。

房子建好了，坟墓修好了，王发大爷的银子只用了一半，剩下的银子用来做什么好呢？长奶娘与王发大爷商量，我们房子修好了，还有这么多钱不妨用来修一个庙宇。王发大爷同意了，请来工匠，在对面的山坳上修了一个庙宇。该庙宇共有三层，每层都放有一尊佛像，而且还用红绸子包起来。第一层庙里挂有一个大钟。大钟是用“生水”（生铁）铸成的，有两百多斤重。钟刚做成时，怎么也打不响，后来有个老乞丐路过这里，他放了四个铜板进去，念道：“打钟不打弦，专打四个古铜钱。”“当”的一声，钟响了，声音洪亮，方圆十几里的地方都可以听到。

王发大爷修建豪华房子一事，不知怎么给皇上知道了，皇上大怒：“我当皇帝的都还没有盖上钢瓦，你一个百姓怎么盖得起钢瓦呢？”他连夜派大臣下来调查。大臣刚下来，还没有到厂上，有人传信给王发大爷，王发大爷连夜请人将房子上的钢瓦撤下来，盖上普通的瓦，而把钢瓦拿去盖庙宇。等大臣来到时，王发大爷说：“我烧的钢瓦是用来盖庙宇的，不是用来盖自家房子的。”大臣听后，看了看房子上的瓦确实是普通的瓦，庙宇上的瓦是钢瓦，没说什么，就离开了。

在大臣离开不久的日子里，厂上有一个叫田发的大爷，他是一个村干部。他见长奶娘一家有钱，心存嫉妒，心想，自己虽然有权，但钱总不比王发大爷家多。一天晚上，田发大爷来到长奶娘家，跟长奶娘夫妇说："你王发大爷钱是有了，可就是没人做官。"田发大爷歇了一会儿，又说道："你父母的坟可以给你的子孙带来财运，但不可能给你的子孙带来官运。要想财运官运都旺，看来，还得给你的祖坟找一个好的墓地。"长奶娘夫妇半信半疑，第二天去请了地理先生，为了试探这个地理先生的水平，长奶娘夫妇让他看看他父母墓地位置的具体风水情况。地理先生看了看周围山山水水，说："这个墓地的风水不错，左青龙右白虎，背靠龙脊，财源滚滚来，但是，你看看墓地前面的向山，是两个平行的山巢，如女人之身，软弱无力，且山峰矮小，没有气魄，为官，正不能压邪，所以子孙难做大官啊。"

长奶娘夫妇请这个地理先生为他们的祖坟找了一个墓地，准备把祖坟迁走。当他们打开墓前的石碑时，一股青烟从里面冒了出来，像龙卷风一样，瞬间将地理先生击倒在地，地理先生手忙脚乱，费了九牛二虎之力才爬起来。此时烟雾满天，呛得他不停地咳嗽。烟雾刚散尽，忽然从坟墓里又飞出来一对白天鹅，在长奶娘夫妇头顶上盘旋三下，然后往后山飞去了。长奶娘夫妇感到奇怪，风水先生则说："这就是福啊，青烟出，财运旺，天鹅飞，官运来！"

后记：20世纪中后期，在八腊乡老鹏村和麻洞村一带，长奶娘这个故事广为流传，常常成为人们茶余饭后的谈资。十年前，我们在老鹏教书，去麻洞村进行家访，在与一位老人谈话时，他向我们讲述了一点关于长奶娘的细节，当时没有记下来。2010年，我们带学生去厂上观看了深基坟和百年老屋，并采访了一位金氏老人，他向我们较为详细地讲述了有关长奶娘的故事。由于是口口相传，虽经多次整理修改，故事的逻辑仍有不足之处，原想弥补修改这些失误，使故事看起来更加真实，但此举可能导致相去更远。因水平有限，文笔笨拙，不足之处必定很多，还请阅者诸君多多见谅！也请知情者多多批评指正，多多交流为谢！

【作者简介】张宗臣，天峨县八腊乡人，天峨县高级中学校本课程《漫步》开发者，曾在《新龙滩》《河池教育》《河池日报》《广西教育》等报纸杂志发表文章多篇。

张宗相，男，笔耕于新华博客，数十篇评论曾被各大网站转载。

◎雾里人家-磨现芳 摄